国家科技支撑计划课题　编号：2006BAJ11B08
国家自然基金课题项目　批准号：50778126

当代城市规划著作大系

全球化背景下辽中城市群的边缘与结构理论研究

张晓云　著

中国建筑工业出版社

图书在版编目（CIP）数据

全球化背景下辽中城市群的边缘与结构理论研究/张晓云著.
北京：中国建筑工业出版社，2011.12
（当代城市规划著作大系）
ISBN 978-7-112-13669-8

Ⅰ.①全… Ⅱ.①张… Ⅲ.①城市群-理论研究-辽宁省
Ⅳ.①F299.273.1

中国版本图书馆CIP数据核字（2011）第206011号

“十二五”时期是区域协调大发展的时期，国家越来越侧重于从区域统筹的视角来推动城镇化，更多的区域政策与发展契机使得城市群发展迎来一个新的局面，相应的对于城市群的研究也迎来一个新的阶段。本书以成形较早的辽中城市群为研究对象，通过对该城市群的区域空间范围的界定，以及基于城市职能、城市经济作用和城市流的空间特征研究，在理论上归纳出城市群区域边界界定的三元集成理论模型及方法，更加系统和科学地探索了区域研究的整体性和结构性的基本理论问题。同时，本书通过庞大的数据支持和数学方法应用对辽中城市群进行的实证研究，对于该地区的区域发展政策制定具有很强的现实意义，对于其他典型都市区以及城市群的发展也有一定的借鉴作用。

本书适合区域发展、城镇体系规划以及城市群研究等领域的学者以及高校师生阅读，辅助教学科研，也可供相关政府部门工作人员参阅，以制定更科学的区域发展政策。

* * *

责任编辑：焦 扬 陆新之
责任设计：董建平
责任校对：张 颖 赵 颖

当代城市规划著作大系
全球化背景下辽中城市群的边缘与结构理论研究
张晓云 著
*
中国建筑工业出版社出版、发行（北京西郊百万庄）
各地新华书店、建筑书店经销
北京嘉泰利德公司制版
北京中科印刷有限公司印刷
*
开本：850×1168毫米 1/16 印张：$11\frac{1}{2}$ 字数：280千字
2012年3月第一版 2012年3月第一次印刷
定价：35.00元
ISBN 978-7-112-13669-8
（21396）

序

随着区域与城市研究对决策支持作用的日益增大，经济热点也很自然地成为了学者关注的焦点。

辽中城市群是中国形成最早、学术研究最早的城市群之一。但在我国城市化、经济发展重点偏移于东部沿海地区的大前提下，很长一段时间内这一地区在学术研究中受关注程度远远不及更为发达的珠三角、长三角以及京津冀地区。2003 年，国家提出了振兴东北老工业基地的重大战略，深陷老工业基地困境的辽中城市群的发展轨迹也因此历经了新的拐点。在国家政策大力支持的新环境下，对辽中城市群的研究更具有了现实意义。

2002 年，我借主持“沈阳市城市发展战略”编制工作的机会深入调研了沈阳城市发展状况，当时正值城市刚刚适应市场环境与体制环境的变革，迫切需要重新选择发展出路之时。在之后的几年，我也陆续到过沈阳周边的几个城市。从直观感受，从数据分析中，我都能体会到这些城市的深刻变化，能看到它们在有利的政策环境下所取得的重大成就。但整个辽中城市群区域取得了如何的进步，区域结构发生了如何的变化，答案却无法简单地从单体城市研究结果的叠加中获得，而晓云著作的推出则适时为了解辽中城市群、研究辽中城市群提供了重要的依据。

在晓云的著作即将付梓之际，回想她的勤奋与辛苦，作为她的博士生导师我深感欣慰，同时也由衷地为她高兴。2005 年 4 月 7 日沈阳经济区（即辽宁中部城市群）合作协议正式签署。这一重大历史事件标志着辽中城市群的区域发展上升到了一个新的阶段，也触发了晓云以辽中城市群为博士论文研究对象的想法。几年前，我在做关于“Global Regions”的研究时，判断珠三角与长三角已经是发育较为成熟的“Global Regions”，能够以区域整体参与全球合作与竞争，并在此背景下研究了这两个区域的边界与结构。而随着全球化的日渐深入，其对中国的影响早已不局限于这两个地区，而是使很多区域都发生了深刻的改变。因此，我鼓励晓云以此为出发点，在全球化的大背景下，研究辽中城市群的边界与结构，以填补学术界在这个区域的研究空白。

重新阅读这篇专著，引发了很多感慨。作为一个市属规划院的规划师，晓云能够执着地以区域的视角审视城市的发展，并在她主持参与编制的“沈阳市城市总体规划”中增加了区域协调与空间发展的内容，此为第一个难能可贵。收集整理了人口普查数据、各种地图数据、多年的统计年鉴数据以及各城市、各区县之间的公路交通量数据，在博士论文中能够构建如此庞大而坚实的数据基础是不多的，此为第二个难能可贵。晓云在论文中提出了建立在从城市职能强度、经济作用强度、城市流强度三个影响因素基础上的区域界定方法，并进一步阐述了这三个因素的结构特征和作用机制，建构了区域界定三元集成理论模型，最终完成了此模型的经验论证，在前人研究方法的基础上提出自己的创新，建立自己的理论，此为第三个难能可贵。

这是一部非常坚实的研究专著，其针对辽中城市群现状与未来发展趋势的判断对于区域发展政策的制定具有重大的应用价值，而对未来关于这一地区的研究也起到了很好的示范与引导作用。在此，我很乐于推荐此书，一方面是对晓云的勉励，以期她在未来的工作中，依旧保持严谨求实的研究态度，敢于创新的研究精神，继续深化对辽中城市群的研究；另一方面是抛砖引玉，以期更多的学者关注这一地区，提供更多的研究思路，创造更大的研究价值，促进中国对城市群的研究全面进入国际学界。

吴志强

2011 年 8 月 1 日于天安书室

目　录

第1章

绪　论

振兴东北老工业基地是中央政府致力于地区发展的又一战略举措，辽宁中部城市群再一次成为地区经济与社会发展的核心，随着地区经济全球化程度的加深，参与全球经济的区域竞争，成为全球经济增长的节点。继 20 世纪 80 年代辽宁中部城市群的概念提出以来，这一区域的发展再一次引起众多城市学者的关注。吴志强将其大都市全球理论发展成为 Global-Regions（GRS）概念[1]，并在国家科技支撑计划课题和自然基金课题支持下主持了关于中国全球化进程中快速增长区域的实证研究，从 GRS 的概念界定、地域边界、动力机制方面，相继完成了珠三角、长三角、京津冀地区三大城市群的实证和整合研究，全球化背景下辽宁中部城市群的研究是该课题研究的组成部分。

1.1 研究的主体背景

1.1.1 老工业基地的困境与机遇

新中国建立以来，中国区域经济发展战略经历了从平衡发展论到不平衡发展论以至非均衡协调发展论的转变。在新中国成立后相当长的一段时期内，中国区域经济的发展主要受平衡发展战略的支配，“一五”和“三线建设”时期曾出现两次大规模的“西进”。改革开放后，中国开始把国家投资布局和政策支持的重点逐步转移到东部沿海地区，由此带来了沿海经济的高速增长和繁荣。自 20 世纪 90 年代初以来，随着地区差距的不断扩大，加快中西部地区和东北地区的发展促进地区经济协调发展的要求越来越迫切，非均衡协调发展战略逐渐成为主流。国家于 1999 年和 2003 年相继提出了西部大开发战略和振兴东北战略。这些宏观战略和政策背景，对辽宁中部城市群的发展都产生了深刻的影响。

本书主要研究自 1992 年小平南巡讲话以来，“九五”、“十五”和“十一五”期间与辽中城市群发展密切相关的政策背景。由于辽中城市群区域界定尚无定论（见第 2 章），本章所指的辽宁中部城市群暂指辽宁省行政管辖范围内除大连、丹东两市之外的区域，包括沈阳、鞍山、抚顺、本溪、铁岭、辽阳、营口、盘锦、葫芦岛、锦州、朝阳、阜新 12 个城市的行政管辖范围，涵盖总面积 12 万 km^2 地域范围。

“九五”期间是我国市场环境、体制环境、政策环境发生深刻变革的时期，从单项的制度改革转向制度的创新，由于深受计划经济影响，“船大难调头”，大企业改革处在艰难期。随着 2001 年中国加入 WTO，标志着我国开始真正推进市场化进程和参与经济全球化过程，十五期间，对辽中城市群影响最为深远的就是国家振兴东北老工业基地战略的提出。2006 年 1 月 24 日，辽宁省十届人大四次会议在审议通过的《辽宁省国民经济和社会发展第十一个五年规划纲要》中明确提出，在全省区域发展布局上，努力形成辽宁中部城市群经济区、辽东半岛沿海经济区、辽西沿海经济区三大板块互动，沿海“五点一线”相互促进的区域发展新格局。规划指出，充分发挥沈阳中心城市的带动作用，通过实施区域经济一体化战略，把辽宁中部城市群经济区建设成为我国的先进装备制造业基地和高加工度原

[1] 吴志强 . Global Region： An Alternative Strategy for Canton [J]. 广州都市区发展国际研讨会论文集，2002.

材料工业基地，辽宁乃至东北的高新技术产业和农产品加工示范区，率先完成老工业基地振兴的历史任务（表 1-1）。

"十五"和"十一五"期间相关政策整理　　表 1-1

	政　策
国家层面	● 2002 年，党中央在十六大提出振兴东北老工业基地战略，是继建设沿海经济特区、开发浦东和西部大开发战略之后，国家实施的又一大重大战略举措 ● 2003 年 10 月，中共中央、国务院下发了《关于振兴东北地区等老工业基地的若干意见》，标志着振兴东北地区老工业基地的战略正式实施 ● 2004 年 9 月，财政部、国家税务总局出台东北地区增值税和企业所得税政策的新规定 ● 2005 年 6 月 30 日，国务院出台《关于促进东北老工业基地进一步扩大对外开放的实施意见》 ● 2005 年 8 月 11 日，国务院召开东北资源型城市可持续发展座谈会 ● 2005 年 10 月 19 日，国务院会议研究东北地区厂办大集体改革试点问题 ● 2006 年 12 月 6 日，财政部、国家税务总局下发关于豁免东北老工业基地企业历史欠税有关问题的通知
省域层面	● 2002 年 6 月 12 日，《辽宁中部城市群总体发展战略与构建大沈阳经济体》提出 ● 2005 年 4 月 7 日，辽宁中部城市群（沈阳经济区）合作协议正式签署 ● 2005 年 12 月，辽中城市群 7 城市签订商贸流通合作协议 ● 2006 年 10 月，辽宁中部城市群（沈阳经济区）建设列入辽宁省"十一五"规划（草案）
城市层面	● 2005 年 6 月 10 日，沈政办发 [2005]26 号文公布：沈阳市人民政府关于做好辽宁中部城市群（沈阳经济区）合作协议落实工作的通知、辽宁中部城市群（沈阳经济区）建设工作实施方案 ● 2006 年 2 月 12 日，沈阳市政府公布了沈阳未来几十年将着力发展的四大发展空间。"四大发展空间"的确立，将全面拉开沈阳全方位建设区域中心城市的新格局

资料来源：根据相关网站、报刊整理

1.1.2　中心城市的转型与崛起

1992 年以来，辽中城市群老工业基地面临着很多发展困境，用 10 余年的时间完成了痛苦的体制转型。2007 年，作为核心城市沈阳获得了"中国十大最具幸福感"城市的称号，颁奖词是对这段时间经历的生动写照：驱散昔日烟尘，跨过脚下艰辛，历史的厚重伴随现代的活力，工业的雄浑融入花园的环境，沈阳是一座神奇变化的中国北方工业重镇，一座让人倍感骄傲和幸福的城市。

1. 铁西工业区改造

东北老工业基地改造素有"全国看东北，东北看辽宁，辽宁看沈阳，沈阳看铁西"之说，从一定意义上，铁西区改造是沈阳老工业改造的缩影。20 世纪末期是铁西工业区历史上最衰退的时期，据统计，1999 年铁西工业区共有市属规模以上国有企业 89 家，总用地为 10km^2，占据了铁西区建设大路以北、重工街以东的大部分工业厂区用地。整个工业区工业总产值为 122.4 亿元，每平方公里工业产出值为 13.5 亿元，全年利润总值为 –0.95 亿元，其中以机械加工、制造业、化工业为主体的重工业亏损额为 –2.63 亿元，占总亏损额的 98.4%。其主要原因是生产过剩、产品技术含量附加值低，导致利润随生产值呈负增长。在化工业中，能相对维持经营的企业，均以牺牲环境和自然资源为代价，如冶炼厂、制药厂、纺织厂，这些企业全面亏损，有 33 家企业停产或半停产，土地闲置量达 2.7km^2。这时，一方面城市污染继续加重，另一方面企业效益不断下滑，城市经济增长仍然延续旧有的模式。全区 232 家大中型国有企业，拖欠职工各种债务总额高达 27 亿元，据统计局数据，铁西工业区就业人数在 2000 年一年内就由 24.4 万人降至 19.5 万人，沈阳经济曾经“得之于重，也失之于重”（张晓云，2001）。

2002 年 6 月，沈阳市委、市政府着眼于沈阳老工业基地改造振兴，作出铁西区与沈阳经济技术开发区合署办公的战略决策，成立铁西新区，辖区范围由原来的 40km^2 扩展到 128 km^2。两个互相补充而且相邻的空间整合而为一个空间实体，为铁西改造提供了一个广阔的空间平台。2006 年 9 月，辽宁省政府批准设立沈阳市细河经济区。2007 年 6 月 26 日，沈阳市委、市政府将铁西新区与细河经济区重组合并。辖区范围由 128km^2 扩展到 484km^2（图 1–1）。这标志着老工业基地改造进入了一个新的发展阶段。这个阶段以铁西工业区改造为典型，采取了老工业基地改造与城市可持续发展相适应的方式，企业改造从产品、技术、管理、体制等方面进行，产业调整与升级与社会保障体系建设相结合，经济建设与环境建设相结合等办法，城市呈现出历史性的跨越式大发展。自 2002 年开始，在铁西区大规模地“东搬西建”中，200 余家国有大中型企业搬迁进开发区，腾迁土地 6km^2，获得了 140 多亿元资金，其中部分资金用于企业新厂区的建设和升级改造，部分资金用于两区的基础设施建设。通过实施重组、改造、提升，建成了 100 多个中外合资合作项目，沈鼓、沈重、机床集团等一大批国家领军、国际知名的企业浴火重生，以沈阳铁西为代表的沈阳老工业基地改造堪称世界奇迹。铁西区通过合署办公、行政区划调整，用市场经济体制开发区的管理

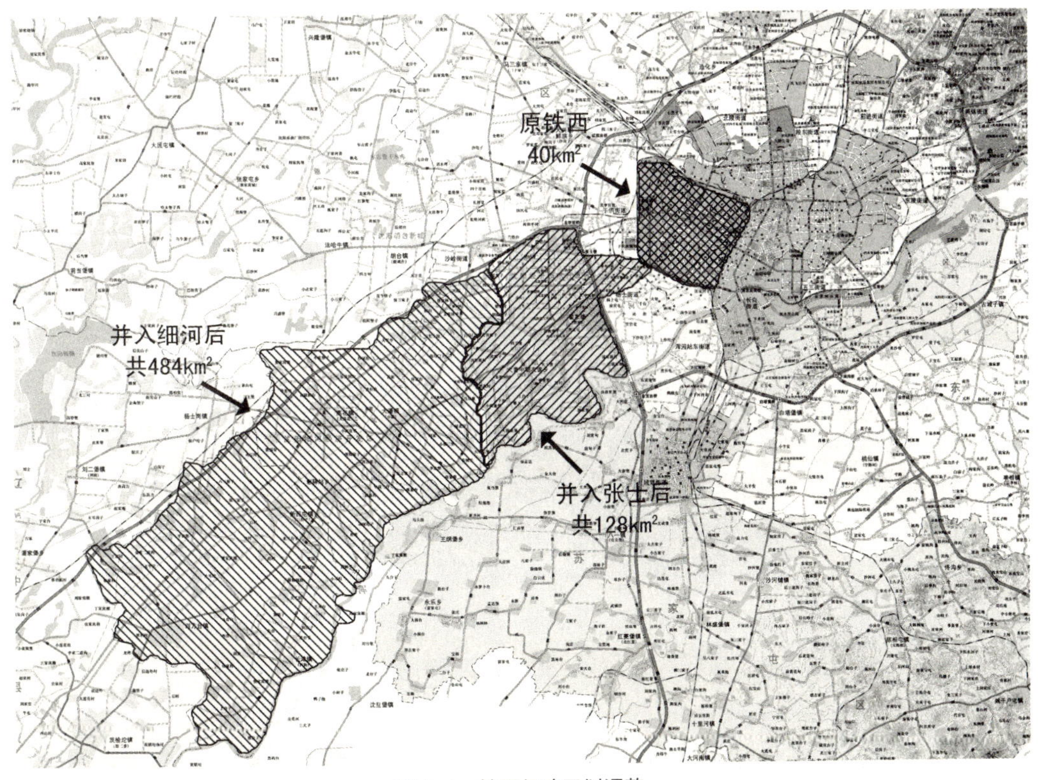

图 1–1　铁西行政区划调整

资料来源：沈阳市规划设计研究院

模式，代替了计划经济体制下的企业式的政府管理方式，成功实现了整体搬迁改造和体制创新，创造了闻名全国的铁西经验。“国有体制、民营机制；国有外壳，民营内核”，这就是沈阳装备制造业重生的创新之路。

2. 区域中央商务区建设

沈阳市于2004年启动了“金廊工程”，“金廊”是中央都市走廊（Central Urban Corridor，CUC）的简称（图1–2）。金廊工程的启动是沈阳建设具有世界城市特征的区域中心城市中央商务区的标志，是服务于东北及东北亚的区域中枢。金廊以城市新的中轴线青年大街为主体，核心段南北长12km，跨越浑河总长30km，在平均约2km宽的带形空间上聚集着行政管理、金融商贸、商务办公、科技会展、文体休闲、现代生活等功能。金廊从结构上改变了城市由工业区位决定的圈层增长模式，同时也是沈阳重要的经济带。

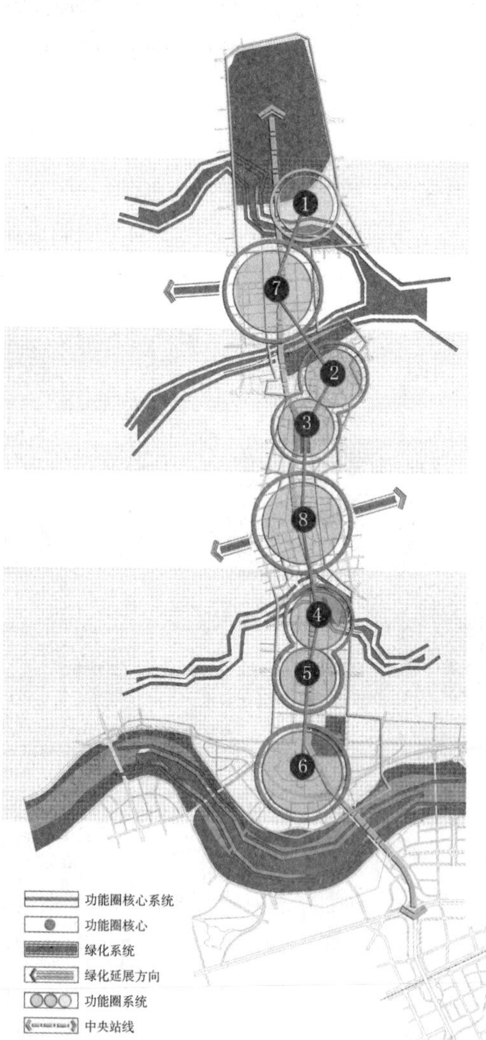

❶北陵行政文化圈
核心功能60%：行政、文化
辅助功能15%：生态景观、教育、居住
重要轴线：北陵大街轴线、北运河水系轴线
❷北站金融商贸圈
核心功能60%：金融、商贸、办公
辅助功能15%：商业服务、交通枢纽
重要轴线：友好街轴线、惠工广场轴线
❸市府广场行政文化科技圈
核心功能60%：行政、文化、科技
辅助功能15%：艺术、居住、商业服务
重要轴线：市府广场南北轴线
❹电视塔科技信息圈
核心功能60%生态景观、南运河水系
重要轴线：南运河水系
❺展馆文化艺术圈
核心功能60%：展示、文化、艺术
辅助功能15%：传媒
重要轴线：展览馆建筑南北轴线
❻五里河体育圈
核心功能60%：商贸、服务、休闲
辅助功能15%：生态景观
重要轴线：五里河体育场、夏宫、科普公园组成的放射轴线
❼❽中央居住社区商业中心即交通换乘枢纽
核心功能60%：居住、商业服务、交通
辅助功能15%：办公、科技文化、展示
重要轴线：十一纬路－大西路

图1–2　金廊功能结构

资料来源：沈阳市规划设计研究院

截至2007年底，金廊地区共进行项目合计134项，其中竣工项目11项，占地面积17.24hm^2，投资70.81亿元；在建项目47项，占地面积350.3hm^2，投资1776.55亿元；前期已招商项目31项，占地面积719.13hm^2，计划投资1955.3亿元；正在招商项目45项，总面积535.87hm^2。2006年动工的轨道交通二号线沿金廊延伸至桃仙国际机场，将给这一地区发展带来前所未有的活力。

3. 沈阳都市区发展

进入21世纪，随着老工业区的搬迁式改造、新兴工业园区和新区的开发建设，沈阳城市呈现内部功能提升和外围新区产业聚集的空间拓展方式，张士国家级经济技术开发区、浑南国家高新技术产业园区、沈北农业高新区、浑南出口加工区、于洪家具工业园区、沈西工业走廊和辽中近海经济区等，在城市外围集聚了城市新兴的工业产业；“金廊”（中央都市走廊）和“银带”（浑河生态景观带）的建设形成了城市核心服务业的“十字”结构。2006年沈北新区成为继上海浦东新区、天津滨海新区以及郑州郑东新区之后，第四个经国务院批准的新区。2005年沈阳经济区合作协议的签订，开始了以沈阳为中心的区域发展局面，沈抚同城的提出全面启动了沈阳抚顺一体化的发展格局，沈本（沈阳—本溪）、沈铁（沈阳—铁岭）、沈辽（沈阳—辽阳）一体化发展正在积极筹措之中。沈阳为实现与营口港的联动发展，在西部辽中县设立了近海经济区，联系鲅鱼圈港区的铁路专用线和高速公路已获得批准开始建设。同时区域基础设施建设正在围绕中心城市开始：沈阳与周边城市的城际铁路规划已获得铁路部门批准（沈抚之间的城际铁路将于2008年7月通车，哈大客运专线已经进入建设阶段）；桃仙机场二期扩建工程完成，并对未来提出四条跑道和一条备用跑道的设想；联系沈阳经济区四城市（抚顺、本溪、辽阳、铁岭）和沈阳的辽中、新民、法库总长约400km的沈阳经济区环线西南环线已近完成。这些都将加强东北经济区的内部联系，拓展外部联系，特别是与京津地区的联系。2006~2007年沈阳经济增长速度达17.6%，中心城市经济的加速增长，

图1-3 沈阳市城镇体系规划图
资料来源：沈阳市规划设计研究院

会进一步加速沈阳大都市区的成熟。

4. 城市经济的再次崛起

德国鲁尔地区改造用了30年，日本北九州地区改造历经20年，而沈阳只用了短短5年时间（林木西，2007），这五年也正是沈阳发展最快的五年。根据市统计局提供的资料，1990年沈阳的GDP是234.9亿元，2000年才突破千亿元，2005年达到2084.1亿元，而2007年已经突破了3000亿。GDP从200亿到1000亿，沈阳用了十年时间，从1000亿到2000亿，用了五年，而从2000亿到3000亿，沈阳只用了两年。

自1992年小平南巡讲话以来，沈阳的城市发展可以以铁西工业区改造、两区合署办公为转折点划分为两个阶段：第一阶段，1992~2002年。十年间承受了重工业产业结构性衰退和计划经济体制性衰退的双重压力，更加以1998年"慕马事件"的政治风波出现了一系列政治、经济和社会问题，面对沿海地区经济快速增长的形势，沈阳为首的辽中城市群面临着如何发展的困惑，这一时期中心城市的区位优势使民营经济在第三产业得到一定的发展，并同时吸纳了大量下岗职工，批发零售业平均以10%以上的速度增长，第三产业在2005年超过第二产业，一度改变了传统的以工业为主的产业结构，并维持了城市的GDP以年平均不足10%的相对低速的增长。第二阶段，2002年以后。随着国家体制改革政策落实和东北振兴区域发展战略的实施，老工业基地的成功改造使城市彻底卸下了经济和社会的包袱，呈现出全新的增长趋势。从沈阳市1995年至2007年的主要经济数据的增长速率可以看出，在2003年之后城市进入新一轮加速增长期（图1–4）。

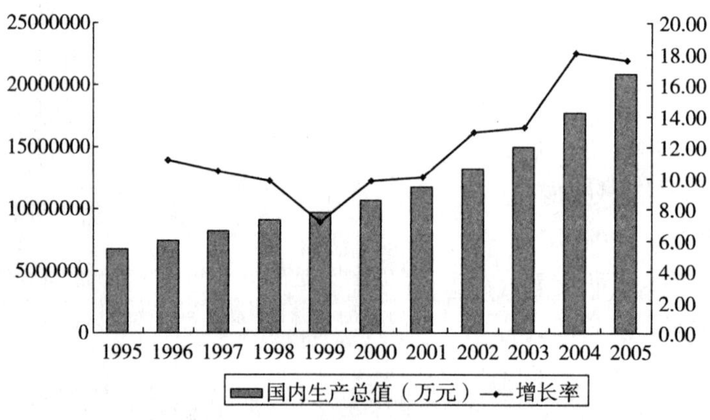

图1–4　沈阳市主要经济指标绝对值与增长率双线分析图

1.1.3　区域经济的振兴与发展

1. 重点企业和重大投资项目特征

辽中城市群的城镇体系结构产生具有其特殊性，城市化的"拉力"主要来自国家大规模的集中投资。在计划经济时期，城乡二元结构是非常有效率的，它能保证最大限度的资本积累率，使我国在最短的时间内建立起了完整的国民经济工业体系。"一五"期间，国家用于该地区的投资达51.6亿元，占全国近十分之一；全国156个重点项目，辽宁就占了

24 个，并且绝大多数集中在辽中城市群地区。经过几个五年计划的建设，终于建成了以钢铁工业为核心，包括重型机械、石油化工、电力等部门在内的强大的重工业基地（周保华，1980）。由于区位、资源、基础等诸多因素的影响，可以说地区的发展一直就是按照这种“宿命”路线走下来的，“大工业”的烙印渗透了城市群发展的始终。

21 世纪，随着振兴东北老工业基地战略的深入实施，辽中城市群迎来了又一轮的发展机遇期。历史总是惊人的相似，辽中城市群的新一轮发展仍然体现出强烈的自上而下特征。诺贝尔经济学奖得主诺思提出了著名的“路径依赖”理论，路径依赖类似于物理学中的“惯性”，一旦进入某一路径（无论是“好”的还是“坏”的）就可能对这种路径产生依赖，某一路径的既定方向会在以后发展中得到自我强化。辽中城市群的发展就形成了典型的大工业“依赖路径”，一个个国家级重点产业集群再次落户辽中城市群的各大城市，重新迅速形成了强大的“国家经济产业体系”，这些看似跟“市场经济”格格不入的现象，再次实实在在地发生了。

2007 年辽宁中部地区 50 强企业名单 **表 1-2**

排名	单位名称	地区	主要业务活动或主要产品
1	鞍山钢铁集团公司	鞍山市	生产成品钢材
2	辽宁省电力有限公司	沈阳市	电力供应
3	中石油天然气股份有限公司抚顺石化分公司	抚顺市	原油加工
4	中国石油辽阳石化分公司	辽阳市	合成纤维单体
5	本溪北营钢铁（集团）有限公司	本溪市	钢坯
6	沈阳华晨金杯汽车有限公司	沈阳市	轻型客车制造
7	东北电网有限公司（沈阳）	沈阳市	电力供应
8	本溪北方铁业有限公司	本溪市	生铁
9	沈阳飞机工业（集团）有限公司	沈阳市	民用飞机制造
10	本溪钢铁（集团）有限责任公司	本溪市	钢材
11	本溪北方第二轧钢有限公司	本溪市	生产螺纹钢
12	三宝电脑（沈阳）有限公司	沈阳市	计算机整机制造
13	华晨宝马汽车有限公司	沈阳市	汽车制造
14	抚顺特殊钢股份公司	抚顺市	钢材
15	铁法煤业（集团）有限责任公司	铁岭市	煤炭开采
16	五矿营口中板有限公司	营口市	中厚钢板
17	沈阳机床（集团）有限责任公司	沈阳市	金属切削机床制造
18	抚顺新抚钢有限责任公司	抚顺市	钢压延
19	沈阳恒泰鞋业发展有限公司	沈阳市	生产皮鞋
20	中国石油抚顺石油化工公司	抚顺市	腈纶纤维
21	乐金电子（沈阳）有限公司	沈阳市	彩色电视机生产
22	抚顺矿业集团有限责任公司	抚顺市	原煤采选

续表

排名	单位名称	地区	主要业务活动或主要产品
23	沈阳煤业集团有限责任公司	沈阳市	烟煤和无烟煤开采
24	辽宁富虹油品集团有限公司	辽阳市	生产豆油、豆粕
25	上海通用（沈阳）北盛汽车有限公司	沈阳市	生产别克 GL8 汽车
26	抚顺铝厂	抚顺市	电解铝
27	沈阳东方钢铁有限公司	沈阳市	生产硅钢片
28	沈阳航天三菱汽车发动机制造有限公司	沈阳市	汽车发动机生产
29	沈阳兴远东汽车零部件有限公司	沈阳市	发动机总成生产
30	沈阳石蜡化工有限公司	沈阳市	汽油加工
31	鞍山宝得钢铁有限公司	鞍山市	生产大中型钢材
32	东北制药总厂	沈阳市	化学药品原料药制造
33	辽阳石化公司鞍山炼油厂	鞍山市	原油加工
34	沈阳黎明航空发动机（集团）有限责任公司	沈阳市	飞机发动机制造
35	红塔辽宁烟草有限责任公司营口卷烟厂	营口市	卷烟
36	沈阳市金石豆业有限公司	沈阳市	豆油制造
37	辽阳忠旺塑料型材有限公司	辽阳市	塑料型材加工
38	东北制药集团股份有限公司	沈阳市	化学药品原药制造
39	铁岭发电厂	铁岭市	火力发电
40	普利司通（沈阳）轮胎有限公司	沈阳市	生产汽车轮胎
41	沈阳远大铝业工程有限公司金属门窗分公司	沈阳市	金属门窗制造
42	沈阳华润三洋压缩机有限公司	沈阳市	空调器用压缩机生产
43	沈阳东软软件股份有限公司	沈阳市	计算机软件生产
44	辽宁清河发电有限责任公司	铁岭市	火力发电
45	米其林沈阳轮胎有限公司	沈阳市	轮胎生产
46	辽宁万兴达集团	辽阳市	铜线加工
47	沈阳东基集团有限公司	沈阳市	武器弹药制造
48	中国石油辽阳石油化纤公司	辽阳市	生产涤纶短纤维
49	中国北车集团沈阳机车车辆有限责任公司	沈阳市	铁路货车修理
50	华能国际电力股份有限公司营口电厂	营口市	火力发电

资料来源：根据万方数据网整理

在 2007 年进入辽宁中部地区 50 强企业的名单中（表 1–2），沈阳占据 26 席，鞍山占据 3 席，抚顺占据 6 席，本溪占据 4 席，辽阳占据 5 席，营口占据 3 席，铁岭占据 3 席。这些控制城市群经济命脉的大企业，主要集中于资源类、生产加工类企业或者装备制造业。新建项目多于改扩建项目，产业布局呈现出区域产业协作互补的结构和大型项目主导的自上而下的布局特点，营口、鲅鱼圈作为区域的门户城市，受到了高度重视和重点开发（表 1–3）。

辽宁中部城市群在建重大产业项目一览表 **表 1-3**

城市	基地	代表项目	建设内容	建设时序	投资（亿元）
沈阳	汽车及零部件产业基地	通用北盛汽车二期	建设具备国际水准的车身、涂装、总装三大生产车间	2006~2010	35
		华晨金杯系列轿车扩产项目	开发生产中华 M3、A 级车产品等	2006~2010	26
		汽车零部件产业园	汽车零部件生产	2006~2010	46
		航天三菱公司新型换代发动机生产线	沈阳航天三菱公司建设新型换代发动机生产线	2005~2010	27
	民用航空制造业基地	沈阳 C 系列飞机生产	建立 C 系列飞机工作包生产线和 C 系列飞机的全球第二条整机装配生产线	2006~2010	52.6
		沈阳黎明航空发动机扩产及维修项目	沈阳黎明航空发动机有限公司与英国罗罗公司合作，建设通用飞机发动机大修、维修；与美国 GE 公司合作，建设 CF-34 发动机主配件生产线	2006~2012	40
		飞机零件园	飞机零部件生产	2006~2010	100
	成套装备生产基地	沈阳机床数控机床及成套生产线整体改造	建设数控机床产业园区	2006~2010	18
		沈阳鼓风机集团整体搬迁改造	沈鼓、沈气和沈泵战略重组，打造具有世界级规模的亚洲最大的通用机械制造基地	2005~2010	20
		沈阳矿山机械集团整体搬迁改造工程	建设大型煤炭综合采掘装备、大型散料装卸及输送装备、冶金矿山洗选装备和特种工程机械的研发制造基地	2006~2010	14
	IC 装备制造业	浑南 AMT 产业园项目	引进以美国应用材料公司为代表的 IC 及 IC 装备生产企业	2006~2010	25
鞍山本溪	全国重要精品钢材基地	鞍钢新 2 号高炉	新建两座高炉，各 $3200m^3$	2006~2008	25
		鞍钢 3#、2130、1450 冷轧生产线项目	年产 10 万吨 1500mm 冷轧板；5 条镀锌线、3 条彩涂线	2006~2008	82.6
		本钢三冷轧厂新建	年生产能力 400 万吨	2006~2008	45
		本钢不锈钢冶炼、冷轧	不锈钢冶炼 70 万吨，冷轧硅钢 46 万吨	2005~2008	42
		北台钢铁冷轧薄板工程	建设 1750mm 冷轧宽带钢生产线，年产冷轧宽带钢 150 万吨	2008~2012	30
抚顺	北方石化城	PTA 项目	建设年产 45 万吨精对苯二甲酸（PTA）生产线	2006~2010	53
		抚顺 80 万吨乙烯装置	新建年产 80 万吨乙烯、445 万吨线性低密度聚乙烯、35 万吨高密度聚乙烯、30 万吨聚丙烯等 9 套生产装置	2005~2010	125

续表

城市	基地	代表项目	建设内容	建设时序	投资（亿元）
营口	沿海产业基地	鞍钢营口新区	年产500万吨宽厚板，分两期完成	2005~2008	231
		中海油北方石化基地项目	1500万吨炼油及100万吨乙烯	2006~2010	440
		台湾石化商会芳烃及下游产品项目	80万吨对二甲苯及其下游精细化工	2006~2010	314
		辽宁（营口）船舶工业园生产基地	建设船体构件加工中心，修建鲅鱼圈舾装码头和造船厂	2005~2010	49
		辽宁（营口）佳兴鸿泰石油化工有限公司项目	兴建年产100万吨/年重油延迟焦化、200万吨/年重交沥青、80万吨/年重油加氢催化裂化装置	2006~2008	30
辽阳	化纤产业基地	辽阳石化分公司年产20万吨乙二醇	年产20万吨乙二醇	2004~2007	14
		辽阳石化分公司年产140万吨大重整	建设年产140万吨连续重整、70万吨抽提、年产140万吨岐化装置	2006~2008	17
		辽阳石油化纤公司年产30万吨差别化聚酯	购置设备，建设年产30万吨差别化聚酯生产装置	2007~2010	10

资料来源：根据相关城市“十一五”规划整理

2. 区域发展阶段

工业化是城市化重要的推动力，而产业结构和城镇体系之间存在着很大的关联和耦合。根据工业化的一般经验，产业发展阶段可划分为轻工业阶段→原材料重工业阶段→一般加工组装重工业阶段→深加工度化阶段→后工业化阶段，相应的技术演进路径为棉纺→采掘冶炼→机械制造技术化学工业→精装工业电子工业→生物信息，其代表的行业则表现为棉纺业→钢铁业→电力化学工业→汽车石油家电→信息产业，其要素禀赋中核心要素则依次为劳动力资本→一般技术→集约技术→高新技术。这也就是我们通常所认为是最合理、最稳固的“金字塔”产业结构，但是在辽中城市群经历的是一种重工业化超前发展的“倒金字塔”（图1–5）的跳跃式过程。而这种以重工业为“增长极”的发展模式，直接决定了辽中城市群的“倒金字塔”的城镇体系格局。

这种与工业化的一般规律相违背的发展方式能够在辽中城市群一直持续下去，是由于国家为了更为全局的利益，制定了相应的一系列经济政策，人为地构造了一个重工业超前发展的外部环境和经济运行体制。比如说新中国建立初期的低工资政策，低利率、低汇率政策，低基础产业产品价格和高制造业产品价格政策等。1992年小平同志南巡讲话后中国区域产业发生分异，市场经济冲击东北老工业基地后中央陆续出台的振兴政策，这些自上而下的政策支持仍是辽中城市群能够重新崛起的很重要的因素。

工业化的发展水平不仅是一个地区经济增长或者衰退看得见的结果，更是这个过程的起因。辽中城市群的支柱产业布局是依托各城市优势产业和龙头企业，重点推进城市群内

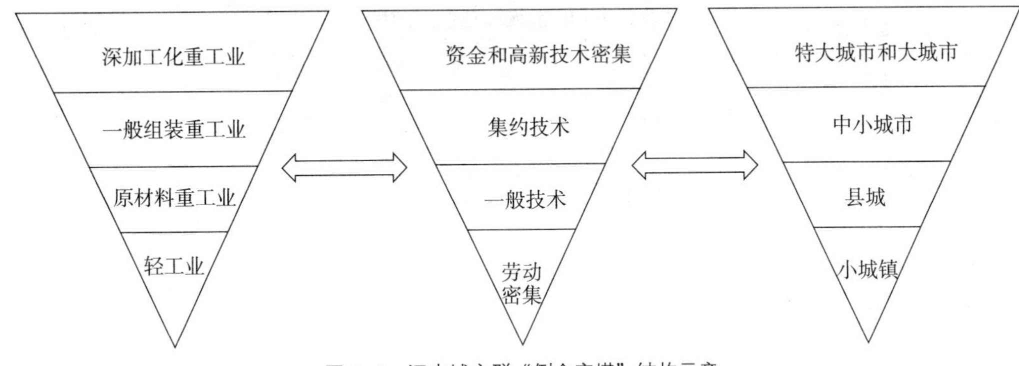

图 1-5　辽中城市群“倒金字塔”结构示意

装备制造业、汽车工业、钢铁工业、石油化纤和精细化工等产业整合，加强产业链接，增强配套能力，构建产业基地和优势产业集群而形成的。十多年来，辽宁中部地区产业结构的变化不大。其中第一产业比重呈逐年下降的趋势，从 1995 年的 9.7% 下降到 2006 年的 5.5%；第二产业比重在 2000 年左右处于低谷，而第三产业比重达到峰值；其后第二产业比重一直占 50% 以上（图 1-6）。

美国经济学家钱纳里在《工业化和经济增长的比较研究》一书中，通过对 4 个准工业

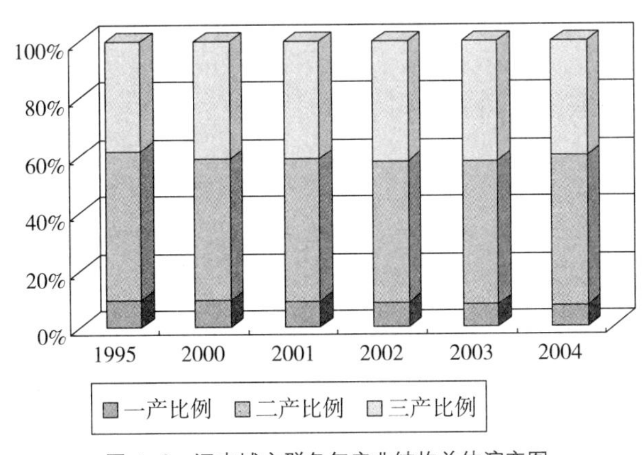

图 1-6　辽中城市群各年产业结构总体演变图

国经济发展的实证分析，提出任何国家和地区的经济发展都会规律性地经过 6 个阶段：传统社会、工业化初期、工业化中期、工业化后期、后工业化阶段、现代化社会，第二、三、四阶段合称为工业化阶段，是一个地区由传统社会向现代社会过渡的关键，其中工业化中期即重化工阶段是关键。从任何一个阶段向更高阶段跃迁都是通过产业结构的转化来推动的，其主要标志为人均 GDP 的增长，劳动力结构由农业向非农业产业的转化以及增加值在各部门之间分配的变化。

依据国家发改委结合钱纳里理论提出的指标体系的基本判断（表 1-4）：辽宁中部城市群处于区域发展的工业化中后期阶段。该地区目前正在进行的制造业深加工化过程，是一个由劳动密集型向资金密集型再向技术密集型转化的过程。

区域发展判断指标及对应发展阶段　　表 1-4

判断指标	工业化初期	工业化中期	工业化后期	后工业化阶段	辽宁中部地区	
					数值	判断
工业增加值占 GDP 比重（%）	20~40	40~70	下降		47	中期
人均 GDP（美元）	300	300~1500	1500~10000	10000 以上	3500	后期
第三产业增加值占 GDP 比重（%）	10~25	30~60	上升		39	中期
机械交通运输设备制造业占工业总产值比重（%）	5	20	30	40	21	中期
非农业人口比重	10~35	35~50	上升		56	后期

资料来源：《辽宁中部城市群发展规划》

人均 GDP 3000 美元在经济学上是一个重要的发展临界点，它标志着地区经济已经达到了中等收入国家水平（世界银行《2005 年世界发展报告》），意味着经济发展逐步进入加速成长阶段，预示着工业化进程开始向成熟阶段过渡。美国在 20 世纪 20 年代人均 GDP 突破了 3000 美元，城市空间由紧密型走向了疏散型，由单一中心走向多中心，表现为大都市区的蓬勃发展及由此带来的大都市连绵区的兴起。日本在 20 世纪 60 年代初人均 GDP 突破了 3000 美元，逐渐开始形成了独特的圈层状大都市区空间结构，即大都市圈，而 1960~1970 年正是日本都市圈蓬勃发展的时代。

按当年人民币与美元汇率计算，辽宁中部地区的沈阳和鞍山在 2004 年人均 GDP 突破 3000 美元，本溪于 2006 年，抚顺、营口、辽阳于 2007 年突破 3000 美元，铁岭还有较大差距，整个地区人均 GDP 在 2005~2006 年正式跨入 3000 美元的“重要门槛”（表 1–5），区域呈现一体化发展趋势。

2000~2007 年辽中城市群各城市人均 GDP（单位：元）　　表 1-5

年份	沈阳	鞍山	抚顺	本溪	营口	辽阳	铁岭	城市群
2000	15574	13595	9383	10057	7250	9487	4255	11177
2001	17030	14932	10345	11313	8049	9953	4618	12244
2002	19248	16507	11189	12391	9061	11095	5078	13649
2003	21797	18767	12374	14999	10515	13107	5911	15600
2004	25551	24474	14718	19029	13136	14803	7190	20182
2005	29832	29283	17380	21931	16484	18131	8726	22450
2006	35501	33080	20411	24680	19607	21647	10577	26329
2007	43732	38833	23976	27813	23251	23900	12758	31441

数据来源：根据《中国城市统计年鉴（1996—2006）》数据计算

1.2　研究的时代背景

1.2.1　全球化背景下的全球区域体系

英文中“Global”虽然已经有 400 多年的历史，但“全球”的组合词和变形词如

"Globalization"（名词，全球化）、"Globalize"（动词，全球化）及"Globalizing"（动词，全球化）在 1960 年左右之前还没有出现❶。全球化一般首先指经济的全球化，广义的全球化包括政治、文化和社会生活的全球化。经济的全球化是指世界各国经济相互融合，向全球一体化发展的过程。

跨区域的经济交流由来已久——资本、劳动力、商品、原材料等的交流（Sassen，1999）。经济全球化始于何时？有的从 500 年前哥伦布远航美洲算起，有的从工业革命或二战后算起。应该说，远洋航运和国际贸易的兴起，国际分工的形成和发展，以联合国为象征的各种国际组织的出现，均为经济全球化开辟了道路。但当前为世界所真正关注的经济全球化，始于苏联解体、"冷战"结束，市场经济向全球发展以后才全面显露出来。贸易自由化、信息化与高新技术发展引起国际分工的深化，现代通信网络与国际航空、航运的迅猛发展，形成了资本、货物、人员、技术、信息、服务等在全球范围流动（胡序威，2007）。

跨国公司已经成为国际贸易的主要参与者，它是终极物品的出口者和进口者，是世界经济创新的主要来源（Nolan，2001）。跨国公司的活动具有生产国际化、经营多元化、交易内部化和决策全部化的特点，在发达国家的一些巨型公司总部所在地，集中了管理、调控、策划、核心技术研究开发等功能，从而形成了伦敦、巴黎、纽约和东京为代表的控制全球经济格局的，具有全球指挥中心功能的全球城市。其主要职能是金融和商务、行政管理和控制、文化传媒和旅游业（Hall，2002），即在发达的工业国家的全球城市 A（Global City A）（吴志强，1998）。同时跨国公司将生产厂家或贸易、金融、服务、管理网络分散到世界各地，并在市场发展前景较好的地区设立分公司，将国际间的经济关系转变为跨国公司内部关系。跨国公司在世界各地的分支机构的生产和经营活动，形成了新兴工业化发展国家的全球城市 B（Global City B），如上海、广州、班加罗尔等。

从理论上说经济全球化意味着工业生产、商业、资本、通信技术、信息、货币等在全球的扩张，可以忽视边界的存在，即所谓"无疆界世界的到来"（Ohmae，1990，1996）。随着全球化的进程，城市在全球范围的职能和地位不断调整，加之生产越来越在区域层面展开，全球范围内的城市逐步形成新的组织结构。继 P. 霍尔于 1966 年前瞻性地提出世界城市（World City）的论断，弗里德曼（Friedman，1986），萨森（Sassen，1991）从城市的功能属性提出全球城市（Global City）的等级结构。

根据霍尔的分析，将城市的功能属性和城市之间的相互关系统一分析，得出对传统的克里斯塔勒（Christaller）城市等级系统的修正，提出全球城市、亚全球城市、区域城市和省级城市新体系。

在全球化背景下，国家城市的竞争力都越来越依赖于区域的竞争力，区域是参与国家竞争的重要空间单元与组织单元，也被理解为全球化的基本动力。一种新的城市现象正在形成之中，在传统的大都市带（Megalopolis）概念的基础上，更强调在全球经济的世界政治舞台上日益增长的作为必要空间节点的作用，即全球城市区域——Global City-Region

❶ 吴志强．"扩展模型"：全球化理论的城市发展模型 [J]. 城市规划学刊，1998（5）.

（Scott，2001），全球区域——Global-Region（吴志强，2002），以及霍尔提出的特大城市区（Mega-City Region）。美国东北海岸都市带、日本的东京—大阪都市带、欧洲的多个城市群，以及中国的珠江三角洲、长江三角洲都是典型的地区。

弗里德曼进行了全球化时代城市发展的两种模式（城市营销模式和城市内生式发展模式）的比较。指出城市发展必须主要基于内部的资源和动力，即人文资本（Human Capital）、社会资本（Social Capital）、文化资本（Cultural Capital）、智力资本（Intellectual Capital）、环境资本（Environmental Capital）、自然成本（Natural Capital）、城市资本（Urban Capital）等区域性资源和资本的复合体。区域的发展有两条道路：即区域财富的创造和城市间贸易，它们必须保持大概的平衡。

他认为城市在内生的模式的引导下，可以与外部建立起协作性的网络关系，这种协作使任何区域获取利益的同时并不一定需要建立在其他区域付出成本的基础上，相反它为所有的区域提供了更多的机会。同时借鉴了中世纪的汉萨同盟（Hanseatil League）所带来的北欧城市繁荣和欧洲城市组织多带来的西欧城市繁荣，讨论了城市如何从当前流行的模式Ⅰ转向可持续发展的城市模式Ⅱ（表 1-6）。

城市发展的两种模式 **表 1-6**

	模式Ⅰ：城市营销 （基于外部的发展）	模式Ⅱ：内生式发展 （基于内部的发展）
行动空间	核心城市	城市—区域
时间框架	长期负债	短期负债
影响范围	经济增长最大化	众多发展目标的优化
发展的基本推动力	外生	内生
模式	竞争的（零和）	合作的（网络组织）
可持续性	差	强

资料来源：John Friedman《规划全球城市：内生式发展模式》

中国的大都市地区既与世界上其他的大都市区有相似属性，又有其自身特性（Hall，2007）。在全球经济格局中，中国很明显地处在一个非常独特的位置：它已经成为“新的世界工厂”，生产了很多先进的消费品，并利用着一种低生产成本和先进技术结合的优势，这与当今很多发达国家经济体（19 世纪的德国，20 世纪中期的日本和美国的硅谷）的早期发展在历史上是相似的。中国的发展速度和多中心大都市地区的规模又是显然不同的：生产的过程被组织在各个分离的地区的“集群”而且又是高度网络化的城市群,尤其是“长三角”和“珠三角”。

1.2.2 中国全球城市区域的发展特征

中国自改革开放三十年来，通过改革政策和体制创新，实现了经济的快速增长，全球经济的重心已经向中国转移，中国取代了日本和德国成为“世界工厂”，成为全球经济的重要组成部分。同样，中国的城市和区域也成了全球城市网络体系的重要节点和国家经济发展的基本空间单元。2006 年 3 月通过的《国民经济和社会发展第十一个五年规划纲要》首次出现了"城市群"的概念，明确指出："要把城市群作为推进城镇化的主体形态"，这意味着城市群的发展已经受到国家决策层面的关注。

长江三角洲、珠江三角洲、京津冀等地区的经济快速增长和城市化的快速发展，备受国内外学者的关注（表 1–7）。P. 霍尔指出，中国和欧洲的城市在 21 世纪还会有一些相同的特征（Hall，2005），这主要表现在三方面：首先，中国和欧洲的城市将会成为复杂的全球经济的一部分，即成为全球化的城市（Globalized City），在全球范围内这类城市之间相互交换物质，相互提供服务；其次，出现巨型城市区域（Mega–City Regions），结构复杂的庞大都市网络（Vast Networked Urban Complexes），由数量可多达 30~40 个城市以及周边的小城镇组成，被称为"多中心巨型城市区"（Polycentric Mega–City Regions）。总人口可达 2000 万或更多，城市之间通过交通和通信系统形成网络；再次，出现大型城市开发建设项目（Mega–projects），如北京的奥运会建设和上海的浦东开发等，这些大型项目有赖于先进的交通设施，市政设施和公共服务设施，包括机场和高速公路。

三大都市—区域在 GDP、对外贸易和实际利用外资方面的数额（2006 年）　　表 1-7

三大都市—区域	GDP（亿人民币）	人口（万）	对外贸易（亿美元）	实际利用外资（亿美元）
京津—渤海湾	54775	23134	3850	310
北京	7720	1581	1582	46
天津	4338	1075	646	81
河北	11614	6898	185	24
山东	21847	9309	953	100
辽宁	9257	4271	484	60
上海—长江三角洲	47494	13898	6506	334
上海	10297	1368	2275	71
江苏	21548	7550	2840	174
浙江	15649	4980	1392	89
香港—珠江三角洲	41150	10048	9666	145
香港	14038	696	4340	—
澳门	1144	48	54	—
广东	25969	9304	5272	145
三大都市区域汇总	143419	47080	20022	789
全国	209407	131448	17607	695

注：全国数据不包括香港和澳门特别行政区，香港、澳门对外贸易为 2003 年数据

资料来源：根据《中国统计年鉴（2006）》、各省统计公报整理

自中国 2001 年底加入世贸组织以来，跨国公司加大了对华投资的种类和规模，2004 年外商直接投资首次突破 600 亿美元，超越美国列全球第一，外资的直接投入（FDI）成

为中国城市与区域发展的主要拉动力。

王坦、赵晓斌等总结过去近20年外资在中国内地的投资路径，尤其是我国港台地区在大陆及韩、日、欧美在华投资路径的基础上，指出中国目前两种典型的外商投资路径与全球城市区域增长模式。中国的外商投资正遵循着两种主要发展模式前进，而这两个主要发展模式同时又揭示了中国近十多年和未来十年的热点城市与区域发展（王坦、赵晓斌，2006）。

中国的全球城市区域的发展可由此划分为三个阶段，呈现出由南至北的沿海全球化地域分布特征和从“出口加工”外向型模式向“本土内销”的内向型模式的转变：

第一阶段，1980年代末期至1990年代末期：香港—广州—珠三角的全球城市区域形成。

起源于1980年代香港的工业北移，以港、台、韩资金为主体的外向型增长模式。这类出口加工型产业通常以资本快速回流为主要增长点，以国际贸易为目标，依附于大型港口和金融服务的全球城市（Global City）或者全球城市区域（Global City-Region）为出口加工产业提供完善的生产性服务（王坦、赵晓斌，2006）。该地区特点是多个城市同时快速发展，是国家的开放门户，具有悠久的经商和对外开放传统，经济发展模式从外源经济带动、出口加工，逐步转向本地城市与产业的成长、成熟，本地经济与外源经济平行发展（李晓江，2008）。因此在第一次外资投资热潮中，珠三角地区迅速崛起为中国的“世界工厂”，成功塑造了“东莞模式”以及发展了深圳、珠海、中山、顺德、惠州、番禺、广州等第一代外资投资热点城市，珠三角地区也由此成为中国第一个全球城市区域。目前此区域除保持其外向型的增长模式外，正积极向内生模式转型。

第二阶段，1990年代末期至21世纪初：上海—长三角成为全球城市区域。

中国市场化机制改革和加入世界贸易为长三角地区发展提供了广阔的全球舞台，长三角地区得天独厚的自然条件，以及雄厚的区域经济基础，使它成为第二轮投资热点。拥有优良海岸线600km，身为中国最大的沿海沿江港口群，以及上海在经济金融、贸易、文化等方面的实力，使长三角地区成为中国最具生命力和吸引力的外商投资热点。同时也塑造了除上海之外的苏州、昆山、宁波、无锡、常州、南京等一系列新兴外资投资热点城市。该地区有着非常悠久的重商传统和工商业基础，中心城市对周边有强烈的作用，乡镇企业和民营企业发展奠定了坚实的工商业基础（李晓江，2008）。长三角的外商投资是以“本土内销”和“出口加工”导向的两种模式的混合体。这类投资规模一般比较庞大，技术含量也较高，既要服务又要制造，对地区经济拉动较大。上海港口和城市服务业日趋成熟，与世界160多个国家和地区及300多个港口建立了经贸往来，并随之成为中国大陆对外联系的重要门户，带动长三角地区发展成为全球城市区域。

第三阶段，21世纪的前20年：渤海湾地区和东北地区的全球化（Globalizing）过程。

在已经到来的第三轮外资投资热潮中，我们可以看到，上述地区的外资投入已经出现了“本土内销”的趋势，这种外资不以国际贸易为目标，它往往表现在投资大型的资本和技术密集型产业，如汽车、飞机、重型设备等，它们的目的主要是为了渗透中国市场，占有市场份额。日、欧、美资是这类投资模式的主体，由于这类外资倾向于企业集群的聚集，它们的选址一般会选在支持和服务该行业的企业旁边，产业集群—工业基地—内陆交通枢纽是这一模式的首选。因此传统的大工业城市和内陆交通枢纽城市是这类外资投资的对象。

在第三轮的外资投资热潮中，以北京、天津、大连、青岛为轴线的大渤海湾地区和以沈阳、长春为主导的东北地区将会成为新的热点投资区域。这些城市基础设施、资源条件和劳动力水平均属全国前列，又配备天然良港和出口能力，是极具吸引力的投资区域。这些地区的升级转型和全球化发展，将会使中国沿海三大板块成为"中国制造"的生产和出口基地。

自工业革命以来，城市已经成为地区经济与社会发展的核心，日益形成网络化的联系，随着经济全球化程度的加深，以特大城市和大城市为主体的全球城市（Global City）或区域中心城市（Region City），已经成为全球经济增长的主要节点。在全球化时代，国家之间的竞争不再仅仅表现为单个城市间的竞争，而是越来越体现以核心城市为中心的城市—区域或城市集团之间的竞争，以大城市为核心的大都市带已经成为一种具有全球性意义的城市—区域发展模式与空间组合形式——全球区域（Global-Region）。在全球范围可以看到，一些全球区域的出现已经替代了传统国家概念的经济实体，成为支配世界经济的主要支点（表 1-8）。

城镇群的类型和特征 **表 1-8**

类 型	特 点
类型一：珠三角	● 多个大中小城市平行发展 ● 开放的传统和国家门户地位 ● 外源经济带动，出口加工业发展 ● 本地城市与产业地区的成长、成熟 ● 城市体系与空间结构发生质的变化 ● 本地产业体系的发展、升级与广谱化（重型、高科技、服务业） ● 区域辐射、带动作用的拓展与提升
类型二：长三角	● 中心城市的强烈作用：产业与技术扩散 ● 重商传统和工商业基础 ● 本地企业（乡镇企业、民营企业）的发展基础 ● 城市体系与空间结构相对稳定 ● 省、市间发展模式与政府作用的差距 ● 区域内巨大的经济水平差异 ● 世界城市与世界级城市群期望
类型三：京津冀	● 若干个大城市相对独立发展 ● 中心城市的政治作用大于经济作用，国家意义超出区域意义 ● 区域空间呈现强烈的单中心集聚，地区小城镇尚不发育 ● 缺乏重商、重工的传统 ● 没有出现广泛的农村城市化、产业化现象 ● 中心城市快速发展与区域经济滞后、劳动力外流的巨大反差 ● 区域差距、城市间差距大于本地域城乡差距 ● 中间性的区位，但腹地交通条件落后 ● 不缺乏市场机制，缺乏必要的政府资源投入与引导

续表

类　型	特　点
类型四：省政府主导的以省会城市为核心的城镇群（辽中城市群、长株潭、北部湾、海峡西岸、武汉都市圈、中原城市群、关中城市圈）	● 省政府的鼓励与支持，省会城市的行政、经济作用 ● 省级竞争的动机 ● 存在协调的需要和一体化的可能
类型五：中小城市、城镇密集发展形成的城镇群地区（厦门—泉州、台州—温州）	● 多个中小城市平行发展 ● 自下而上的自发工业化模式 ● 以民营经济为主导 ● 内资 / 外资共同推进 ● 外延扩张强于内部整合 ● 中心城市用地增长慢于乡镇用地增长 ● 城市型空间和产业型空间同步发展 ● 分散化、粗放型、资源消耗型

资料来源：李晓江《城镇密集地区与城镇群规划——实践与认知》

1.3　研究意义及内容

1.3.1　研究意义

正如研究背景中论述指出的，在经济全球化和国家东北老工业基地振兴区域发展政策的双重推动下，与珠三角、长三角和京津冀地区改革开放三十年来的发展历程一样，辽中城市群随着经济的快速增长和城市化的快速发展将毫无疑问地进入一体化的区域发展阶段。从 2005 年始，随着“沈阳经济区”和“沿海五点一线”等区域发展政策相继出台，重大基础设施建设、重大工业项目、资源共同开发以及外向型开发区建设等启动项目纷纷落实。相对而言，在新的发展时期对于该地区区域发展的理论层面研究相对落后，尤其是作为区域政策制定的决策依据，如区域发展空间范围、经济联系的结构体系等基础性工作需要理论研究的加强。因此，本书将全球化背景下辽中城市群的边缘及结构理论研究作为研究的内容，以期建构区域空间范围界定的理论研究体系，并对辽中城市群的区域发展研究具有实质性推进。

1.3.2　研究内容

本书主要包括以下五个方面的研究内容（图 1–7）：

第一部分（第 1 章）阐述了本书的研究背景。包括两个方面：一方面是研究主体的客观描述，论述了 21 世纪辽中城市群老工业基地城市所面临的困境与机遇，以及在转型过程中的城市和区域的经济振兴，对城市与区域的发展客观背景进行总结；另一方面从经济全球化的时代背景出发，分析了辽中城市群的中国全球化区域的发展背景。

第二部分（第 2 章）是课题研究的理论准备和文献综述。包括三部分内容：一是辽中城市群城镇密集区研究回顾；二是区域概念的界定及研究方法综述；三是全球化的区域发展理论。

第三部分（第 3 章）对辽中城市群都市区和城市区域的空间范围和结构进行界定。首

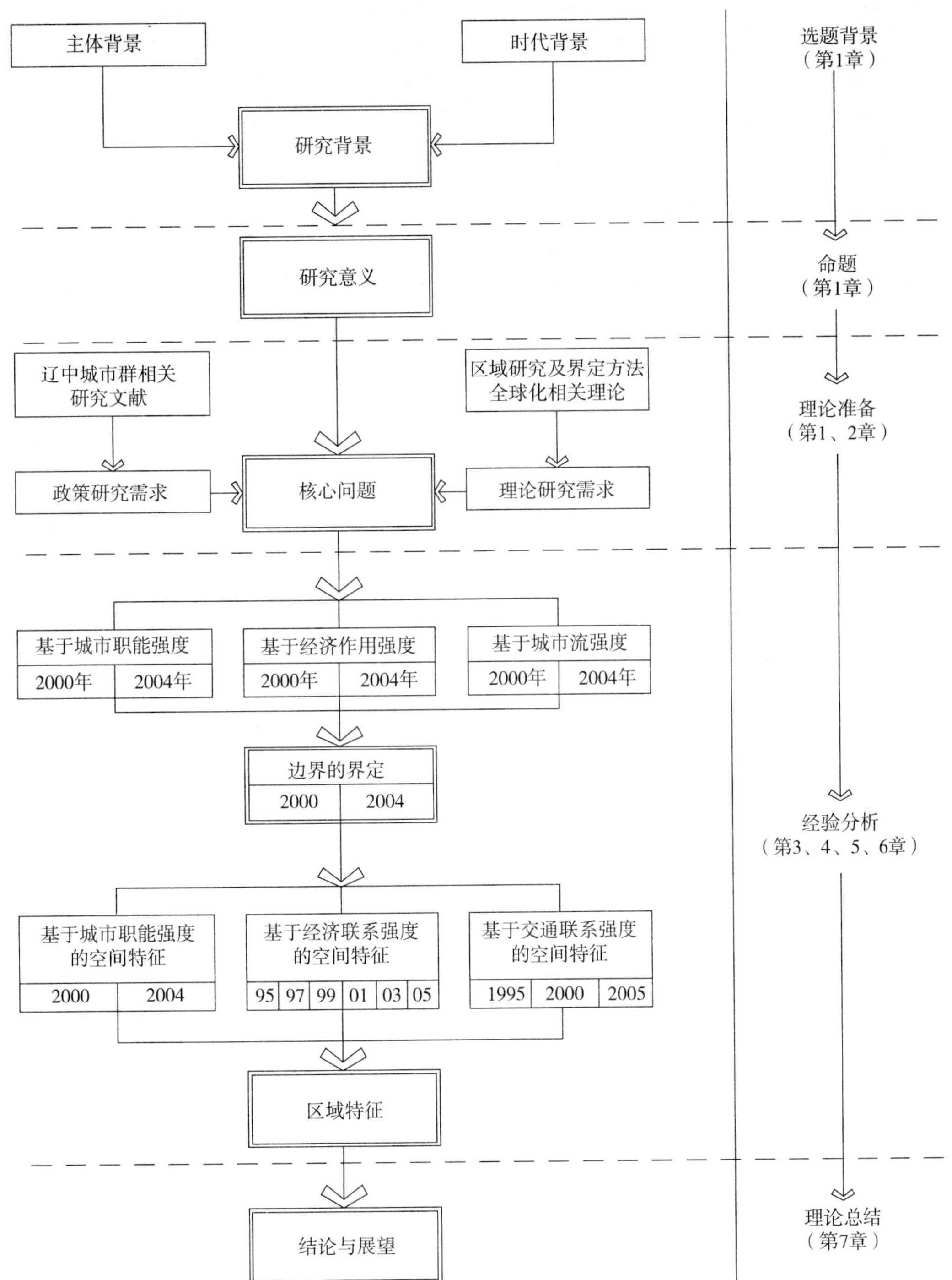

图 1–7　本书核心研究框架

先依据城市职能强度界定各个行政统计单元内的都市区空间边界，即均质区域边界的界定；其次结合城市经济作用强度、城市流强度进一步分析各都市区的外围地区，从而确定由都市区构成的城市区域边界，即功能区域边界的界定。

第四部分（第4、5、6章）分别从城市职能强度、城市经济联系强度和城市流强度三方面分析了辽中城镇群的地域分布和等级分布特征，并从区域形成机制的角度论述了三个因素对区域发展的作用及其所反映的区域特征。

第五部分（第7章）是全书的总结，提出了边界界定的三元集成理论模型和区域边界的界定方法，在此基础上对辽中城市群的区域发展的空间范围和结构进行了归纳和总结，并阐述了本书的创新点以及进一步研究的内容。

第2章

相关区域研究综述

本书的主要参考文献包括三部分，第一是辽中城市群城镇密集区研究回顾；第二是区域概念的界定及研究方法综述，整理了国内外对区域研究的分析和研究方法，包括概念的界定方法和技术路线、发展阶段和发展结构的认识等；第三是全球化的区域发展理论，包括全球城市理论和全球城市区域理论。针对本书的研究背景和对象，在收集西方学者的全球化区域发展理论的基础上，本书重点整理了对发展中国家全球化城市区域发展的理论研究。

2.1 辽中城镇密集区研究述评

辽中城镇密集区的研究始于 20 世纪 80 年代，随着宁越敏、于洪俊等首次以“巨大都市带”的译名将戈特曼思想引入中国，周一星提出了“都市连绵区”（Metropolitan Interlocking Region，MIR）之后，辽中城市群作为中国城市群发展的典型代表之一，中国城镇化水平最高、大城市最密集的区域之一，成为城镇密集区研究最为广泛的区域。

2.1.1 研究阶段划分

辽宁中部城市群的发展研究可划分为三个主要时期：

（1）20 世纪 80 年代至 90 年代，城市群概念的提出

该时期我国城市化的重点开始转移到了东部沿海地区，同时随着戈特曼大都市带概念的引入，国内学者开始研究大都市带发展问题。辽中南地区被认为是初具都市连绵区雏形的区域，该时期辽中城市群研究主要在总结城市群的形成、规模特点和中心城市功能定位等。1980 年由中科院地理研究所、长春地理研究所、辽宁省计委经济研究所、辽宁省城市建设研究院、辽宁师范学院地理系等单位组成的辽宁中部地区区域规划调查组率先将辽宁中部城市群作为统一的城市联合体进行了研究。该时期的研究主要是将辽中城市群作为统一的区域来研究，提出了城市群的概念，将城市群中的城市作为单体进行功能定位。

（2）20 世纪 90 年代至 20 世纪末，城镇体系概念的提出

随着市场经济的不断发展，城市之间的联系随着资源的配置趋于合理，郊区化现象初现端倪，中国城市密集区得到空前发展，城市群的研究主要集中在城市群空间分布特点、存在问题、功能联系等方面。辽宁中部城市群的发展逐渐引起相关学者的关注，周一星、姚士谋、董黎明等专家学者从不同角度针对辽宁中部城市群进行了分析研究。

随着国内城市群建设实践的丰富，对辽中城市群的对比研究和发展阶段判断分析陆续展开，从城镇体系合理性角度对辽中城市群进行分析，并提出完善城市群建设的措施与建议。该时期的研究工作主要以定性研究为主，并且侧重于城市群的等级规模和空间结构的论证。

（3）21 世纪初至今，定量分析的深入

随着国内三大都市带的迅速发展，东北振兴策略的实施，以及经济一体化进程的加快，培养辐射作用大的城市群成为国家战略的一部分，辽中城市群作为全国第四大城市群而逐

渐成为研究的重点，该时期城市群研究的重点集中在运用定性与定量相结合的方法进行城市群动力分析、发展模式选择以及稳定型分析等。该时期随着城市群研究的相对成熟，辽宁中部城市群的发展受到了普遍的关注，研究领域更加广泛，对城市与区域发展的指导更加全面。胡序威、周一星、顾朝林、樊杰等专家学者从不同角度对辽宁中部城市群进行了分析研究。

2.1.2 现有研究方向

1. 演变历程研究

辽中城市群的资源开发和社会经济的发展起步较晚，直到19世纪末，辽中城市群仍然属于经济落后、交通不便的农业社会。当时的城镇，只有沈阳是关内外物资交流的场所和东北最大的商业、手工业中心（盛科荣、张平宇、李飞，2004）。

民国时期是辽中南工矿业基础初步奠定的时期。这一时期，沈阳正式设市，商埠地有所发展，工业体系形成，交通枢纽建立，文化教育事业发展，有了东北大学等等。工业发达、商业繁荣、交通便利是20世纪20年代沈阳成为辽中南乃至东北地区产业中心城市的重要条件，商业区域的扩大、金融事业的发达使沈阳增加了经济的吸附能力，沈阳作为东北中心城市的地位得以确立。20世纪30年代初，日本军国主义占领东北地区后，为掠夺丰富的资源和为侵略扩张服务，利用辽中南地区临海地缘和矿产资源条件，把辽中南地区作为重点，以军火工业为核心，发展冶金、机械、化工和煤电等重工业企业，辽中南地区成为当时全国重化工业最为发达的地区❶。

新中国成立以后，辽中城市群规模结构发展大体可以分为以下3个阶段。1949~1957年是计划经济时期大城市规模迅速扩张阶段，这是辽中城市群工矿业和城市发展的高潮时期；1958~1977年是波动与停滞阶段，“大跃进”和“文化大革命”直接影响了该时期城市的发展进程；1978~2000年是市场经济条件下快速发展阶段，改革开放以后，城镇建设在社会经济发展中所处的重要作用和中心地位逐步确立，辽中城市群进入快速稳步发展阶段❷。

2. 城市化发展研究

20世纪初至40年代中期，日本侵略者为掠夺辽中地区的资源，发展了钢铁、煤炭等工业，抚顺、本溪、鞍山3个新城市相继建成，沈阳、辽阳二市也有不同程度的发展，全区城市人口由1925年的42.9万增加到1940年的139.4万。辽中城市群的快速发展始于新中国建立以后大规模的社会主义现代化建设时期（盛科荣、张平宇、李飞，2004）。

20世纪初，随着铁路、港口的建设，辽中南地区经济进入工业经济时代，采掘工业、冶金工业、机械工业及轻工业成为经济支柱，推动了城镇产业体系的形成和发展。大连、营口、丹东、鞍山、抚顺、本溪等都在这一时期形成和发展壮大，初步奠定了辽中南地区

❶ 刘贵清. 辽中南城市群产业空间结构形成机理与调控研究[D]. 东北师范大学博士论文，2006.

❷ 盛科荣，张平宇，李飞. 辽中城市群规模结构演变分析[J]. 中国科学院研究生院学报，2004（4）.

近代工业分布格局。从总体上看，一方面，辽中南地区近代工业主要集中于几个中心城市，广大区域腹地仍以传统种植业为主，城镇工业仍然非常落后，城镇间联系以大宗货物运输为主，人流、资金流、信息流流量较少；另一方面，由于日俄等国的侵略，也使辽中南地区的产业结构与产业布局具有浓厚的殖民地色彩，在产业结构上突出表现为服务于军事工业的能源、钢铁产业高度发达，以及掠夺型资源采掘产业大规模发展，在产业布局上则表现为矿业资源富集地区得到较快开发，资源相对贫乏地区以及区域边界地区，尤其接近关内的城镇发展较慢。

辽中城市群的形成是工业基地建设的结果。究其原因：①拥有丰富的煤、铁、石油等矿产资源，其发展现代工业的资源组合的优越程度，至今在我国其他区域也是不多见的；②特殊的地理位置，日本占领时期的侵华战略后方基地功能，促使辽中城市群形成了一定的工矿业基础和工矿城市群雏形；③在改革开放前的 3 个关键的发展时期中，从国家宏观区域和产业发展政策持续获得了相对较多的利益。改革开放后，辽宁中部城市群城市化水平增长速度较珠三角和长三角明显放缓，“重企业建设，轻城市发展”也导致了该区域城市形态主要以组织工业布局为主，城市功能的过于单一导致城市结构转型和产业升级阻力较大，从而减缓了城市群的发展速度。沈阳作为辽宁中部城市群的核心城市，应发挥有效的组织、带动、示范的作用，成为东北老工业基地建设的排头兵。控制城市群工业建设、加强次一级城镇建设、加强城市间经济合作和产业联系是加速城市职能转换和升级、合理调整城市群的空间结构的重要举措❶。

早在 1949 年，辽中城市群城市化水平就超过全国平均水平。1990 年全国百万人口以上的特大城市 28 个，辽中城市群占 1/7，是全国唯一具有 4 个百万人口以上的特大城市的省份（沈阳、大连、鞍山、抚顺）。1993 年，辽中城市群的城市共有 17 个，比新中国建立初期增长 1 倍多，城市化水平达到 60% 左右，其中各个省辖市的城市化水平也是比较高的。全国 50~100 万人口的大城市 30 个，辽宁带状城市群有 3 个（本溪、营口、辽阳），也是比较多的。辽宁带状城市群的特大城市和大城市人口占总城市人口的 70%，比全国高 14 个百分点。辽中城市群发展是一个自上而下的倒“金字塔”型结构的城镇群，城镇群缺少小城镇的支撑，城市职能的单一性和偏重性严重，同时大型工业的相对集中引起了环境恶化等现象❷。陈凡也有同样的判断，他认为辽宁带状城市群形成了发达的大中城市与缺乏生气的小城镇并存，形成畸形的倒“金字塔”结构。辽宁带状城市群的小城市和小城镇无论数量和经济实力都不及沪宁杭和珠三角城市群，小城市经济实力弱，基础设施落后，缺乏生机和活力；职能单一化和偏重倾向较严重，辽宁带状城市群作为全国的重工业基地，每个城市具有较高的专业化水平，但又反映出偏重的产业结构和职能单一化倾向；城市基础设施结构落后，供水紧张，由于城市建设未能与生产建设同步安排，致使住房紧张、交通拥挤堵塞、水源短缺等城市病普遍存在，尤其是特大城市和工矿城镇更为突出；城市污染严重，生态环境受到破坏❸。

---

❶ 樊杰，盛科荣．辽宁中部城市群发展的经济基础分析 [J]．城市规划，2004（1）．

❷ 董黎明，刘红星．辽中城市群的发展与规划构思 [J]．城市规划，1991（5）．

❸ 陈凡，胡涓．中外城市群与辽宁带状城市群的城市化 [J]．自然辩证法研究，1997（10）．

3. 城市群定位研究

周一星在都市连绵区概念界定基础上，提出辽中南地区目前已存在沈抚本组合的大都市区、鞍辽海组合的大都市区、大连大都市区、营口大都市区和丹东大都市区五个都市区。该地区存在以特大城市、大城市为主体，非农活动人口主要集中于大城市中，邻接县（市）仅三个；小城市和镇数量少，城镇体系呈现严重的“头重脚轻”结构；城镇化水平高达67%，但以“集中强核型”为主，以国家投入、自上而下为动力；区域工业职能过重，轻工业发展不足等特点。根据辽中南发展的特点提出四个发展阶段的判断，最终形成沈阳、营口、大连、丹东的都市连绵区，成为环渤海经济区重要的城镇密集区[❶]。

陈凡认为由于辽宁带状城市群城镇分布存在两头密集，中间稀疏的现实，从而提出辽宁带状城市群内部形成南北呼应的两个城市群，一是以沈阳为中心的辽宁中部城市群，一是以大连为中心的辽东南城市群，两大城市群通过一体化建设形成等级合理，功能齐全的城市群（陈凡、胡涓，1997）。姚士谋编著的《中国城市群》一书将辽中南地区城市群确定为我国第四超大型城市群。并提出该城市群是我国东北经济区的重要门户；同时也是我国重化工、机械、造船和有色冶炼的重要基地，城市环境问题比较严重；整个地区城镇密布、交通方便；属于全国城市化水平最高、以大城市为主体的城市体系[❷]。

4. 产业发展研究

辽中城市群是全国最早建设起来的以重工业为主的工业基地，被誉称为“东方鲁尔”。辽宁中部地区内部蕴藏着巨大的经济潜力，区内经济具有一定的整体性。“一五”期间，国家兴建了以鞍钢、本钢为重点的钢铁工业，以沈阳为重点的机械工业和以抚顺、本溪为重点的能源工业，逐步把区内的采掘业、冶金业、机械制造业紧密联合起来，原料、燃料产地，生产加工地和消费区“三位一体”，形成了各城市分工明确、相互制约、相互依存、生产力布局合理的重工业格局，这在国内是少有的（周保华，1980）。在以后的发展中，辽宁基本上没有偏离这个方向，辽宁中部城市群工业粗加工、中间产品比重大，制造业的技术水平低，没有形成纵深的合理加工层次，前向关联产业发展的滞后，产业链条没有被尽可能地延长，产业联系相对比较少。同时从目前城市第二、三产业从业人员分行业的纵向专门化指数来看，除沈阳外，辽宁中部城市群的其他城市主导性行业基本集中于制造业、采掘业、建筑业、电力煤气及水生产供应业等第二产业部门，而且比较单一（赵秋成，2005 年）。由于城市群内产业结构雷同，辽宁中部城市群之间的产业联系比较弱，导致整个区域资源使用浪费和发展水平落后（赵林，2004）。

改革开放后，该地区农业生产在经历了“短缺型”、“自给型”后，正在向“现代型农业”发展，农业多元化综合发展特征已呈现出来，农业产业结构趋于合理，农民的生活水平有所提高。但是农业发展中存在的问题也日益突出，农业资源日益匮乏，污染严重，生态环境日趋恶化；农业生产品种单一，抗风险能力差；农业生产专业化、产业化程度较低；

❶ 赵永革，周一星 . 辽宁都市区和都市连绵区的现状与发展研究 [J]. 地理学与国土研究，1997（1）.

❷ 姚士谋，朱英明，陈振光 . 中国城市群 [M]. 合肥：中国科学技术大学出版社，2001.

经济区内各市郊区农业仍停留在城郊型农业生产阶段（刘宁，2006）。

5. 经济结构分析研究

《辽中南城市群一体化发展与区域整合研究》采用城市间引力模型、潜力模型及主成分分析法进行分析，得出沈阳由于地缘经济的缘故，与多个次级中心城市间的吸引力最强；沈阳的吸引力优先指向与该城市有较大互补性的大型城市，如鞍山、抚顺，而非与城市间距离严格成正比关系；鞍山、营口城市发展潜力很高，有形成新的区域集散中心的可能；大连由于受腹地经济支持较小，城市发展潜力指数最低。基于点轴开发架构的“双三角形”模式下，“鞍山—营口—盘锦”经济区具有极强的互补性，该经济区的确立有利于促进沈—大经济轴线的中部隆起，形成除沈阳、大连两个增长极之外的第三极，从而形成稳固的网络状经济轴带❶。

宋吉涛等运用中心性指数模型和网络维数等方法对我国城市群空间结构稳定性进行分析，得出长三角、珠三角、京津冀和辽东半岛城市群（辽宁中部城市群）四大城市群中心性指数大于500，具有较强的空间结构稳定性；通过网络维数稳定性的矫正得出，长三角、京津冀为强稳定型城市群，辽东城市群排在珠三角之前成为较强稳定型城市群❷。

6. 动力机制研究

对辽中城市群来说，城市化的“拉力”主要来自国家大规模的集中投资。“一五”期间，国家用于辽中的建设投资达51.6亿元，占全国近十分之一；全国重点建设的156项工程中，辽宁就占了24项，绝大部分集中在辽中。经过五个五年计划的建设，终于把该地区建成了以钢铁工业为核心，包括重型机械、石油化工、电力等部门在内的强大的重工业基地❸。

辽中城市群规模结构呈现不平衡的首位分布，且近年来城乡差距逐步扩大，大城市的人口扩张明显快于小城镇，1984、1990和2000年首位城市沈阳的城市人口比重分别为45%、43%和41%，这种首位分布是“自上而下”城市化的典型特征。相对而言，小城镇发育很不充分，2000年0.5万人以下的小城镇16个，城镇人口比例只有3.7%。中等城市缺乏，2000年只有县级市海城一个，以基尼系数表示的城市规模分布不平衡指数在0.6以上，显示出极不平衡的城市规模结构（表2–1、图2–1）。

辽中城市群规模分布的变化 **表2-1**

	首位城市规模（万）	城镇数目（个）	城市首位度（%）	基尼系数（S）	大城市增长指数（%）
1984年	317.4	81	45.1	0.697	
1990年	349.3	148	43.1	0.635	57.2（1984–1990）
2000年	392.5	214	39.2	0.626	63.9（1990–2000）

❶ 王东，游志鸿．浅议辽中南城市群的中部崛起—辽中南城市群的双三角空间发展模式[J]．现代经济探讨，2006（5）．

❷ 宋吉涛，方创琳，宋敦江．中国城市群空间结构的稳定性分析[J]．地理学报，2006（12）．

❸ 董黎明，刘红星．辽中城市群的发展与规划构思[J]．城市规划，1991（5）．

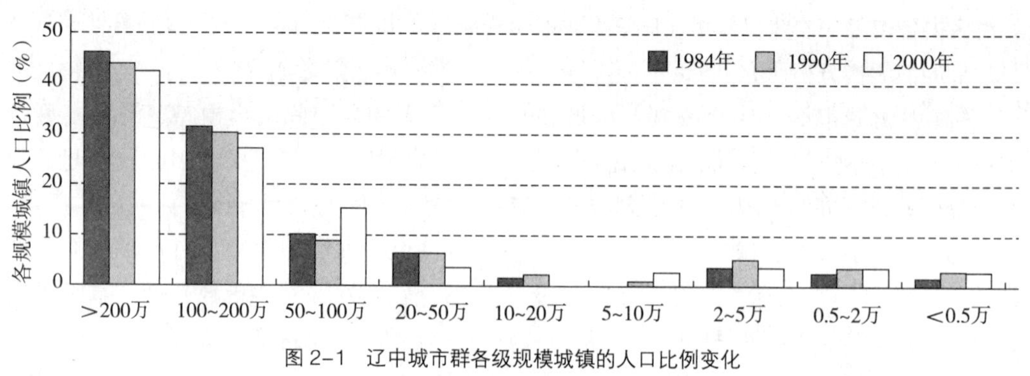

图 2-1 辽中城市群各级规模城镇的人口比例变化

辽中城市群规模结构演变的驱动因子中，制度变迁是深层次的驱动因素，经济增长是最直接的驱动因素，技术和产业组织的二元结构是城乡二元结构的重要影响因素❶。

辽中南都市区和都市连绵区发育程度不如南方长江三角洲、珠江三角洲地区的原因主要有以下几点：① 辽中南地区核心城市的综合实力远不如长江三角洲、珠江三角洲地区的核心城市。缺乏像上海、香港那样的超大型综合性城市，类似的功能被分散在沈阳和大连两个城市；② 辽中南中心城市以国有大中型企业为主的企业结构和以重化工业为主的产业结构使中心城市对周围地区的带动力量比较薄弱；③ 辽宁各县非农化水平的差异主要取决于来自国家投入力量的大小，而国家对辽中南各县的投入显然是有限的；④ 辽宁的耕地相对富裕，人地矛盾不如其他地区尖锐，农业集约化程度不如南方高，因此对发展乡村工业的推力不够大，也是辽宁各县非农化水平相对较低的原因；⑤ 开放政策和外资投入的推动作用不如南方发达地区❷。

7. 区域协调研究

1984 年 12 月 4 日，辽宁中部城市经济技术协作联合体成立，由沈阳、鞍山、抚顺、本溪、辽阳、丹东、铁岭七城市组成。1985 年鞍山钢铁公司、本溪钢铁公司、辽阳化纤总公司、抚顺石油化工总公司和辽河油田管理局五大企业加入联合体，使其经济实力大增。1988 年联合体组建了“辽宁中部城市经济技术联合开发公司”，为跨地区紧密型的全民所有制企业联营的股份有限公司，总公司隶属于辽宁中部城市联合体理事会领导。联合体的成立促进了七城市间的金融、建材、交通、机械、卫生、科研等 29 个行业联合，打破了多年的各自为政、画地为牢的条块分割。2005 年 4 月 7 日，沈阳、鞍山、抚顺、本溪、辽阳、铁岭、营口七城市签署《辽宁中部城市群（沈阳经济区）合作协议》，明确了沈阳经济区是以沈阳市为中心，通过中心城市沈阳的经济辐射和吸引，与周围经济社会活动联系紧密的地区形成的“区域经济共同体”。

辽宁省建设厅曾组织过两轮辽宁中部城市群规划编制：1995 年《辽宁中部城市群专题规划》，涉及沈阳、鞍山、抚顺、本溪、铁岭、辽阳六个城市，该规划就城镇体系布局与城市形态、交通体系网络、基础设施、能源和环境保护、风景旅游开发等方面进行了规划

❶ 盛科荣，张平宇，李飞. 辽中城市群规模结构演变分析 [J]. 中国科学院研究生院学报，2004（4）.

❷ 胡序威，周一星，顾朝林等 . 中国沿海城镇密集地区空间集聚与扩散研究 [M]. 北京：科学出版社，2000.

控制，对区域基础设施建设和环境保护工作起到了有效的指导作用；2007 年《辽宁省中部城市群发展规划》，涉及沈阳经济区七个城市，基于全球化和国家振兴东北老工业基地战略，制定了辽中城市群发展目标与具体战略，包括城市群空间组织、支撑体系建设和规划重大项目实施及政策措施。

8. 城镇发展的特征总结

辽宁中部地区的城镇发展由形成之初的军事要塞和游牧少数民族集聚区，工商业城市和工业重镇，中国最大的工业城市群，到改革开放初期全国规模最大，城市化水平最高的城镇密集区。其城镇发展呈现出如下的特征：

（1）地域特征：辽中城市群自然地理单元和人文地理单元相对独立完整，受政治、军事、文化、政策的影响，区域发展呈现相对完整的地域特征。

（2）动力特征：辽中城市群各个时期发展的功能主题多以国家为主体，因而具有计划性和目的性，具有“自上而下”发展的规律性，无论是军事防御、殖民地开发还是国家重工业基地建设均是以国家为功能主体的有计划发展，具有重要的军事、政治和经济地位。

（3）阶段特征：辽中城市群城镇发展具有不连续性和跨越性的特征。古代的城镇发展由于政权和民族的更替，体现出城镇发展的间断性和文化的多元化；近现代城镇发展由于良好的资源条件和强力的驱动，迅速实现了从不发达的农耕文明，工业化初期到重工业崛起的跨越。

（4）产业特征：辽中城市群作为国家重工业发展战略影响最为深远的区域，各城市都体现出重工业化特征，工业企业大部分集中在城市，反映工业化与城市化同步发展，互为因果。工业化水平决定了城市化水平，并赋予了城市以典型的工业城市的特征。

辽中城市群城镇规模体系（1990 年） **表 2-2**

城镇等级	等级标准（万人）	数量	城市	非农业人口（万人）	比例（%）
超大城市	>250	1	沈阳	360.37	45.3
特大城市	100~200	2	鞍山	120.4	15.1
			抚顺	120.24	15.1
大城市	50~100	1	本溪	76.88	9.7
中等城市	20~50	3	营口	42.16	5.3
			辽阳	49.25	6.2
			铁岭	25.48	3.2
小城市	<20	0	—	—	—

资料来源：《中国城市统计年鉴 1991》

（5）空间特征：一直以来“自上而下”的发展模式和重化工业的结构特征形成了现代辽中城市群“倒金字塔”的等级规模体系（表 2-2），并且由于资源和交通区位形成了以沈阳为中心的大城市密集分布的空间结构（图 2-2），以城镇发展难以跨越产业结构的门槛，呈现城乡二元结构的等级特征。

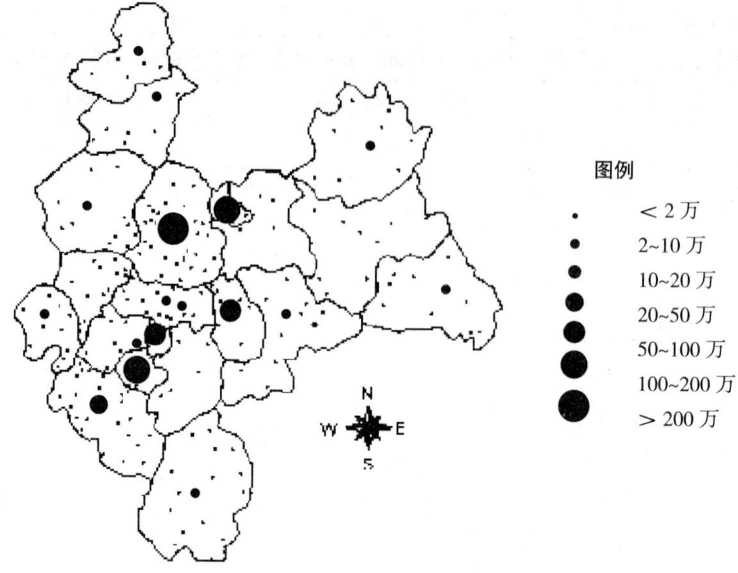

图 2-2　2000 年辽宁中部城市群空间结构

资料来源：樊杰等 . 辽宁中部城市群发展的经济基础分析 [J]. 城市规划，2004（1）

2.1.3　小结

1. 区域概念的界定

辽宁中部城市群虽然一直被公认为中国最具竞争力的城市群之一，但是其相关研究对区域范围尚未进行理论界定的探讨，对区域的界定在学术界一直存在一定的分歧，主要有辽中城市群、辽中南城市群、辽宁都市区、辽东半岛城市群和辽宁中部城市群等诸多概念。对区域范围的界定，更多是一种城市发展现象的描述，相应存在多种界定范围（表 2-3）。

随着中国城市群的快速发展，国内针对城市群形成机制和内部联系程度的研究趋于深入，引用经济学、物理学和数学方法对城市群进行研究，通过建立引力模型、哈夫概率模型、经济联系强度模型等分析城市之间的联系强度，为区域研究提供了数理依据。对辽中城市群的范围研究也必然要以城市的经济联系为主要因素，对区域概念的界定提出判定标准。

辽宁中部城市群研究概念和范围　　**表 2-3**

城市群称谓	来源	沈阳	鞍山	抚顺	本溪	辽阳	铁岭	营口	丹东	大连
辽宁中部地区	孙盘寿（1979）	√	√	√	√	√				
辽宁中部城市群体	周保华（1985）	√	√	√	√	√	√		√	
辽宁中部城市群	姜敏（1985）	√	√	√	√	√	√		√	
辽中城市群	董黎明（1991）	√	√	√	√	√				
辽宁都市区	周一星（1997）	√	√	√	√	√	√	√	√	√
辽中南城市群	姚士谋（2001）	√	√	√	√	√		√		√
辽宁中部城市群经济区	刘宁（2002）	√	√	√	√	√	√	√	√	
辽宁中部城市群经济区	紫萧（2002）	√	√	√	√	√	√	√	√	

续表

城市群称谓	来源	沈阳	鞍山	抚顺	本溪	辽阳	铁岭	营口	丹东	大连
辽宁中部城市群	樊杰（2004）	√	√	√	√	√				
辽宁中部城市群	盛科荣（2004）	√	√	√	√	√				
辽宁中部城市群	赵林（2004）	√	√	√	√	√	√	√		
沈阳经济区	秦文军（2004）	√	√	√	√	√	√	√		
辽宁中部城市群	顾朝林（2005）	√	√	√	√	√	√	√		

资料来源：文献整理

2. 区域的特殊性

克里斯泰勒提出的中心地理论指出了城市的“等级—规模”学说，用正六边形概括区域城市等级与城市规模的关系。一般认为次级中心地的数量多于高等级中心地数量，次级中心地受高级中心地的辐射，同时辐射下一级中心地，从而提出“金字塔”的城市规模结构概念，总结出规模越大的城市等级，城市数量越少，而规模越小的城市等级，城市数量越多。

在此基础之上，我国传统的城市化战略的要点为：组织完善的区域城镇体系、形成等级化的结构与网络；建立立足于优势资源的工业体系，工业化推进城市化；发展立足于城镇优势交通与地理区位的第三产业，市场化推进工业化；严格控制大城市规模，积极发展中小城市。这种静态的城市化战略，强调表象的城镇等级体系的建设与城镇之间虚拟的互补性，突出城对乡的集聚和乡向城的集中，是一种适应于高度计划经济的、以行政力量为主导的均衡化发展战略❶。

辽中城市群的“倒金字塔”的等级规模的形成有其历史必然性，城市群的发展一直处于自上而下的发展模式。如今城市群在参与国际竞争中，如何更好地发挥其优势，这就取决于采取何种发展模式，是继续做强做大中心城市，提升城市群核心竞争力，还是优先完善城镇等级规模，实现自下而上的城镇推动发展模式，这些问题有待进一步研究与讨论。

3. 研究的背景

辽宁中部地区的城镇密集区研究大部分集中于20世纪90年代中期以前，主要是基于“城市”理论和一种“国内”或“本土”的研究视角，如“城市进化理论”、“城市增长理论”、“城市的规模结构、等级和职能”、国内投资、政府体制等。90年代中后期学界基于经济理论和全球化理论等区域研究的重点主要集中于沿海发展较快的地区，如长三角、珠三角、京津冀等地区，因此，对处于全球化进程之中，并且城市联盟已初现端倪的辽中城市群区域发展，应该用新的区域发展观进行新一轮的研究和讨论。

2.2 城市化区域的界定及研究方法评述

对功能联系日益紧密的城市化区域，各国政府和学者都进行了不懈的研究与探索。根

❶ 王兴平．都市区化：中国城市化的新阶段 [J]. 城市规划学刊，2002（4）.

据本国的实际情况和发展需要，提出相应的概念、界定原则与方法。

2.2.1 基于国情统计的城市化区域界定

1. 美国的大都市区

美国早在1910年就提出大都市地区（MD：Metropolitan District）的概念，并于1949年制定具体标准用于国情普查，命名为标准大都市区（SMA），后几经修订确定为大都市区（MA：Metropolitan Area）。大都市区作为美国的一种联邦统计标准，一般认为是一个较大的人口中心以及与其具有高度经济社会联系的邻接地区的组合，通常以县作为基本单元（许学强等，1996）。

纵观美国大都市区划分指标体系近百年的演变历史，大都市区在不同的阶段采取不同的指标体系（表2-4），虽然在界定指标上有所改变，但具有明显的连续性，并且核心内容并没有多少变动，其总体设计思路始终是从中央核（Central Core）、流测度（Data of Flow）、大都市区特征（Metropolitan Character）和基本地理单元（Geographic Unit）四个方面来进行的[1]。

美国大都市区划分指标体系不同阶段比较　　表2-4

指标类别	指标名称	形成阶段（1910年代至1940年代）	发展阶段（1950年代至1990年代）	成熟阶段（2000年至今）
中央核	20万人以上	√		
	5万人以上	√	√	
	1万~5万和5万人以上			√
流测度	通勤率		√	√
	电话流		√	
大都市区特征	人口密度	√	√	
	全省区劳动力中非农劳动力总量及比重		√	
	城市人口比重		√	
	城市人口增长率		√	
	城市化地区人口		√	
基本地理单元	最小行政单元	√		
	县		√	√

资料来源：罗海明，张媛明.美国大都市区划分指标体系的百年演变.国际城市规划.2007（4）

美国在1950年代、1960年代、1970年代、1980年代和1990年代分别建立了标准大都市区（Standard Metropolitan Area）、标准大都市统计区（Standard Metropolitan Statistical Area）、大都市统计区（Metropolitan Statistical Area）、大都市区（Metropolitan Area）划分

[1] 罗海明，张媛明.美国大都市区划分指标体系的百年演变.国际城市规划.2007（4）.

的指标体系（表 2–5，表 2–6），其基本地理单元都是县，并呈现出中央核人口规模门槛不变，流测度标准总体上升趋势，都市区特征由简单逐渐趋于复杂的演变历程。到 2000 年，美国人口普查局对原先的指标体系进行很大程度的简化，大都市区特征指标全部取消，流测度成为划分外围县的唯一指标（表 2–7），定义的基于中央核的统计区域（CBSA）的划分指标体系，即大都市区统计区（Metropolitan Statistical Area）和小都市统计区 Micropolitan Statistical Area）（美国人口普查局，2000）。截止到 2005 年 12 月美国共有 951 个大都市统计区和小都市统计区，其中 369 个大都市统计区，582 个小都市统计区❶。

1950 年代美国大都市区划分指标体系　　表 2-5

指标类别	指标标准
中央核	● 中心市人口 5 万以上
流测度	● 外围县到中心市的通勤率在 15% 以上 ● 外围县 25% 以上的就业人口居住在中心市 ● 外围县电话用户每月 4 次电话以上至中心市
大都市区特征	● 外围县拥有 1 万以上非农就业人口 ● 外围县非农就业人口占大都市区非农就业人口的 10% 以上 ● 外围县 50% 以上的人口居住在最小行政区域（MCD），且 MCD 与中心市空间上相连，MCD 人口密度在 150 人 / 平方英里以上；外围县 2/3 以上的劳动力为非农劳动力

资料来源：罗海明，张媛明．美国大都市区划分指标体系的百年演变．国际城市规划，2007（4）

1990 年代美国大都市区划分指标体系　　表 2-6

指标类别	指标标准
中央核	● 中心市人口 5 万以上 ● 10 万人口以上的大都市区中城市化地区人口在 5 万以上 ● 中心市包括 MSA/CMSA 中最大的城市；人口 25 万以上或者就业人口 10 万以上的市；人口 25000 以上，就业率 75% 以上，对外通勤率小于 60% 的市；人口在 15000 以上，为最大城市人口的 1/3 以上，就业率在 75% 以上，对外通勤率小于 60%，且位于人口第二大的非相连的城市化地区；在第二大非相连的城市化地区中，人口在 15000 以上，并为最大中心市人口的 1/3 以上，就业率 75% 以上，对外通勤率小于 60% 的市
流测度	（1）通勤率 50% 以上 （2）通勤率 40%~50% 之间 （3）通勤率 25%~40% 之间 （4）通勤率 15%~25% 之间 （5）通勤率 15%~25% 之间
大都市区特征	（1）人口密度 25 人 / 平方英里以上或者至少 5000 人居住在城市化地区 （2）人口密度 35 人 / 平方英里以上或者 10% 以上人口或者至少 5000 人居住在城市化地区 （3）人口密度 35 人 / 平方英里以上并且满足如下条件之一：人口密度 50 人 / 平方英里以上，城市人口比重 35% 以上 （4）10% 以上人口或者至少 5000 人居住在城市化地区；人口密度在 50 人 / 平方英里以上并且满足如下条件之二：人口密度 60 人 / 平方英里以上，城市人口比重 35% 以上且人口增长率在 20% 以上 （5）10% 以上人口或者至少 5000 人居住在城市化地区；人口密度小于 50 人 / 平方英里并且满足如下条件之二：城市人口比重 35% 以上，人口增长率在 20% 以上，10% 以上人口或者至少 5000 人居住在城市化地区

注：流测度（1）（2）（3）（4）（5）分别对应于大都市区特征（1）（2）（3）（4）（5）。
资料来源：罗海明，张媛明．美国大都市区划分指标体系的百年演变．国际城市规划，2007（4）

❶ 洪世键，黄晓芬．大都市区概念及其界定问题探讨 [J]. 国际城市规划，2007（5）.

2000 年代美国基于中央核的统计区域划分指标体系 **表 2-7**

指标类别	指标标准
中央核	● 城市化地区人口 5 万以上 ● 城市簇人口 1 万以上
流测度	● 外围县到中心县的通勤率在 30% 以上 ● 外围县 25% 以上的就业人口居住在中心县
基本地理单元	● 县

资料来源：罗海明，张媛明 . 美国大都市区划分指标体系的百年演变 . 国际城市规划，2007（4）

通过美国大都市区划分指标体系的变化，可以看出美国大都市区指标的演变体现出一定的规律性：大都市的中央核人口规模门槛逐步降低，这与大都市区的发展阶段和美国的郊区化发展阶段相对应，中心城区人口降低，也从一个侧面反映出美国的都市区由单极核圈层扩散向多核心演变，并朝着网络化方面发展。

美国的大都市区对世界都市区研究产生了重要影响，欧美、日本的概念均脱胎于美国的都市区概念（胡序威，2005）。

2. 日本的都市圈

日本二战后参照美国经验，提出了本国的"标准城市地区"用以确定城市地域的范围，城市地理学者也相继提出"区域经济集块"（REC）和"功能城市区"（FUR）等概念。与美国不同的是，日本的 REC 和 FUR 规定若有两个中心都市近距离并存时，距离在 20km 以上则成为各都市圈的中心城市，若距离在 20km 以内时，以流入就业者居多之中心城市为中心都市，另一城市则为次中心都市❶。

1954 年日本行政管理厅统计标准部就仿照美国的 SMA（Standard Metropolitan Area）定义了"标准城市地区"来表示城市的功能地域，但后来这一概念被逐渐放弃。城市的功能地域被具体化为各种都市圈，如被广泛应用的生活通勤圈、商业圈等。

1960 年日本提出"大都市圈"的概念，并规定中心城市为中央指定市，或者人口规模在 100 万以上，并且邻近有 50 万以上人口的城市。外围地区到中心城市的通勤率不小于本身的 15%。大都市圈之间的物资运输量不得超过总运输量的 25%。若有两个以上中心市相互接近时，将其区域并入一个大都市圈。这个类似都市区而规模远大于都市区的概念是日本学者根据本国大城市多而密集这一特点而提出的，并将日本全国划分为八大都市圈❷。

2.2.2 基于学术研究的城市化区域界定

国内的相关研究始于 20 世纪 80 年代，在借鉴西方相关概念的基础上，提出了都市区、大都市区、都市连绵区以及城市群、城市密集区、都市圈等概念。

1. 姚士谋的城市群研究

1992 年姚士谋出版《中国城市群》，首次在国内提出了城市群（Urban Agglomeration）

❶ 王兴平 . 都市区化：中国城市化的新阶段 [J]. 城市规划学刊，2002（4）.

❷ 张京祥，刘荣增 . 美国大都市区的发展及管理 [J]. 国外城市规划 . 2001（5）.

的概念❶。他认为城市群是指在特定的地域范围内具有相当数量的不同性质、类型和等级规模的城市，依托一定的自然环境条件，以一个或两个超大或特大城市作为地区经济的核心，借助于现代化的交通工具和综合运输网的通达性，以及高度发达的信息网络，发生与发展着城市个体之间的内在联系，共同构成一个相对完整的城市“集合体”。城市群应具备三个条件：① 有相当数量的不同类型的城市；② 有一个以上特大城市作为区域中心；③ 城市之间存在着内在联系等。在此基础上他们对中国城市群的地域结构特征、发展趋势等方面作了理论探讨，并按照城市分布的地域范围与规模等级划分，提出了三级城市群：大型或超大型的群组形式的城市群、中等规模的城市群、属于地区性的城市群组（图 2–3），通过对中国大城市群的 10 个定量指标作了系统分析，得出了中国城市群的参考标准（表 2–8）。

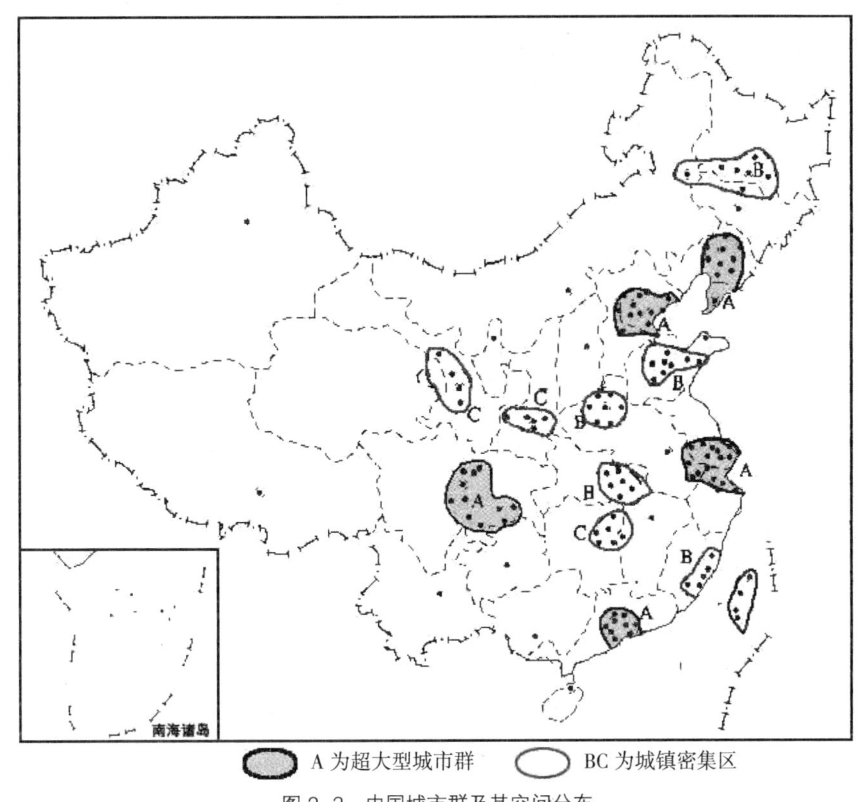

图 2–3 中国城市群及其空间分布

资料来源：姚士谋等 . 中国城市群 [M]. 合肥：中国科学技术大学出版社，2001

姚士谋（1992）首次在分析城市群个性发展与共性特征的基础上，按照城市组合的区域空间形态划分为四种类型的城市群：组团式、沿交通走廊带状、分散式和群集式四种类型。并对五个“超大型城市群”（沪宁杭、京津唐、珠江三角洲、辽宁中部和四川盆地）和八个近似城市群的城镇密集区（中原地区、湘中地区、关中地区、福厦城市地带、哈大齐城

❶ 姚士谋，朱英明，陈振光 . 中国城市群 [M]. 合肥：中国科学技术大学出版社，2001.

市地带、武汉地区、山东半岛和台湾西海岸）的形成背景、发展条件、城市群特征、发展模式和趋势作了详尽的研究。

中国城市群的参考标准　　表 2-8

序号	指标	超大城市群	其他类型城市群
1	区域总人口（万人）	1500~3000	<1500
2	区域内特大城市（座）	≥ 2	<1
3	区域内城市人口比重（%）	≥ 35	<35
4	区域内城镇人口比重（%）	≥ 40	<40
5	区域内城镇人口占省区比重（%）	≥ 55	<55
6	等级规模结构（五个等级）	较完整	不完整
7	交通网络密度（km/100km^2）	铁路 250~550，公路 2000~2500	铁路 250~400，公路 <2500
8	社会商品零售占全省区比重（%）	≥ 45	<45
9	流动人口占全省区比重（%）	≥ 65	<65
10	工业总产值占全省区比重（%）	≥ 70	<70

资料来源：姚士谋等．中国城市群 [M]. 合肥：中国科学技术大学出版社，2001

姚士谋同时也探讨了大都市区的条件与标准。2003 年在探讨上海大都市区的形成与发展时，他认为国际化大都市的形成、发展是根植于一个经济发达的工业化、城市化区域，基本上需符合如下五个条件：① 地域空间经济实力雄厚，一般都是国内经济最发达的地区，人均 GDP 超过了 2.5~3.5 万元（折合 4000 美元左右），形成了以第二、三产业为主导的产业结构，高新技术产业比重日益上升；② 整个地区人口规模超过 5000~7500 万人，城镇人口比重约为 60%~75%，人口密度为 250~450 人 /km^2；③ 具有世界级港口城市的地位，为国内最大的国际贸易港，港口吞吐量超过 1 亿吨，国际空运业发达，具有重要门户和枢纽的功能；④ 具有 2 个以上的超大城市（人口规模大于 250 万人）作为区域空间的核心，形成大中小城市等级规模合理结合的城市体系，城市之间有大片农田和森林，城市生态环境向着优美方面发展；⑤ 科技人才与创新技术不断集聚，信息产业的网络系统愈来愈发达，成为或起着国内其他地区的龙头作用❶。

朱英明针对不同等级的城市群提出了不同的发展方阵，四种水平的城市群结构体系是国际级城市群、国家级城市群、地区级城市群、日常城市群，并认为中国的长江三角洲地区、珠江三角洲地区属于地区级城市群（朱英明，1999），并在借鉴数学上的分形理论对我国城市群地域结构特征及发展趋势进行研究后认为沪宁杭、京津唐、辽宁中南部等城市群高于珠江三角洲、四川盆地等城市群，表明前者城市间分工更明显，城市间空间流交换更强烈❷。

❶ 姚士谋等．上海与香港大都市定位发展的比较研究 [J]. 城市规划学刊，2003（2）.

❷ 朱英明．我国城市群地域结构特征及发展趋势研究 [J]. 城市规划汇刊，2001（4）.

2. 周一星的都市区研究

在 1991 年夏威夷国际会议上，周一星提出中国东南沿海的长江三角洲和珠江三角洲（含港澳）已经形成了两个都市连绵区，并认为辽中南、京津唐已有都市连绵区的雏形，山东半岛和福建沿海有形成都市连绵区的前景。同时强调都市连绵区要以都市区为基本组成单元，它是以若干大城市为核心并与周围地区保持强烈交互作用和密切社会经济联系，沿一条或多条交通走廊分布的巨型城乡一体化地区。周一星就这些地区所共有的社会经济特征归纳出都市连绵区（Metropolitan Interlocking Regions，MIR）形成的五个必要条件：① 具有两个以上大城市（人口百万以上）作为发展极；② 有对外口岸；③发展极和口岸之间有便利的对外交通干线作为发展走廊；④ 交通走廊及其两侧人口稠密且有较多的中小城市；⑤ 经济发达，城乡间有紧密的经济联系❶。周一星的都市连绵区条件要比西方的研究更为明确具体，但他也仅仅是说明了通过总人口和其他社会经济指标建立都市区的概念，并未对指标和标准提出具体要求，也并没有在实践中运用这五个条件对都市连绵区进行界定和研究，而仅当都市区在空间形态上表现出连绵的时候，就将这些都市区称为都市连绵区，如珠三角的穗港澳都市连绵区。

都市连绵区是由都市区所组成，所以周一星又提出都市区的概念，认为是由中心市（城市实体地域范围内非农业人口在 20 万以上）和与中心市存在着密切社会经济联系的非农化水平较高的外围邻接地区两部分组成。如果一个区域的中心城市是 100 万以上人口的特大城市，可以称其为大都市区。如果有两三个相互邻近的大中城市作为中心，也可以共同组成一个大都市区，如长株潭组合型大都市区。在确定各个都市区范围时一般采用如下指标：第一，中心城市，即市区非农人口在 20 万以上的城市。第二，外围县。成为外围县的条件有两个：① 全县（市）的 GDP 构成中非农产业比重与劳动力构成中非农劳动力比重分别占 75% 和 60% 以上；② 与中心城市毗邻或满足以上两条件且与中心城市毗邻的县（市）相邻。如果某县（市）能同时划入两个都市区则确定其归属时主要依据行政区划而定❷。

顾朝林也提出了与大都市连绵区类似的概念——大都市伸展区（The Extended Metropolitan Areas）的标准：① 必须含有至少两个大的核心城市和至少一个大都市地区，其中每个大城市的人口 100 万人口以上，具有较高程度的对外开放能力，具备国际都市区的一些主要特征；②应该具有一个大的港口或者航空港，拥有较大规模的国际航线和先进的技术水平；③ 区域内的综合交通走廊应该具备多方位的现代交通方式。不同层次的增长极都能够与交通走廊有便利的可达性，组成大都市伸展区的城市之间应该有着较为紧密的社会和经济联系；④ 内部的总人口数量应该至少达到 2500 万，平均人口密度达到 2000 人 /km^2；⑤城市边缘区域由区域的非农产业化度界定。其中内部的边缘城市区域的划分也遵循了类似周一星的划分标准。大都市伸展区其他不符合上述标准的地段归结为

❶ Zhou Yixing ,The Metropoliatn Interlocking Region in China: A Preliminary Hypothesis , in The Extended Metropolis : Settlement Transition in Asia , edited by N . Ginsburg et al. ,Honolulu : University of Hawaii Press ,1991.

❷ 周一星，杨焕彩 . 山东半岛城市群发展战略研究 [M]. 中国建筑工业出版社，2004.

外围边缘城市区域❶。

胡序威等提出了都市连绵区发展的5个阶段：中小城市独立发展阶段、都市区形成阶段、联合都市区形成阶段、都市连绵区雏形阶段、都市连绵区成型阶段（胡序威，2000）（图2-4）。

3. 邹军的都市圈研究

关于中国都市圈建设模式的基本设想，1995年杨建荣先生在“论中国崛起世界级大城

（1）中小城市独立发展阶段

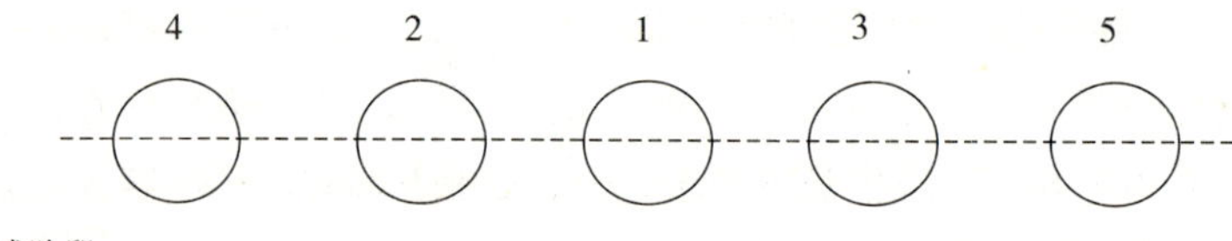

（2）都市区形成阶段

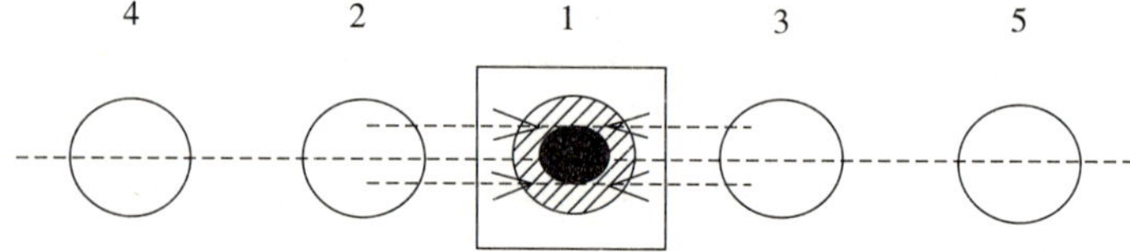

（3）都市区轴向宽展形成联合都市区阶段

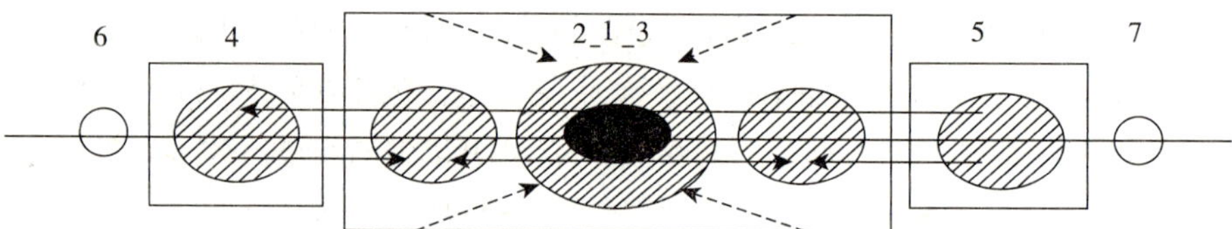

（4）都市连绵区雏形阶段

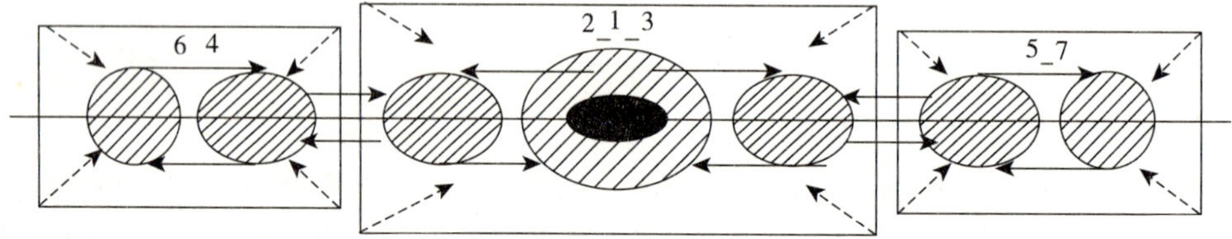

（5）都市连绵区成型阶段

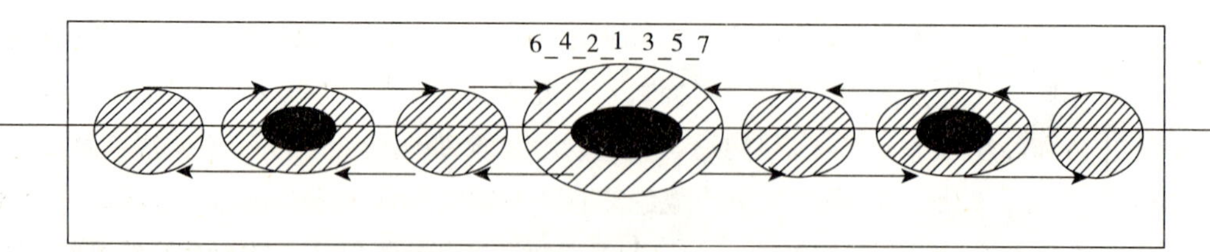

图2-4　都市连绵区形成发展过程

资料来源：胡序威等，中国沿海城镇密集地区空间集聚于扩散研究[M]. 北京：科学出版社，2000

❶ 顾朝林，于涛方，陈金永 . 大都市伸展区：全球化时代中国大都市地区发展新特征[J]. 规划师 . 2002（2）.

市的条件与构想”一文中，认为都市圈是中国城市化最有效率和效益、最切合实际的模式，并提出了八大都市圈的战略构想（杨建荣，1995）。随后，中国国家计委经济研究所课题组（1996）对都市圈这种空间组织形式在中国区域经济发展战略中的地位与作用进行了较为详细的研究，提出到 2010 年在中国建立“九大都市圈”的设想。在国内的实践工作中都市圈的概念被首次引入南京市城市总体规划（1991~2010）。随后，江苏省城镇体系规划（1998~2020）提出在全省规划建设三大都市圈的设想。

邹军等对比分析了国内都市区相关概念的区别与联系，并结合江苏省的都市圈规划实践工作，提出了都市圈的定义：以一个或多个中心城市为核心，以发达的联系通道为依托，核心城市吸引辐射周边城市与区域，并促进城市之间的有机联系与协调分工，形成具有区域一体化发展倾向、并可实施有效管理的城镇空间组织体系，其英文可译为 Metropolitan Coordinating Region，简称 MCR（邹军，2005）。

邹军等参照日本的都市圈界定标准及中国学者对中国都市圈的界定标准，考虑江苏省内诸多城镇存在着历史和自然区位的差异及发展阶段的不同，提出江苏省的都市圈界定标准为：中心城市（城市区域）人口规模在 100 万人以上，且邻近有 50 万人以上城市；中心城市（城市区域）GDP 中心度 >45%；中心城市（城市区域）具有跨越省际的城市功能；外围地区到中心城市（城市区域）的通勤率不小于其本身人口的 15%（邹军，2001）。可以说都市区是都市圈的组成部分，大都市区概念大体与都市圈的概念对应，而比大都市圈略小（后者相当于联合都市区或城市群的概念）❶。

为促进江苏省三大都市圈的规划实施，邹军还提出了都市圈规划的特征：都市圈是一个具有一体化倾向的协调发展区域，都市圈规划是一种结构性规划，强调规划范围的跨区域性：它是一种城市功能地域，研究的空间地域范围是跨市域的，甚至是跨省域的，是从经济相互影响、相互作用的角度来进行空间组织；都市圈规划强调淡化行政区划，逐步改变传统的按行政区域进行规划的模式，从大区域尺度和功能区的角度来考虑城镇空间组织和资源有效配置，特别是倾向城市交界处的空间关系。

2.2.3 区域边界界定的研究方法

对区域进行研究，首要任务是明确研究区域的空间范围。各国对都市区空间范围的划定方法虽然各异，但都包括一定规模的核心城市和与核心具有紧密社会经济联系的外围地域。通过对研究实例进行分析后发现，当前的都市区研究以静态分析为主，包括理论法和属性法；以动态研究为辅，主要是对各种“流”要素的研究。

影响城市间相互作用的要素是多元化的，人文地理学家 Fellmann 认为包括：① 距离衰减（Distance Decay）；② 网络（Network）；③ 引力（Gravity Model）；④ 活动偏好（Movement Bias）；⑤ 作用潜力（Interaction Potential）❷。

根据对国内外相关研究进行总结，可以认定影响都市区空间范围界定的主导因素可以

❶ 邹军等 . 城镇体系空间规划再认识——以江苏为例 [J]. 城市规划，2001（1）.

❷ 孙娟 . 都市圈空间界定方法研究 [J]. 城市规划学刊，2003（10）.

分为两大类：静态表征要素和动态联系要素。静态表征要素指的是当选定区域内的一个城市作为研究对象时，它的各种特征不会因为其他参照城市的改变而发生变化；动态联系要素则指研究对象城市会因参照城市不同而导致特征值发生明显变化。具体可细分为如下以下几个方面：

都市区边界界定影响要素分类　　表 2-9

大类	小类	内容
静态表征要素	地理障碍	地质灾害区、山地江河等
动态联系要素	城市特性	GDP、人口规模、产业结构、就业结构等
	空间作用强度	两城市间经济引力
	城市联系强度	两城市间交通流、信息流、资金流等
	时空距离	两城市时间距离、空间距离等

1. 相互作用模型法

通过实践中抽象出来的模式进行推算，其基础是城市相互作用的引力模式，地理学者和经济学者对区域城市间的空间相互作用关系进行了不懈的研究，并由此衍生出康佛斯的断裂点，赖利的阿波罗尼圆和 Huff 的影响概率模式，以及多要素复合的引力模型，空间相互作用关系研究是确定区域空间范围和结构最基本、应用最多的方法之一。

（1）相互作用模型

相互作用模型首先运用在全国宏观经济研究，最先应用在城市经济区的研究。陈田（1987）运用断裂点原理计算出城市影响区范围，并结合实际边界（作者注：中心城市所在省的省界）对多指标的形成与运用距离衰减公式划分城市影响区域的有效性与可靠性进行了验证。顾朝林（1991）提出过 d △系和 Rd 链城市经济区划分法。周一星（2004）在引力模型的基础上提出了区域中心城市吸引范围的计算模型。并通过择大法确定了山东半岛各中心城市的吸引范围（图 2-5），同时也证明了区域内各行政单元往往受到多个中心城

图 2-5　山东省中心城市吸引范围示意图

资料来源：周一星，杨焕彩 . 山东半岛城市群发展战略研究 [M]. 中国建筑工业出版社，2004

市的共同作用。

周一星（1995）用 Huff 概率模式在山东省济宁市做过多城市势力圈划分研究。但 Huff 概率模式计算势力圈的边界计算量非常庞大、要用来解决多层次多中心势力圈的划分必须借助于计算机技术，王德为此开发了对城镇势力圈的自动划分软件 USAP（Urban System Analysis Program，王德、赵锦华，2000，2002），并对沪宁杭地区城市影响腹地的划分及其动态变化进行了研究（王德，2003），提出了城市与腹地之间的四种空间关系类型：并存关系、包含关系、竞争关系和半包含关系（图 2-6）。其中同级城镇相邻时构成并存关系，当城镇规模相差较大且相距较近时构成包含关系，规模相差较大但相距较远的城镇之间构成竞争关系，两个城镇之间的规模相差较大但是相距距离不足构成半包含的关系❶。

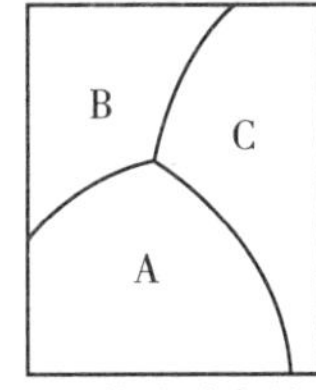

ABC构成并存关系

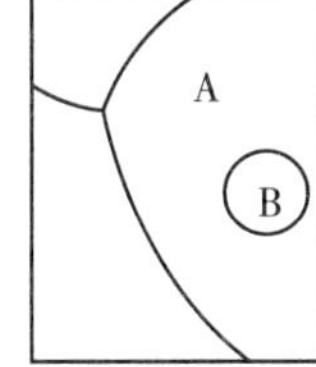

B被A包围

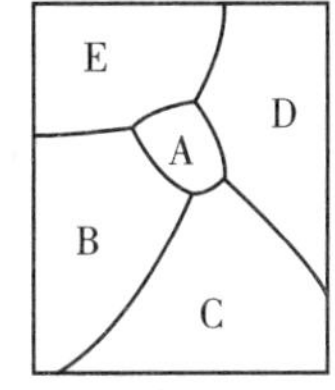

A与BCDE构成竞争关系

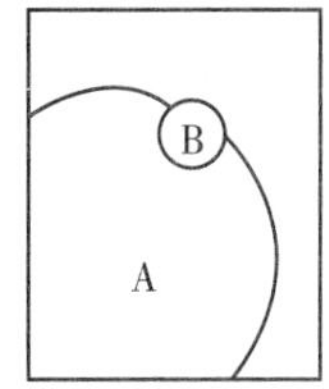

B被A半包含

图 2-6　影响腹地空间关系示意图

资料来源：王德．沪宁杭地区城市影响腹地的划分及其动态变化研究．城市规划学刊，2003（6）

断裂点模型原理是 Huff 概率模式的一维简单形式，应用起来比较简便，在研究城市间相互作用关系中应用较多。但它得出的结论是线上的分界点，而不是面上的分界线，因此是不完全的影响腹地划分。

引力模型主要是测度区域内任意两个城市之间的相互作用，但现实中往往任何一个城市都受到若干个城市同时作用，城市之间的相互作用较复杂，每个城市的绝对影响区域在空间上相互交错、重叠。引力模型测度两个城市的腹地范围时，受到区域内城市空间相对位置关系影响较大，对空间距离较远的两城市之间的非都市区地带无法做出判断，尤其是无法将发展水平极低的城市地区和农村地域从都市区内剔除，这是引力模型应用的局限性。所以，引力模型必须和其他方法相配合才能更合理、准确的界定出都市区范围，但通过引力作用界定都市圈范围可以反映出中心城市在区域内影响的相对优势和所处的能级。

（2）相互作用推导模型

引力模型只能运用单要素指标对城市的势力圈进行界定，有较大的局限性和随机性，所以很多学者试图尝试采用多要素复合模型来测度中心城市的势力圈。宁越敏在研究长江三角洲都市连绵区形成的动力机制中，为测度各城市间的经济联系强度，借鉴牛顿万有引力公式，构建如经济联系强度指数公式（如下），对长三角的上海与其余 12 个中心城市的

❶ 王德．沪宁杭地区城市影响腹地的划分及其动态变化研究 [J]. 城市规划学刊，2003（6）.

经济联系强度指数进行了定量分析❶。

$$L = k_j \frac{\sqrt{P_i V_i} \times \sqrt{P_j V_j}}{D_{ij}^{\ 2}} \tag{2-1}$$

$$K_j = \frac{1}{3}\left(\frac{V_j}{V_i} + \frac{P_j'}{P_i} + \frac{T_j'}{T}\right) \tag{2-2}$$

式中 L 代表两城市的经济联系强度，P_i，P_j 和 V_i，V_j 分别为某年 i 和 j 市的人口及 GDP，D_{ij} 为两市的直线距离。K_j 为引力系数，P_j' 和 V_j 分别为 j 市市区非农人口和非农产值，T_j' 为 j 市与 i 市联系的各项交通设施总分值（包括铁路、高速公路、国道、省道、一般道路、轮船等），T 为全部交通分值。

周一星构建了类似的经济联系量模型来测度山东半岛城市群内部城市之间的经济联系量（图 2–7）❷。

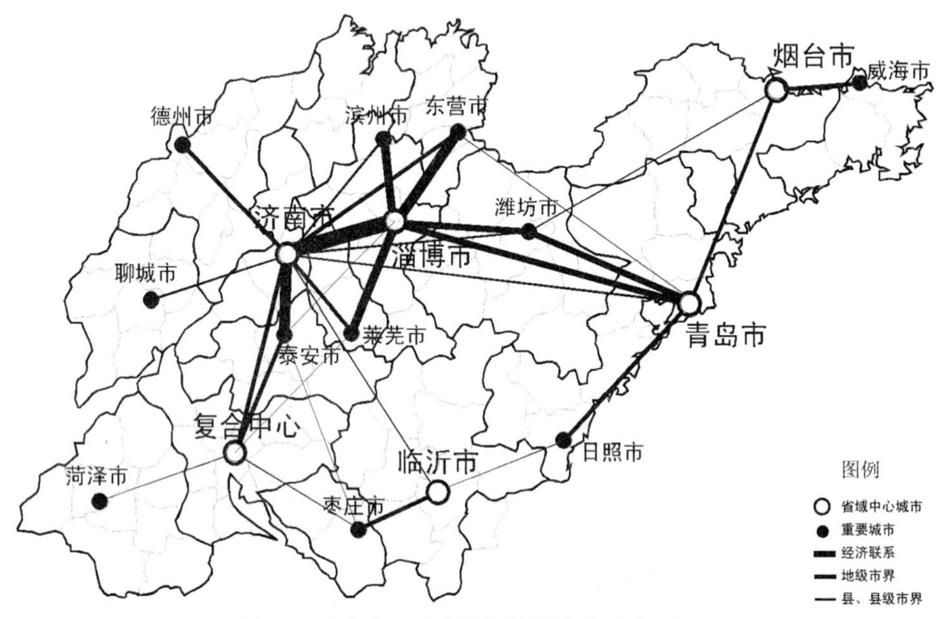

图 2–7 山东省 17 个主要城市城际经济联系示意图

资料来源：周一星，杨焕彩. 山东半岛城市群发展战略研究 [M]. 中国建筑工业出版社，2004

经济联系强度模型是对引力模型的有效改进，从引力模型的单指标衡量要素向多指标要素实现了跨越，能够有效地降低城市的个别奇异数变量指标所导致的计算误差，分析结果能更真实有效地反映城市间的联系强度。但由于各指标量纲不同，必须首先对不同指标数据进行标准化处理以消除量纲影响。

2. 职能属性法

地理“属性”方法，即应用各种人口、经济指标来静态划分都市区的空间范围，主要

❶ 宁越敏，施倩，查志强. 长江三角洲都市连绵区形成机制与跨区域规划研究 [J]. 城市规划，1998（1）.

❷ 周一星，杨焕彩. 山东半岛城市群发展战略研究 [M]. 中国建筑工业出版社，2004.

是明确都市区范围界定的原则与标准，是当前划分都市区范围应用最广泛的方法。

（1）非农指标法

国内诸多学者通过地理单元的非农业产值比重以及非农人口比重等数量指标对相应的都市区（都市连绵区）进行了边界的界定研究。最具代表性的是周一星的非农指标法。北大的研究群体以长江三角洲、北京地区、山东半岛和辽中南地区等为例，多次运用、验证了中国都市区（城市经济统计区）的界定指标和方法，并就其形成机制作了初步探讨。孙一飞也以江苏省为例对城镇密集区作了界定方法的探讨。这些研究在对都市区和大都市带作出理解的基础上，侧重于建立比较严密的地域概念并在此基础上分析其形成机制。

按照这种方法提出的都市区和都市连绵区界定方案，蔡人群、崔功豪和沈道齐、叶瞬赞、周一星等分别对 1993 年和 1995 年的珠三角、长三角、京津冀、辽中南地区进行了都市区和都市连绵区的界定（胡序威等，2000）。赵永革（1997）、阎小培（1997）、宁越敏（1998）等学者分别采用类似方法与标准对辽宁、穗港澳、长三角都市连绵区进行了界定研究，他

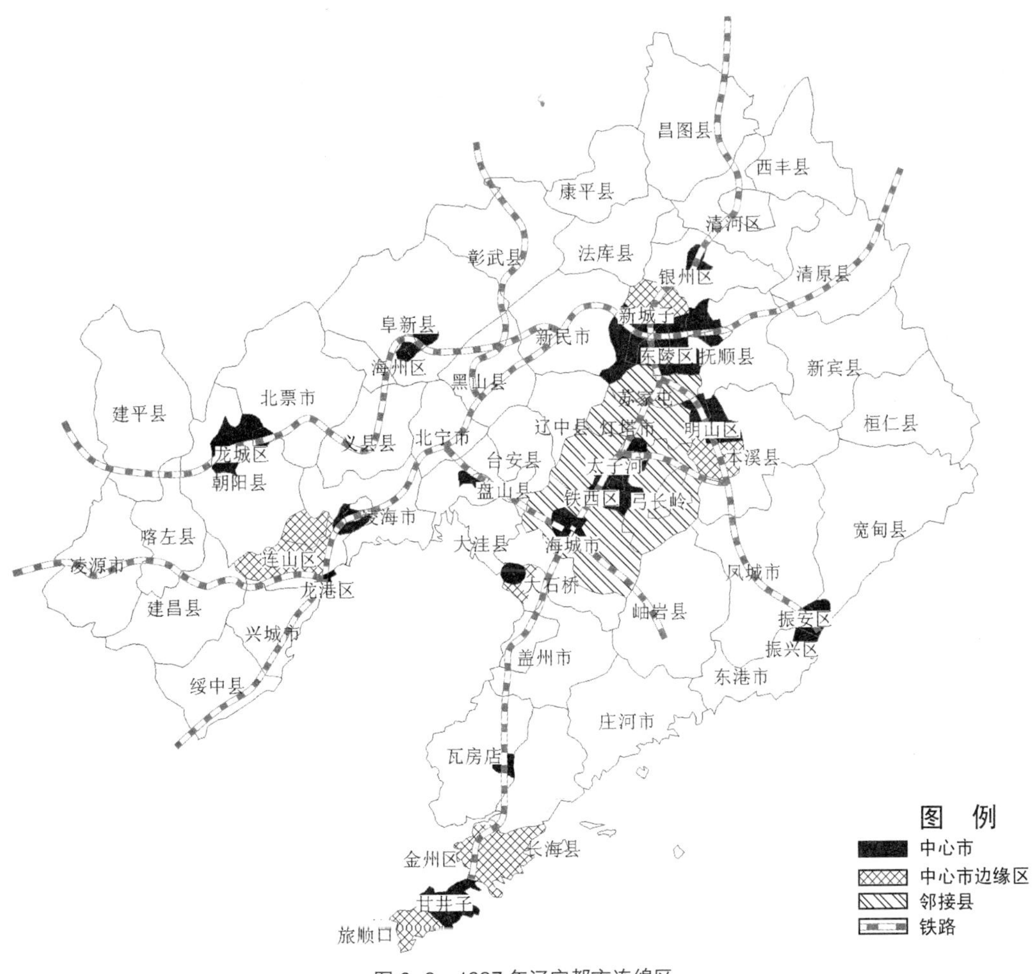

图 2-8　1997 年辽宁都市连绵区

资料来源：赵永革，周一星 . 辽宁都市区和都市连绵区的现状与发展研究 [J]. 地理学与国土研究，1997

们都是在拟定的都市区界定方案基础上，先确定都市区范围，然后进一步对都市连绵区定界。胡序威（2000）等人所著的《中国沿海城镇密集地区空间集聚与扩散研究》中也采用了类似方法对中国沿海城镇密集地区的连绵区进行定界。

（2）职能结构法

于涛方（2005）采取了国民经济行业的就业结构和就业密度为主对长江三角洲、京津冀、珠江三角洲地区进行了都市区边界的界定和结构类型。同时应用了传统的“属性”方法对都市区边界进行结果对比和检验（于涛方，2005），认为属性方法的分析结果与之比较吻合。

李红卫、王雷等也运用相关方法对珠江三角洲和京津唐地区的都市区边界进行了研究（李红卫，2005；王雷，2005）。

基于国民经济行业的就业结构和就业密度，以县区为单位对都市区进行研究，不仅可以确定都市区的边界，而且可以对都市区的内部结构进行划分，确定都市区的职能类型，是对都市区研究方法的新突破。但由于当前我国的县区、尤其是中心城区的统计口径问题，城乡就业与实际统计结果存在差异，县区统计数据中缺少市本级数据，中心城区往往会出现明显低于实际情况，甚至会低于周边的各县市的经济实力和发展水平；同时，同一城市内部各城区之间也不能根据统计数据割舍他们之间的联系。所以，这种研究方法必须运用普查数据才能有效地解决统计数据问题，运用年鉴统计数据的分析结果，都市区边界会出现比实际略小的情况，且都市区内部的职能等级会略低于实际，但这种方法无疑为都市区的边界和内部结构研究提供了新的研究思路和方法。

3. 流测度法

城市系统（包括都市圈）是一个复杂的社会经济系统，在这个系统中，客观存在着各种输入—转化—输出过程，借用生态学的概念将这种过程称为“流”（顾朝林，1991）。经验法通过地区间实际发生的“流”的流向和强度分析确定中心城市势力圈，其特点是比较准确，符合实际，但工作量大，资料不易获得。当前应用“流”指标对区域城市之间的经济社会联系研究主要有两个方面：①应用“流”要素指标直接进行测度；② 运用其他功能指标间接反映区域城市间的“流强度”。

（1）城市流测度

城市系统中存在五种流态：人流、物流、技术流、信息流、金融流，这五种流的流向和流量客观反映了城市间的主要联系方向和联系强度。基于“流”对都市区进行界定，其特点是比较准确，符合实际，但方法比较复杂，工作量大，资料难以取全，所以尚处于研究探索之中（王德，2000；姚士谋，2001）。根据当前的统计资料情况，人流、物流数据相对容易获取，在实践中应用得较多，而信息流、技术流和金融流则由于获取难度较大，在研究中较少应用。目前仅有少数学者对五种流态进行了全面研究（顾朝林，1991; Green，1995），绝大部分学者都是通过其中一种或者几种流来反映整体特征（孙胤社，1992；周一星，1998；王德，2000）。

顾朝林（1995）结合济南市及其周围地区调查，分别采用了客运班车数、百货批发额、对外技术协作项目、报纸和长途电话、银行转账等五个方面指标进行了济南市人流影响区、物流影响区、技术转移协作区、信息流影响区、金融流影响区和综合影响区范围的划分。周一星和隆国强（1988）在山东省泰安市有类似实例研究。王德也在浙江省上虞城镇体系规划中应用信息流对城市势力圈进行过划分（王德，2000）。朱英明等对沪宁杭城市密集区城市流进行了研究，并出现一个地区中心城市的国内生产总值、第三产业产值与流的大小具有高度相关性（朱英明，2002）。

（2）“流”替代法

国内最早对区域城市间的“流”测度运用其他指标进行替代的是孙胤社，他以人流作为反映北京对外联系的指标，以月客流比例在50% 以上的县域范围定义为北京的大都市区。同时在研究了北京市与周边县市的交通流与反映人口变量、经济变量和距离变量的17个经济指标变量的相关关系后，得出了与交通流相关的四个指标：非农业人口数量和比重、农村非农劳动力数量及其比重、距离（反比）、社会总产值及其非农产值比重。孙胤社采用1990年的人口和非农劳动力数据对长三角、珠三角、京津冀和辽中南地区的都市区进行了判定，其结果与国内国际一些权威人士的初步判断结果基本一致（孙胤社，1992）。中心城市周边地区的通勤率与非农化水平呈密切正相关的结论后来被许多学者引用，常常用中心城市周围地区的非农化水平作为交通流的替代指标（胡序威等，2000；周一星，2004；朱英明，2004）。

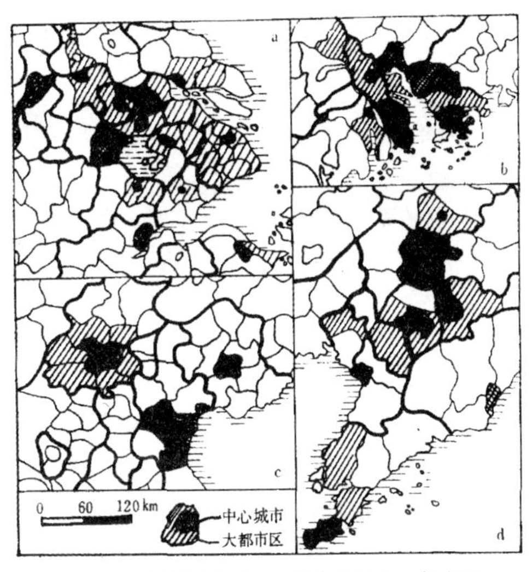

图 2–9　我国四个城市最密集地区的大都市区

资料来源：孙胤社．大都市区的形成机制及其定界—以北京为例 [J]. 地理科学，1992（6）

中国城市规划设计研究院在1994年对陇海—兰新地带城镇发展研究中，采用了以城市外向功能影响量来测度区域城市之间的流强度。构建了公式：$F = N \times E$。式中 F 为城市流强度；N 为城市功能效益，即各城市间单位间外向功能量所产生的实际影响；E 为城市外向功能量。并采用了城市从业人员的区位商作为城市功能量的度量指标，人均GDP作为城市的功能效率。该研究认为构成城市流强度的因素可以概括为城市总体实力与城市流倾向性两个因素，而这之间的相对比例关系影响到城市流强度的大小。只有具有较高的总体实力又具有较高的城市综合服务能力的城市，才能具有较强的城市流强度（中国城市规划设计研究院，1994）。

由孙胤社和中规院的实践可以看出，流强度与城市自身的特性高度相关，二者之间存在着表象与本质的辩证关系，是反映城市功能强度的两个方面：流强度是城市功能强度大小的表现，而城市实力是城市功能强度的本质，二者是内在因素与外在表象的关系。一般来说，城市实力越强，对外服务功能越强大，与其他城市“流”越强，反之亦然。“流”强度替代指标的研究，有效地解决了因为数据获取困难而导致的城市间相互联系作用强弱的难题，对研究都市区空间范围和城市间相互作用关系都起到了积极推动作用。

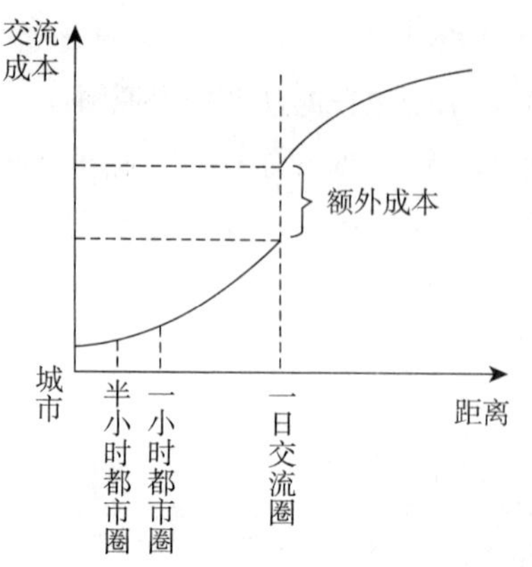

图 2-10　交流成本跳跃示意

资料来源：王德．上海市一日交流圈的空间特征和动态变化研究 [J]．城市规划汇刊，2003.3

（3）时距方法

区域内不同城市之间的相互作用关系，表现为上位城市对下位城市的辐射作用和下位城市对上位城市辐射作用的吸纳能力，这种辐射和吸纳能力必须通过良好的交通可达性为载体。从空间意义上讲，两点之间的可达性取决于两点之间的距离与速度，最终表现为所花费的交通时间。时距综合了道路等级、长度、路面质量等各方面因素，直观而简洁地反映了两点之间的联系程度。

衡量都市圈空间范围的交通时距指标有多种，如 0.5h 都市圈、1h 都市圈、一日交流圈等（王德，2001），其中有两种最典型的时距指标来测度城市的势力圈，一种是单一中心城市为核心的“日常都市圈”，即能够进行通勤、购物和日常业务交流的“通勤圈”，“1 小时距离法则”对其地域范围具有明显的制约作用，其半径在 100km 左右；第二种是以若干中心城市为核心，周边城市、地区共同组成的“大都市圈”，其半径可达 300km 左右（范朝礼等，2001）。

一日交流圈的研究起源于日本，在 1987 年制定的日本全国第四次国土开发规划将建立全国性的一日交流圈作为国土开发的主要目标（日本国土厅，1987），目标是使全国重要城市间的移动所需时间大致在 3h 以内，能够在一日之内往来。王德[1]认为一日交流圈作为都市圈边界的界定最为合理，因为它反映在市场交易成本上是一次突变，由于不能当日返回而不得不付出一定的额外成本，因此在市场决策力作用下中心城市与区域的关联度在一日交流的边界处发生跳跃，一日交流圈内部的经济联系强度应显著高于与外部的联系。王德认为我国的“一日交流圈”应当为以任意城市中心为起点，采用公共交通方式出行在单程 2.5h 内可到达范围，并据此对上海市和沪宁杭地区城市的一日交流圈的进行了研究。时距在同一城市不同发展阶段、同一时期不同城市的一日交流圈时距是不相同的，甚至相差很大（图 2-11）。

孙娟参照王德的方法研究了南京一日交流圈的范围界定，考虑到以南京边缘区为起始点，从边缘区到南京市中心约有 0.5h 路程，确定了 2h 所能达到的空间范围为南京一日都市圈范围（孙娟，2003）。

2000 年沪宁杭一日交通圈基本特征比较　　**表 2-10**

城市	形状	最远直线延伸距离（km）	面积（km^2）	人口（万人）	GDP（亿元）	人口密度（万人 /km^2）
上海	扇形	210	23795	3307.95	10683	0.139
南京	不规则多边形	205	51140	3394.74	7118	0.066
杭州	不规则多边形	195	48395	3737.5	14839	0.077

资料来源：王德．沪宁杭地区城市影响腹地的划分及其动态变化研究 [J]. 城市规划学刊，2003（6）

[1] 王德．沪宁杭地区城市影响腹地的划分及其动态变化研究 [J]. 城市规划学刊，2003（6）.

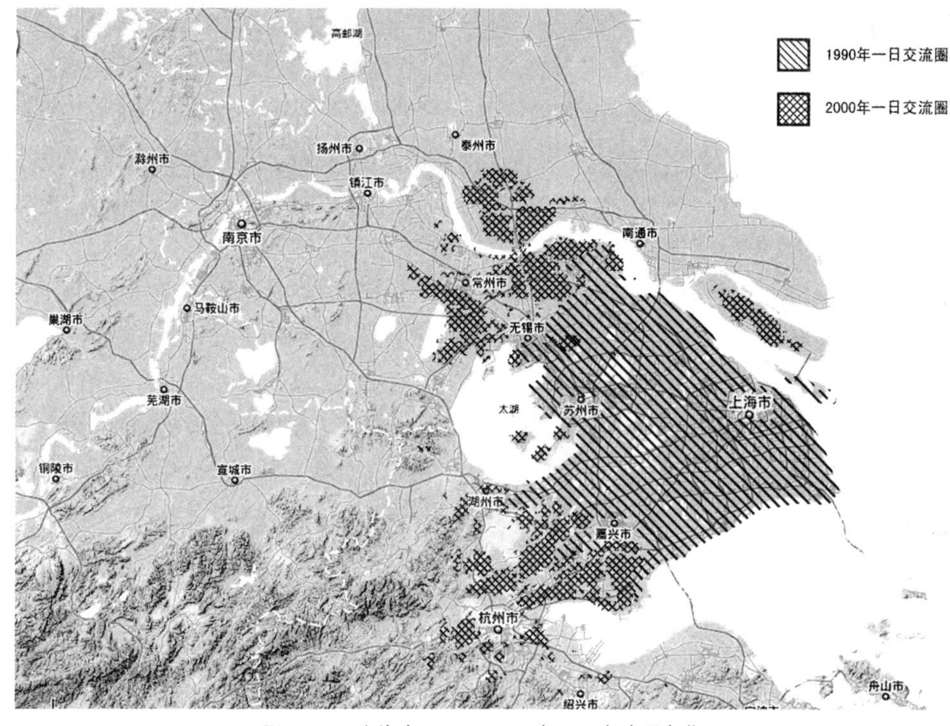

图 2-11　上海市 1990~2000 年一日交流圈变化

资料来源：王德．沪宁杭三市一日交流圈的空间特征及其比较．城市规划学刊，2004（5）

2.2.4　小结

1. 区域概念界定

国外对都市区的概念和原则标准，多是用于国情普查及区域发展政策的制定而由政府确定，并通过相对应的区域政策和市场调整得以落实，西方国家的城市功能地域概念基本上是仿效美国建立的，如法国的 ZPIU、德国的 Stadtregionen、加拿大的 CMA（Census Metropolitan Area）、英国的 SMLA（Standard Metropolitan Labor Area）和 MELA（Metropolitan Economic Labor Area）以及日本的都市圈，其概念均脱胎于美国的都市区概念。在指标选择时大多数英联邦国家的指标设置与美国相似，同时根据自己的国情特点增加了一些指标，如英国增加了对中心城市就业岗位的要求，加拿大增加了对整个 CMA 内非农劳动力比例和人口增长率的要求，日本则强调中心城市的昼夜人口比等。总体上看，作为功能地域的都市区概念，其考虑的出发点是城市对周围地区的影响力，而这种影响力又无不通过城乡间各种形式的社会经济联系得以实现。而国内则由于学者从不同角度的研究产生了多种概念和原则标准，如长三角和珠三角地区，有的称都市连绵区（阎小培，1997；李王鸣，1996；徐永健，2003；宁越敏，1998），有的称都市连绵带（孙胤社，1992），还有准都市连绵区（陈立人，1997）、都会经济区（薛凤旋，200）、大都会区（许学强，1994）、城市群（姚士谋，1992）、城市（镇）密集地区（吴良镛，2003；胡序威，2000；张尚武，1999）等。但通常均认为是以都市区为基本组成单元，以若干大城市为核心并与周围地区保持强烈交互作用和密切的社会经济联系的一体化地区。

总体来看，区域城市结构可以分为单体结构与群体结构，都市区与日常都市圈应当属于单体结构，而大都市圈、都市带与都市连绵区、城市群等都是对城市群体结构的解释与描述，这些概念相互既有一定的差异，又有一定的交叉，也有的学者认为它们分别指称城市群体的不同发育阶段，很多学者从各自的理解对这些概念的区别与联系进行了辨析（吴启焰，1999；胡序威，2000；姚士谋，2001；徐清梅等，2002；邹军，2004；王兴平，2004）。基本上都认为都市带、都市连绵区等群体结构的基本组成单元是都市区，而都市区是由一定规模以上的中心市及与其保持密切社会经济联系、非农业活动发达的外围地区共同组成的具有城乡一体化倾向的城市功能地域，一般以县作为基本单元。

2. 区域界定原则

纵观美国、日本等西方国家对大都市区（圈）的定义，虽然彼此在标准上存在一定的差别，但概念的核心内涵是一致的，即主要包括三个方面的内容：经济中心、经济腹地以及中心与腹地之间的社会经济联系。西方国家对都市区的界定方法正是基于这种思路设计的：①首先需要规定一个中心市的规模下限，即认为在此规模以上的城市才足以对周围地区产生显著的中心职能影响；②对于划入都市区的外围地区，一般都从两方面规定指标，即自身的特征指标及与中心市的联系强度和整合程度。对前者主要是考虑都市区的人口密度和非农化水平；对后者美国及其他发达国家都选择能反映城乡联系密切程度，又尽可能简化的通勤率指标（表 2–11）。

西方国家都市区界定指标及标准对比 **表 2-11**

指标 / 地区	中心市		外围地区			整个都市区
	规模	其他	非农劳动力	人口密度	通勤率	
美国 MA	>5 万	—	相对比 >75% 或绝对比 >1 万	50 人 / 平方英里	单向 15% 或双向 20%	—
英国 SMLA	—	就业岗位 >4 人 / 英亩或绝对量 >1 万	—	—	>15%	规模 >7 万
加拿大 CMA	>10 万	—	—	—	>40%	（1）一产劳动力比例低于全国平均值；（2）人口增长率高于全国平均值
日本都市圈	—	—	—	—	>15%	—
日本（富田和晓 /1975）	>30 万	白天人口总数 > 夜间人口总数	—	—	>10%	—
日本（Glickman/1976）	>10 万	—	75%	—	>5%	—
日本（山田浩之等 /1983）	>5 万	—	75%	—	>10%	—

资料来源：胡序威等 . 中国沿海城镇密集地区空间集聚于扩散研究 [M]. 北京：科学出版社，2000

同样，对大都市带的规模指标，不同学者也提出了不同的指标，如戈特曼坚持 2500 万人口为其规模下限，帕佩约阿鲁则认为真正的大都市带其人口规模应在 3500 万至 2.5 亿之间，对于人口密度没有太大的分歧。通常都认同戈特曼的大都市带内部的人口密度不应低于 250 人 /km^2，其核心部分的人口密度则应更高。

国内的研究主要是集中于都市区的研究，其中以周一星的非农化水平方法为主流，对都市连绵区的标准研究较少，主要是从区域内都市区的空间形态进行判断，当多个都市区空间连绵，则将其称为都市连绵区或者都市带。

3. 区域层次划分

当前国内外对都市区的界定方法虽然各异，但都包括两个部分：一定规模的中心城市和与中心市具有紧密社会经济联系的外围地域。

顾朝林（1991）在对全国大、中城市经济发展水平进行研究后，提出城市经济的地域结构由三部分组成：①城市核心区，指包括了相当于城市建成区（Urban Built-up Area）和城市新区地带（Urban Tract）的范围；②城市边缘区，指位于城市核心区附近，其土地利用已处于农村转变为城市的高级阶段，城市发展指向性因素集中渗透的地带，是郊区城市化和疏散中心城市人口和工业的地区；③城市经济腹地，指大、中城市除了核心区、边缘区外，对其外围的乡村也经常发挥着中心作用的地区。

周一星（2004）在对山东半岛城市群的都市区划分时，将都市区划分为中心城和外围地区。

于涛方（2005）、李红卫（2005）根据各地理单元的主成分特征和得分情况将长三角、珠三角都市区界定为三部分：核心区、外围区和边缘区，并将三部分依据不同的主导产业类型划分了诸多亚类。其中，核心区和外围区属于都市区的组成部分。

4. 研究方法评述

从上述区域空间范围界定的方法来看，对都市区（城市经济区、都市圈）空间范围界定存在单指标要素（周一星，1991；宋小冬，2003）和多指标综合要素（陈田，1987；孙胤社，1992；孙娟，2003 等）两种研究思路。很多研究者已经通过实证证实采用多变量综合指标分析比采用单一指标更全面、更精确、更能客观地反映真实情况（陈田，1987；孙胤社，1992；孙娟，2003；于涛方，2005 等）。但由于多指标方法受到数据收集困难，计算量较大等影响，应用起来还存在一定困难。总体来说，对都市区的边界界定至今尚未有一个比较成熟、公认的方法。

对都市区范围界定的诸方法中，最具代表性的是周一星的“非农指标法”，数据获取容易，空间分析简便易行，目前应用最为广泛。但该方法属于静态分析方法，仅采用反映城市特征的中心城市人口规模和外围地区的非农业人口比重和非农产值进行边界划分，而没有考虑诸如城市间相互作用关系等其他影响因素；同时，由于我国当前的户籍政策及统计口径等原因，许多实际从事非农产业的人口并没有归为“非农产业”的统计行列，导致的直接结果是非农产值指标下的都市区边界远远超出非农业人口指标下的边界范围，这种误差直接导致了都市区边界整体范围边界的“缩小”。

针对当前都市区空间范围研究只停留在静态反映都市区外围空间边界，而没有研究内部功能联系和结构的现状，于涛方（2005）采用各研究单元的国民经济行业就业人口和就业密度，首次对都市区内部结构进行了研究，提出了都市区研究的新领域，这种研究方法和研究结论为今后进一步研究不同都市区之间的功能关系（同构、互补）和发展趋势（竞争、合作）奠定了基础。

当前的研究中，主要存在着以下不足：

（1）当前的研究主流方法主要集中在通过对城市特性、时空距离、空间作用强度等方面的静态研究，而基于"流"的城市之间动态经济联系关系研究，则由于数据获取困难而应用较少。

（2）在已有都市区势力圈划分研究中，以两城市之间势力圈划分或以单一城市为中心势力圈划定为主，解决中多中心城市势力圈划分问题的研究案例极少。对多中心城市的研究也是先两两组合分别研究，然后再将结果进行叠合，这样不能综合地反映出多城市之间的相互作用关系。

（3）在对都市区进行边界界定时，由于研究对象空间范围广阔，地理环境复杂，为简化工作，许多学者都将研究对象假设为均质区域进行研究，只有极少数研究者考虑了地理障碍因素的影响（孙娟，2003；王德，2003；王德，2004）。

（4）从统计单元上看，囿于统计数据都是基于行政单元的限制，学者们最终划定的都市区范围也都是以行政区界为边界（赵永革，1997；王德，2001；周一星，2004；于涛方，2005等），这使得都市区边界范围与实际有所出入，会包含相当一部分农村地域。

（5）当前对都市区研究较多，也有学者通过溯源方法对都市区的发展演变历史进行研究，但对未来都市区的发展趋势，以及不同都市区之间的相互关系研究甚少。多数学者仅从形态上实现空间连绵来进行简单判断，而对于大都市区、都市连绵区、都市带等群体结构的不同组成部分之间是否存在经济社会联系而罕有研究。

这个难题会随着地理信息数据库的完备和GIS方法的深入应用以及统计数据的进一步完善而解决。随着计算机技术的发展和GIS技术应用的日益广泛，学者们开始尝试运用GIS技术解决都市区边界研究的难题（宋小冬，2003；王德，2003；王新生，2003），如地理障碍影响，统计单元限制等，为更为复杂的都市区研究提供了新的支撑。

2.3　全球城市区域理论体系

2.3.1　全球城市理论

在分析新的国际分工、跨国公司和城市等级之间的关系时，科恩（R.B.Cohen）提出了全球城市的全新概念。科恩认为全球城市是新的国际分工和跨国公司发展的产物，并用"跨国化指数"（Multinational Index）和"跨国金融指数"（Multinational Banking Index）作为衡量全球城市的两个指标。跨国化指标是指某一城市所有的全球最大500家公司（Fortune 500）的国外销售额占500家公司全部国外销售额的比重和这些公司的总销售额占500家公司销售额的比重之比。如果这个指标远大于1.1，则该城市就是国际经济中心；在0.7和0.9之间，则该城市为国家级（National）经济中心城市。跨国金融指数是指某一城市所有的全球最大的 300 家银行国外存款与其国内存款之比，从世界范围内看，纽约、东京、伦敦这两个指数都位居前位，为世界经济和企业中心，是全球城市。

对全球城市最具影响力的研究是萨森（Sassen，1991）对于纽约、伦敦和巴黎的考察，她系统地阐述了这三座城市在金融、贸易等高端生产服务业基础上建立起来的全球城市地位，并提出了全球城市假设理论，揭示了城市研究新的时代的到来，弗里德曼和萨森几乎以个人之力全面扭转了新马克思沉寂后城市研究的衰退趋势，将其引入了全新的境界[1]。1990 年代以来对全球城市的研究主要集中于全球城市的特征，全球城市的评定和全球城市管理管治三方面，比较突出的包括彼得 · 泰勒（Peter Taylor）领导的“GaWC”组织对全球城市网络的定分（Taylor，1995），霍尔对全球城市性质的研究（Hall，1996），阿布 · 拉格特对美国背景下的全球城市纽约、芝加哥和洛杉矶的比较研究（Abu-Lughed，1999）以及汉姆莱特对全球城市社会极化问题的辩论（Hamnett，1994、1996）等。

1. 全球城市模型

S · 萨森（Saskia Sassen）于 1991 年发表的著作《全球城市》，以三个最重要的全球城市纽约、伦敦、东京为实证案例，系统地阐述了全球化的进程以及在世界范围内，特别是对世界城市的影响。萨森首先追踪了自 1960 年以来世界经济的演变脉络，探索了经济全球化的内在机制。

二战之后的世界经济体系是以美国为主导的国际政治关系。1944 年的布雷顿森林协议（Bretton Woods）规定了全球贸易的准则。1960 年代起，世界经济结构开始发生变化，发达国家的制造业份额开始向发展中国家，先是拉美，继而是东南亚，现在制造业资本又向中国、越南等地转移。在制造业转移空间扩散的同时，整个世界的经济活动却是趋于整合。全球经济的地域分布及构成发生了变化，从而产生了复杂的两重性：一种空间分散但全球一体组织的经济活动。全球主要城市被赋予新的战略角色，这些城市除了具有国际贸易和银行中心的悠久历史之外，现在还起了四方面的作用：①世界组织高度集中的控制点；②金融机构和专业服务公司的主要集聚地，其已经替代了制造生产部门而成为主导经济部门；③高新技术产业的生产和研发基地；④作为一个产品及其创新活动的市场。这些城市功能的变化，对国际经济行为和城市形态产生了巨大的影响。城市高度控制着丰富的资源、金融和服务行业重塑了城市的社会和经济秩序。因此出现了一种新型的城市，即全球城市。

国家主导时代的瓦解，取而代之的是一些大公司的总部，从而形成了与新体系相一致的战略活动范围的重新划分。由于私有化、放松管制以及全球化的关联增强，国家作为空间单位的角色已经部分地改变或者至少弱化了，取而代之的是其他空间和层面。这些不同的空间单位，其扩张空间领域的动力学及其过程，在原则上可以分成区域性、全国性和全球性的（Sassen，2001）。

---

[1] 吴缚龙，李志刚，何深静. 打造城市的黄金时代——彼得 · 霍尔的城市世界 [J]. 国外城市规划. 2004（4）.

和弗里德曼的世界城市假设相对应，萨森提出了她的基于组织假设（Organizing Hypothesis）的全球城市模型。包括七个方面：①标志着全球化的经济活动在地域上的分散性及其同时的一体化过程，是催生中心功能发展并使其日益重要的关键要素；②这些城市的中心功能变得如此复杂，以至于越来越多的跨国公司总部采取了外包策略；③那些在复杂而全球化了的市场中参与竞争的专业服务公司，很可能受到融和经济的影响；④公司总部将其最为复杂和非标准化的那部分职能，特别是那些容易遭受不确定因素、变化中的市场和速度影响的部分发包出去越多，其在区位选址上越有挑选的余地；⑤这些专业服务公司必须提供全球服务，这意味着一个全球的分支机构网络或其他形式的合作伙伴关系；⑥高级专业人员及高利润专业服务公司的不断增加，对扩大社会经济及其空间分布不平等程度的影响，在这些城市有明显的反映；⑦第六个假设所描绘的情景将导致一系列经济活动的信息化程度提高，并在这些城市中找到其有效的需求，但其利润水平尚不允许同那些位于体系顶端制造利润的公司争夺各种资源。

萨森对全球城市的研究主要是用实证的方法来测量构成全球城市的过程与特征，在其2001年出版的《全球城市》的中文译本序言中对此做出了阐释："全球城市"是一个分析上的概念，这个概念抓住了一个城市的一系列重要特征，其为企业和市场的全球化运作提供了服务和资本的能力（Sassen，2005）。

2. 全球城市空间特征

在全球化背景下为世界城市定位是很多国际城市学者研究的出发点（Hall，2001），他们的排序方法主要有四种：①通过城市的发展定位取向及跨国公司总部在世界发达地区所扮演的角色的分级研究来确定某个城市在全球体系中的战略统治力（Hall，1996；Hymer，1972；Heenan，1997）；②研究20世纪70年代后期在新的劳动力国际分工的背景下的决策机构和跨国公司的行为（Hall，1996；Hymer，1972；Friedmann and Woff，1982；1986）；③通过研究城市参与国际化、集聚化的发展在世界经济中生产服务业的强度来甄别城市（Sassen，1991、1994）；④通过国际金融中心的排序来确定主要城市的相对定位（Howard Reed，1981）。虽然对全球城市的特征分析方法被拉夫堡大学的GaWC小组质疑忽略了城市体系中成员的相互关系，但这些研究丰富了世界城市的理论研究方法，同时成为后续研究的催化剂。

彼得 · 霍尔基于新的国际劳动分工总结了全球城市的特征指标（Hall，1997）：跨国公司全球或者地区总部的数量；国外银行和其他金融机构的数量；现有的国际性机构；文化指标包括博物馆、美术馆和图书馆、歌剧院、音乐厅、戏院以及在典型的一周内文化活动的数量；印刷和电子传媒的集中度，特别是那些具有全球性的重要传媒的集中度；国际性旅游者的数量，包括休闲旅游和商务旅游；联系度指标，包括直接联系航班的数量，国际航空旅游者的数量，国际铁路联系（包括高速铁路），国际电信流量。

国际金融贸易的巨大扩张、全球股票市场网络的形成以及生产服务在全球城市的发展，已成为很多重要城市的经济基础的组成部分（Sassen，1991）。高度专业化的生产者服务（Advanced Producer Services，APS）是全球城市发展的主要组成部分。管理的高层次集聚，生产的低层次扩散，控制和服务的等级体系扩散方式构成了信息经济社会的总体特征

（Castells，1989）。在新的服务产业区位论的基础上，霍尔提出了全球城市的形态特征。20世纪后期的主要经济活动创造的不是传统的单中心城市，而是新的多中心的城市形态（Hall，1999）。

霍尔认为信息社会的高端生产性服务业主要有四个领域：①金融和商务服务；②权力与影响（或“管理与控制”）；③创造性产业和文化产业；④旅游。所有这些都是以信息的生产、传递和消费为核心的服务产业。许多城市里出现了新的典型形态，但由于历史和文化的特征，同时显示出城市之间的明显差别：①传统商业中心，从城市起源时开始在港口周围或类似节点的区位发展，大多数地方进行过重建，但保持了传统的街道格局和古老建筑；②第二层次的商业中心，在 20 世纪从以前的高级住宅区发展起来；③第三层次的商业中心，即所谓的内边缘城市（Inner Edge City），自 1960 年以来在城市的重建地带发展起来，与第一、第二层次的中心有一定的距离，新的办公场所，有时还有娱乐场所在这里高度密集；④外边缘城市（Outer Edge City），通常是围绕着机场，或是在通往机场的主要轴线上；⑤最远的边缘城市，它们不是规划的新城，就是现有的城镇的扩展，吸引了大规模的“内勤办公”在此集聚；⑥专业化的集聚，需要广阔的空间，吸引大量人口的活动，特别是休闲和商务旅游；它们通常是在边缘城市地带，有时是作为城市重建或者城市土地开发计划的一部分。

在韦伯（Weber）的古典城市区位论，克里斯塔勒（Christaller）的中心地理论体系的基础上，霍尔提出要根据商务集聚化的专业化指数（如国际银行交易、股票交换交易、旅馆）和人员、信息的流动定义一个新的中心理论（Hall，1999），他的假设有四个层次：①全球的（Global City），在其行政范围内通常有 500 万或更多的人口，其腹地人口多达 2000 万，但有效腹地服务于非常广阔的全球领域，如伦敦、巴黎、纽约和东京；②次全球的（Sub-Global City），通常有 100~500 万人口，其腹地人口可高达 1000 万，在某些专业化服务（银行、时装、文化、媒体）上发挥全球服务，以及在相对局限的国家或者区域范围内提供几乎完整的系列类似功能。在欧洲，所有首都中除了全球城市外，如格拉斯哥、曼彻斯特、里昂、马赛、汉堡等；③区域的（Regional），即克里斯塔勒的国土中心，人口在 20~100 万之间；④大行政区的（Provincial），即克里斯塔勒的省府，人口在 10~25 万之间。与传统的中心地体系通过放射状的连接着体系中的低层次城镇与村庄的公共交通体系（火车、公共汽车）不同，高层次城市是直接由用于商务旅行和信息交换的流（城市之间的高速铁路线路、高速公路、声音和数据传递的通讯联系）以及旅馆、饭店和娱乐等形式的旅行设施连接在一起的。

3. 全球城市体系

对新全球城市体系的理解最为重要的进展来自于彼得 · 泰勒（Peter Taylor）和约翰 · 彼沃斯托克（John Beaverstock）领导的拉夫堡大学的“全球化和世界城市”（GaWC）研究团队和网络。他们的研究体现了对早期城市研究的根本性批判（表 2-12），他们认为未来的研究工作应该基于各种“流”而不是单纯的属性，同时应该选取一个全球化的而非国家性的视角（Hall，2006）（表 2-13）。

世界城市的经济地理研究　表 2-12

作者	主要城市
Budd（1995）	东京、伦敦、纽约、巴黎、法兰克福
科恩（1981）	东京、伦敦、大阪、巴黎、莱因－鲁尔区
Drennan（1996）	纽约、东京、伦敦
经济学家（1992）	纽约、东京、伦敦
经济学家（1998）	伦敦、纽约、东京
Feagin 与史密斯（1987）	纽约、伦敦、东京
弗里德曼（1986）	伦敦、巴黎、纽约、芝加哥、洛杉矶
弗里德曼（1995）	伦敦、纽约、东京
弗里德曼与沃尔夫（1982）	东京、洛杉矶、圣弗朗西斯科、迈阿密、纽约
Glickman（1986）	纽约、东京、伦敦、巴黎
霍尔（1966）	伦敦、巴黎、Randstad、莱因－鲁尔区、墨西哥、纽约、东京
Heenan（1977）	珊瑚墙（迈阿密）、巴黎、火奴鲁鲁（檀香山）
Hymer（海默）（1972）	纽约、伦敦、巴黎、波恩、东京
诺克斯（1995）	伦敦、纽约、东京
李与施密特－马伟德（Marwede）（1993）	伦敦、纽约、东京
Llewelyn–戴维斯（1997）	伦敦、巴黎、纽约、东京
马丁（1994）	伦敦、纽约、东京、大阪、芝加哥
迈耶（1986）	纽约、伦敦、巴黎、苏黎世、东京
马勒（1997）	伦敦、纽约、东京
里德（1981）	伦敦
里德（1989）	纽约、伦敦
萨森（1991）	纽约、伦敦、东京
萨森（1994）	纽约、伦敦、东京、巴黎、法兰克福
肖特等人（1996）	东京、伦敦、纽约、巴黎、法兰克福
Thrift（1989）	纽约、伦敦、东京
Warf（1989）	纽约、伦敦、东京

资料来源：Beaverstock，Taylor and Smith，1999 年

拉夫堡大学的“全球化与世界城市”课题组关于“世界城市”的分类列表　表 2-13
（按世界城市价值程度从 1 到 12 排列）

A 第一级别世界城市	12：伦敦、巴黎、纽约、东京 10：芝加哥、法兰克福、香港、洛杉矶、米兰、新加坡
B 第二级别世界城市	9：旧金山、悉尼、多伦多、苏黎世 8：布鲁塞尔、马德里、墨西哥城、圣保罗 7：莫斯科、首尔

续表

C 第三级别世界城市	6：阿姆斯特丹、波士顿、加拉加斯、达拉斯、杜塞尔多夫、日内瓦、休斯敦、雅加达、约翰内斯堡、墨尔本、大阪、布拉格、圣地亚哥、台北、华盛顿 5：曼谷、北京、罗马、斯德哥尔摩、华沙 4：亚特兰大、巴塞罗那、柏林、布宜诺斯艾利斯、布达佩斯、哥本哈根、汉堡、伊斯坦布尔、吉隆坡、马尼拉、明尼阿波利斯、蒙特利尔、慕尼黑、上海
D 具有世界城市特征的城市	D1 具有很强特征 3：奥克兰、都柏林、赫尔辛基、卢森堡、里昂、新德里、费城、里约热内卢、特拉维夫、维也纳 D2 具有部分特征 2：阿布扎比、埃及、雅典、伯明翰、波哥大、布拉迪斯拉发、布里斯班、布加勒斯特、开罗、科隆、底特律、胡志明市、基辅、利马、里斯本、曼彻斯特、蒙得维的亚、奥斯陆、鹿特丹、利雅得、西雅图、斯图加特、海牙、范库弗峰 D3 具有极少特征 1：阿德莱德、安特卫普、奥尔胡斯、雅典、巴尔的摩、博洛尼亚、巴西利亚、卡尔加里、佛得角城、科伦坡、哥伦布、爱丁堡、热那亚、格拉斯哥、哥德堡、广州、河内、堪萨斯城、利兹、里尔、马赛、Richmond、彼得堡、塔什干、德黑兰、提华纳、都灵、乌得勒支、惠灵顿

说明：世界城市划分为三个级别，3 为首要的中心地位，2 为主要的中心地位，1 为次要的中心地位
资料来源：Beaverstock，Taylor，Smith，1999

拉夫堡大学的工作严密地定义了全球城市对外联系，即全球城市概念的核心内容。在现代世界城市体系中，包括了极少数无可争议的全球城市：伦敦、纽约、东京，它们高度集中了超常比例的银行、金融机构和金融交易市场，还是世界上最大型公司总部的最大集聚地。在这三个城市之下，是一群大约 20 个左右的次全球或者区域性中心，它们基本上服务于主要的世界性区域，具有大规模的国家经济（如美国）的主要区域部分，或在世界上高度发达、人口稠密的较小民族国家，如西欧和中欧地区。

对其体系列表中位于后部的城市的研究更具有积极意义，对这些专业的和经济活跃的城市而言，政策是最重要的，在走向全球城市的过程中有的不只是一条道路，而每个城市正在自觉地发现这一点。

4. 全球化理论的城市发展模型：扩展模型

全球化是一个累积的过程，可以追溯到资本主义时代。全球城市假设的核心在于认为全球化经济影响下这类城市得以超越民族国家的影响，在全球尺度上发挥控制功能。但近年来对于不同政治经济文化和管制下全球城市的研究表明，实际情况并不一定如假设所言，而且假设被质疑过多依赖美国城市背景和少数城市的特殊性，不同政治国家背景的影响未能体现出来。因此，弗里德曼曾提到这一假设也许在未来最终被放弃（Friedmann，1995）。

建立在西方发达国家大城市区域现象的总结研究基础之上的全球化理论，对于发展中国家以及一些中等发达国家的城市及其在国际化时期所担当的角色很少涉及，对发展中国家正在成为或有巨大潜力成为全球城市的现状重视不足，对此国内学者展开了广泛的讨论和研究。吴志强提出的“大城市全球化理论”将发达国家和发展中国家城市共同置于全球等级网络的视角之下，联系全球化全面重新审视城市的功能、等级、社会和空间，无疑对

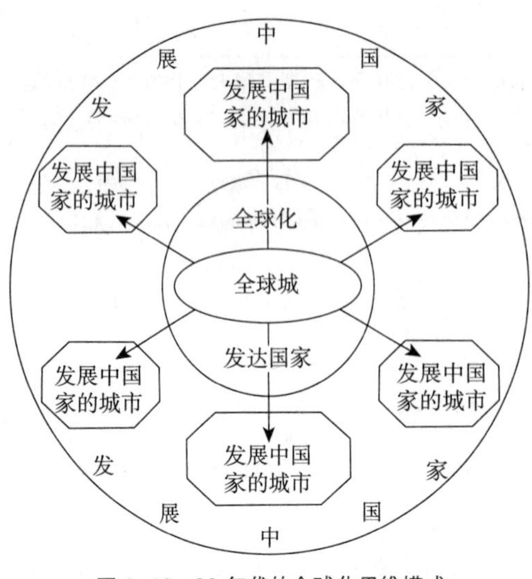

图 2-12　80 年代的全球化思维模式

认识和理解城市提供了全新的视野。

由于全球化的理论始于西方发达国家，相关理论的创立都是建立于西方发达国家城市研究的基础上，即所谓的全球城市西方中心论。吴志强在对 20 世纪 80~90 年代全球化思维模式的总结研究中指出（图 2-12，图 2-13）：当时国际城市学界"全球导向"研究方向的局限和主要欠缺，即所谓的"全球导向"是为研究西方工业城市时提供一个广泛的全球经济和社会背景。这种理解下的全球城市理论和结构必然是一元性的。在他的二元结构的城市全球化发展模型中，"全球城（Global City）"概念是指一个将全球性服务的功能作为其自身生存功能中的众多组成部分的城市，因此它可以具有全球指挥中心的功能，但这并不是它主要或者决定性的特征，如果一个城市的生产已经主要是面向世界的市场，那么，它就已经可以被称为"全球城市"。

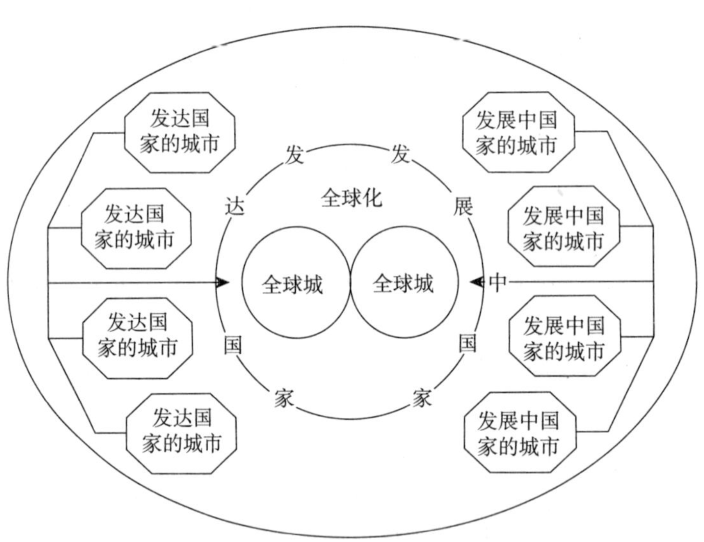

图 2-13　20 世纪 90 年代的全球化思维模式

大城市全球化的总过程，是发达工业国家的大城市（全球城市 A 型）和新兴工业化发展中国家的大城市（全球城市 B 型）同时经历的全球化过程，而这之间的互动构成了全球城的发展，推动在城市的全球化进程（吴志强，1998a）。

由此吴志强建立了有关全球化的理论框架，其中"扩展模型"是其全球化理论的重要部分，是一解释城市发展阶段的理论模型❶。

阶段标志（A）：

一个城市的社会经济直接作用的功能范围，表现为四个阶段：城镇、地区、国家和全球。扩展模型认为（图 2-14），城市在每两个阶段之间经历一个过渡期，在其作用空间的迅速变化过程中，一种新的内部功能结构随之呼之欲出。从镇城阶段发展为地区城阶段的过渡期被称为“第一过渡”，从地区城阶段发展为国家城的过渡期被称为“第二过渡”，从国家城阶段发展为全球城阶段的过渡被称为“第三过渡”。对“第三过渡”说明如下：①在过渡期的开始，大城市的从业人员和国民生产总值处于国家和地区阶段，根据我们的实证调查，为国家服务和为地区服务的从业人员和国民生产总值的 84% 以上；②随着大城市的全球化，城市为国家服务和为地区服务的功能在过去的 20 年中逐渐减少，而为全球服务的城市内部功能迅速增长，以 32%~42% 的从业人员及国民生产总值达到一个快速全球化转型；③城市中为全球服务，作用于全球的功能部分继续增加，相对而言，城市为另外三个地域（城镇本身、地区、国家）服务所占比例继续减少；④当城市中为全球服务，作用于全球的功能部分的从业人员和国民生产总值超过 42% 时，城市完成了其“第三过渡”。由于大城市的全球化仍在进行之中，因此大多数大城市尚未达到这一水平，然而这种发展趋势却是十分明确的。

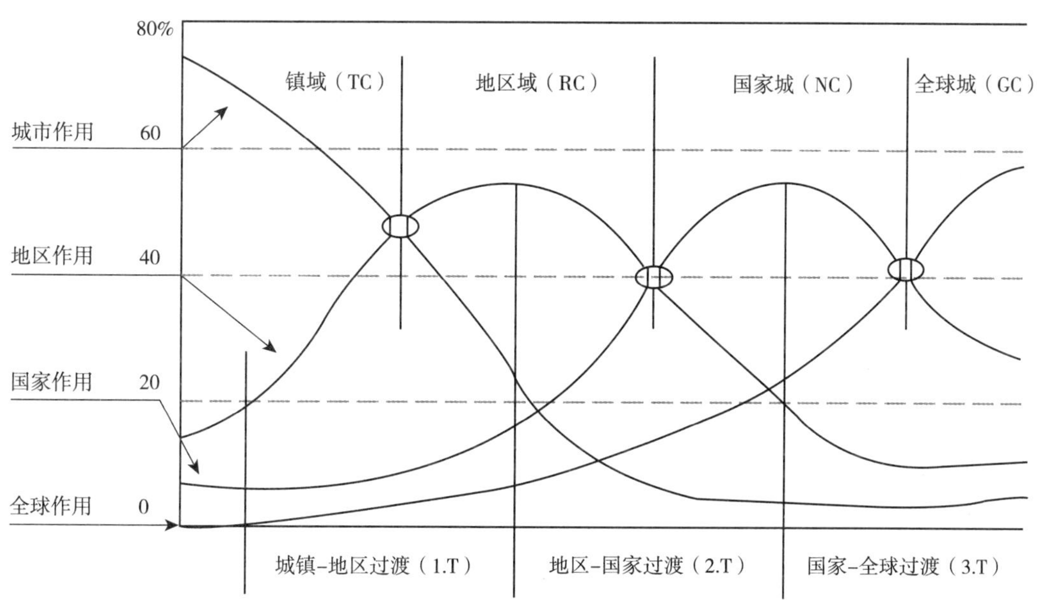

图 2-14　结构复化——全球化理论的城市扩展模型图

阶段标志（B）：

即城市的内部经济结构。受马克思经济基础决定论的影响，引入了工业化程度的依据指标：工业前城市（第二产业 < 48%）、工业城市（第二产业 > 48%）和非工业城市（第

❶ 吴志强．“扩展模型”：全球化理论的城市发展模型．城市规划学刊 [J]，1998 (5).

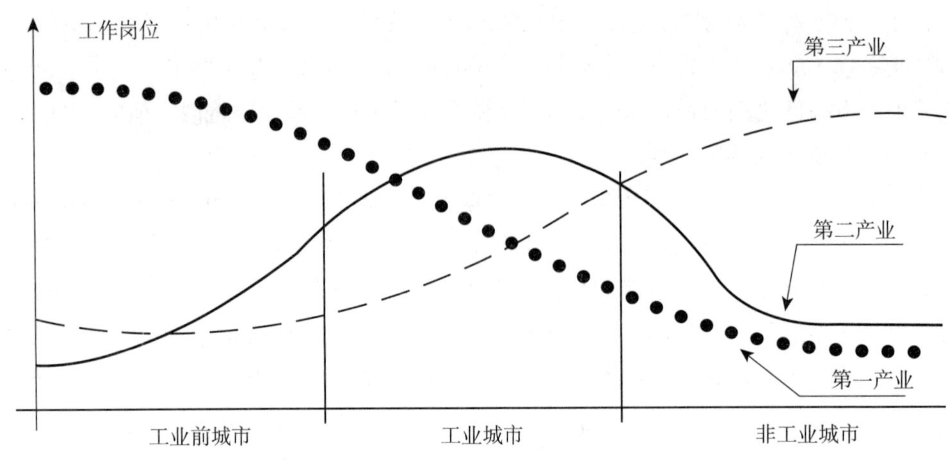

图 2–15　城市发展的三个工业化阶段

三产业＞ 48%）（图 2–15）。

两个阶段性标志的相互关联得出的矩阵表示了 12 种城市发展阶段类型（其中 4 种类型在实证中找不到案例）（表 2–14）。

四种城市发展和可能的城市类型 **表 2-14**

作用空间	城镇	地区城	国家城	全球城
工业化	城镇（T）	地区（R）	国家（N）	全球（G）
工业前（p）	Tp	Rp	Np	—
工业（i）	—	Ri	Ni	Gi
非工业（d）	—	—	Nd	Gd

① Tp 以面向城镇本身作用（（Town）和占优势的农业经济（Preindustriell 工业前）为标志。
② Rp 以地区作用（Region）和占优势的工业化（Industriell）为标志。
③ Ri 以地区作用（Region）和进行中的工业化（Industriell）为标志。
④ Np 以国家级作用（Nation）和不发达的工业（Praindustriell）为标志。
⑤ Ni 以国家级作用（Nation）和发达的工业（Industriell）为标志。
⑥ Nd 以国家级作用（Nation）和进行中的非工业化（Deindstriell）为标志。
⑦ Gi 以全球作用（Global）和进行中的工业化（Dndustriell）为标志。
⑧ Gd 以全球作用（Global）和进行中的非工业化（Deindnstriell）为标志。

“扩展模型”显示了城市不同的发展道路，打破了长期以来城市发展模型中单轨发展的理论困惑，在理论上提供了大城市发展的多种可能性。

“全球化理论”把“扩展模型”中第三过渡作为研究的核心内容：大城市通过工业化达到全球化的过程以及通过非工业化达到全球化的过程。该扩展模型指出了：①所有城市都从同一城市类型 Tp（前工业城镇）开始；②一个城市的发展过程是不同的，例如一个全球城市可以有不同的发展途径：Tp– Rp– Ni– Gi 或者 Tp– Ri– Ni– Gd；③大多数城市证明了从城镇城到地区城，到国家城再到国家城的“积极”发展，但有的城市也可能出现“消极”发展，如国家城到地区城；④并非所有的城市都会发展为全球城，根据扩展模型，它们可以停留于任何一种城市类型；⑤迄今为止城市发展的最高阶段是大城市的全球化。对此有两种情形：Gi（工业化进程中的全球城市）和Gd（非工业化进程中的全球城市）。对于这是否是城市发展的终点问题，取决于未来的城市发展（吴志强，1998b）。

5. 全球城市等级的实证研究

全球城市研究的一元化理论体系下，全球城市被认为是跨国经济的指挥中心，跨国公司总部的位置经常作为制定全球城市等级的一个重要指标，这些跨国公司总部的空间聚集地被认为是全球网络的控制节点，并相应的认为是全球城市体系中的顶级城市。这种方法过高地估计了少数核心发达国家在经济控制的作用，并低估了区域生产和行政中心在发展中国家的地位，低估了全球网络的复杂性、多样性与独立性，忽略了发展区域全球化节点的重要性。

通过对全球城市判定方法的回顾，目前较为常用的方法可归纳为三种：第一种是比较战略制定机构的地理集中度，包括研究跨国公司区位的总分数（史密斯，弗吉斯，1987）、金融和生产服务中心的重要性（惠勒，1986；萨森，1991，1995；弗里德曼，1995）；第二种是用特殊方法比较城市间的金融实力，如银行总部和证券市场的规模等（肖特等，1996）；第三种是研究全球联系的网络分析，关注城市间的物流、人流、信息流，以测量城市在全球交往中的中心性，包括报纸商业部分的区位分析（泰勒，1997），航空运输网络分析（史密斯，延伯莱克，1995；肖特等，1996）以及电子信息流分析（肖特等，1996），网络分析最大的问题在于原始数据难以收集。

刘荣增提出了基于跨国公司总部的区位和一流分公司（First Level）的区位的全球城市判定方法（刘荣增，2003），这里的一流分公司主要是指直属于跨国公司总部、功能齐全（集管理、研发、生产和销售于一体）的分公司（表2-15）。

根据世界100家最大公司的总部和一部分公司的区位排定的全球前50位城市 **表2-15**

排序	城市名称	500强跨国公司总部数目	排序	城市名称	500强跨国公司总部数目
1	纽约（美国）	69	13	大阪（日本）	24
2	东京（日本）	66	14	北京（中国）	23
3	伦敦（英国）	50	15	曼谷（泰国）	22
4	香港（中国）	40	15	布鲁塞尔（比利时）	22
5	新加坡	35	15	芝加哥（美国）	22
6	米兰（意大利）	30	15	法兰克福（德国）	22
7	巴黎（法国）	29	15	悉尼（澳大利亚）	22
8	墨西哥城（墨西哥）	28	20	圣弗兰西斯科（美国）	21
8	马德里（印度）	28	21	洛杉矶（美国）	20
10	汉城（韩国）	26	21	台北（中国）	20
11	圣保罗（巴西）	25	23	布宜诺斯艾利斯（阿根廷）	19
11	苏黎世（瑞士）	25	24	阿姆斯特丹（荷兰）	18

续表

排序	城市名称	500 强跨国公司总部数目	排序	城市名称	500 强跨国公司总部数目
24	伊斯坦布尔（土耳其）	18	38	巴拿马城（巴拿马）	13
24	多伦多（加拿大）	18	38	圣地亚哥（智利）	13
24	加拉加斯（委内瑞拉）	18	40	都柏林（爱尔兰）	12
28	杜塞尔多夫（德国）	17	40	里斯本（葡萄牙）	12
28	上海（中国）	17	42	雅典（希腊）	11
30	维也纳（奥地利）	16	42	达拉斯（美国）	11
31	波哥大（哥伦比亚）	15	42	罗马（意大利）	11
31	雅加达（印度尼西亚）	15	45	巴塞罗那（西班牙）	10
31	马尼拉（菲律宾）	15	45	布达佩斯（匈牙利）	10
34	柏林（德国）	14	45	广州（中国）	10
34	休斯敦（美国）	14	45	汉堡（德国）	10
34	墨尔本（澳大利亚）	14	45	吉隆坡（马来西亚）	10
34	慕尼黑（德国）	14	45	里约热内卢（巴西）	10

注：1. 上述所列城市美国为大都市统计区（CMSAs），其他均为大都市范畴（Metropolitan Areas）
2. 当跨国公司综合和一流分公司在一个城市时，按两个计算，当多个一流分公司在一城时，按一个算
3. 资料来源：《财富》杂志，1996 年

与跨国公司总部分析法的结论比较，刘的方法在实证上体现了明显的合理性，对第一层次的全球城市等级的表述更趋合理。纽约（69 家）、东京（66 家）和伦敦（50 家）的数据与其全球经济地位更加一致；香港和新加坡作为新兴全球城市的地位更加突出，尽管这两个城市跨国公司总部比较少，但他们仍然是跨国公司全球战略的重要节点；50 个全球城市的分布真实地体现了全球城市的分布格局，其中有 30 个分布在北美、欧洲、澳大利亚和日本，其余 20 个来自发展中国家，中国的北京、上海、广州也在其中。

刘荣增对全球城市的研究方法和吴志强的“全球化理论”的思想一脉相承，并通过实证证明了全球化发展模型的科学性。全球经济与构成不仅仅是金融、指挥中心、信息交流中心，还应包括生产和销售的组织与运营，西方发达国家大都市的非工业化趋势和新兴工业国家大城市的工业化趋势，实质是同一事件的两种不同表象，这两种趋势互为前提，互为促进（吴志强，1998a）。发达国家与发展中国家的大城市就此将被重新挑选排队，它们将在新的世界城市体系中找到自己的位置。

通过国内学者针对发展中国家的全球化理论的研究，对辽中城市群的研究提出了全新的研究思路，在全球化时代，未来该地区会沿着怎样的路径发展，是本课题研究的一个主要内容。

2.3.2 全球区域发展理论

经济全球化下远距离交通和通讯为以跨国界网络和资源集中区域为基础的城市创造了上升的空间。对城市而言这不是全新的特点，所不同的是今天这些网络的密度，复杂程度和广度（Sassen，2001）。全球化进程的加快，单纯以城市为单元已经无法充分解释全球化时代下的城市产业竞争与空间发展现象，这种形式与戈特曼（J·Gottmann，1957）的都市带（Megalopolis）理念有一定的相似性，但它无疑更加复杂，因而它具有更强的内在相互联系。另外，它与戈特曼的模式存在根本的不同，它是建立在卡斯特（Castlls，1996）的联系各独立城市元素的“流动空间”的基础上，而且它有意识的寻求测量这些“流”（Taylor，2004），即所谓“无疆界世界的到来”。就像在上海、新加坡、雅加达周围一样，我们看见了一种在某种情况下超越了国家边界的新城市形式的萌芽，一种尺度巨大的城市区域，在外面链接全球网络，在内部跨越数千平方公里。这是城市组织的一种新尺度的先驱（Hall，2006）。斯科特（Scott，2001）将这类区域冠名为全球城市区域（Global City-Region）。

1. 全球城市区域（Global City-Region，GCR）

全球城市区域这一概念可追溯到 Hall（1996），Friedman and Wolff（1982）等人提出的“世界城市”理论以及 Sassen（1991）提出的“全球城市”理论。斯科特的研究基于这些理论，但力争拓展其在经济、政治和区域范围上的意义，特别是去揭示城市区域作为全球经济空间节点的重要作用和世界舞台上的政治角色。在全球化过程中，全球城市区域作为一个地理和社会的角色不仅没有消亡，反而越来越成为现代生活的中心，也正是全球化带来的技术转移激发了城市区域作为所有生产活动基地的地位，无论是制造业，还是服务业，高科技产业还是一般产业。在这些正在进行变化中，地区性的社会组织单位不再是狭义的城市概念，而是城市区域和区域城市网络。

萨森在全球城市与全球城市区域的比较论证中（Sassen，1996）指出两者在范围、内容和竞争力等方面的差异：第一个区别是范围，全球城市区域的范围可能容纳国家更多的经济部门。比如，它可能既包括制造业又包括基础设施行业，这就是它更适合全球化，全球城市更为突出的是作为全球经济的战略构成部分，也就是城市的实力；第二，全球城市似乎更应强调系统化的经济结构：金融和专业化的服务，这有利于产业的积聚；第三，全球城市更趋于成为是经济和空间的增长极，因为与区域相比，它过多地集中了极高或极低收入的就业岗位。

总的来说，全球城市的概念更体现的是实力和不均衡发展。

（1）全球城市区域的世界经济背景

全球现有 300 多个人口超百万的全球城市区域，其中至少 20 个人口超千万的全球城市区域。这些区域有人们熟悉的大都市带，由发达的核心城市占主导地位，像伦敦和墨西哥城；也包括多中心的地理单元，像兰德塔德地区等。无论在何地，这些城市区域都在充满活力地扩张，当进入 21 世纪的时候给研究者和决策者带来一个挑战性的课题。世界经济一体化和城市的快速发展使得传统的规划和政策调到越来越多的问题，一些更加适合的管治方式仍处于试验阶段。

全球城市产出于各种等级互相渗透的区域性经济活动及管理关系：①越来越多大规模

持续的跨国经济活动。随着全球化的推进，更多的冲突和障碍带来各种各样的政治反应和制度建设来应对这些经济网络，其例证是一些国际金融和经济组织的产生，如七国/八国集团、经济合作与发展组织、世界银行、国际货币基金会和WTO等。②很多跨国集团的出现，如欧盟、东盟、APEC等。这些集团同样也是对超越传统的政治界限的国家资本主义泛滥的应对制度。这些集团处于不同的发展阶段，其代表是欧盟。这些集团和公认全球组织相比，由于涉及的只是为数不多的国家而更容易管理。③主权国家和国家经济依然是占统治地位的，但对全球经济的影响力减弱，在全球化的发展态势下，他们越来越不能保护地区的或行业的利益。作为其结果，一些曾为国家的调节行为被一些跨国的因素所吸收，同时，其他功能则衰退到地方或区域的层次。④区域为基础的经济政治组织再次繁荣，这种趋势在一些大的全球城市区域内得以体现。

（2）全球城市区域的社会地理特征

全球城市区域对区域内部的社会地理也有影响，所谓的社会地理包括社会阶层、收入的分配和生活方式。三个方面构成了全球化和经济重组的地域性特征。

第一，全球城市区域的移民带来文化和人口多样性。移民人口总是向巨型城市区域流动，在历史上创造了一些多元文化城市板块性。正如全球化的进程中已经出现了的，日益多元的文化往往带来潜在的危险和建立社会变迁和社会公正的新机遇。

第二，全球城市区域的空间形态的变化。传统的大都市区域总是围绕一或者两个确定的大城市，而今天的城市区域更多表现为多中心或多集群的板块结构（Multiclustered Agglomeration）。上海和珠三角地区是两个比较明显的例证，分别集聚了三千万以上人口的全球城市区域。全球城市区域内出现了越来越多的外围城市和边缘城市，原来远离旧城中心的外围或农村地区已经自主发展成了城市中心。过去明确而不容侵犯的边界已经消失全球化进程和信息化时代之中，城市、郊区、远郊、农村的概念越来越模糊。这是城市区域的复杂而同步进行的去中心和再中心过程。很多原有的中心区域都经历了人口和就业的外流，随后接纳了新移民和新的经济功能。同时，在外围地区又有了新的城市增长点，成为了重新组合的城市群。这样的情况所带来的政治、经济和社会的变化往往是有利有弊。

第三，与上两种现象紧密相关，而且在政治和政策方面更有挑战性，全球化及其经济形势导致了经济、社会和空间贫富差距的扩大。全球化刺激了高收入人群的增长，同时也鼓励了低收入工作的遍布（尤其是在从低收入国家大规模移民的地区）。据报道，九十年代在发达工业国家，无论是在大城市还是在小城市，贫富的差距都有扩大的趋势，而在巨型城市区域，这种分化达到顶峰，因为富人都愿意居住在这里，同时那些贫困线附近的人也在迅速增加。

对这种大城市区域贫富分化现象的任何解释都不能自圆其说。很多分析人士说这种贫富分化是经济快速发展的结果而不是全球化的结果。无论最终结论是什么，与其说是新世纪全球城市区域带来的结果，还不如说是政策层面的结果。在国家政策的层面上似乎总有社会保护和创造就业之间的矛盾。与西欧相比，美国在创造就业方面做得更好，但在社会平等方面就差很多。甚至在欧盟，有一些两者做的都更好的例子，如丹麦和荷兰。在不同的政策环境下，可以互相学习，也可以探讨如何找到折中办法，即在新自由主义和传统的福利体制下找到契合点。

2. 巨型城市地区（Mega-City Region）

虽然戈特曼（J·Gottmann）早在1957年就已经在其关于都市带的先驱研究中最早界定了美国高度城市化的东北海岸为巨型城市区域；马丁 · 莫格里奇（Martin Morgridge）和约翰 · 帕尔（John Parr）证明了伦敦周围地区也有类似的发展，霍尔对这类世界上城市化程度最高的部分进行了综合分析，提出了在全球化背景下新的城市现象，即巨型城市地区的概念。

巨型城市区域在空间和职能上都不是单中心而是多中心的。空间的连绵不断，服务职能的边缘化（如郊区商业中心，迪斯尼），功能相互交织的广域地区，作为一个全新的城市现象，正在当今世界上高度城市化的地区出现，它的出现经历了一个从中心大城市到邻近小城市的漫长的扩散过程。这是一种全新的形式（Hall，2006），由形态上分离但功能上相互联系的10到50个城镇集聚在一个或多个较大的中心城市周围，通过新的劳动分工显示出巨大的经济力量。这些城市既作为广阔的功能性城市区域（FUR）的一部分，它们被高速公路、高速铁路和电信电缆所传输的密集的人流和物流，即“流动空间”连接起来。

（1）东亚的巨型城市区域

在对东亚的巨型城市区域的研究中，霍尔指出了四个方面的特征：①跨国境增长的三角形（Transnational Growth Triangles）利用了不同的生产要素禀赋：香港—华南和新加坡—柔佛洲—廖内群岛，是面向世界市场和全球性经济过程的跨国境发展方式；②外在都市化产生了一个新的城市发展状态，如中国珠三角地区是基于大量劳动力和土地低成本投入的劳动密集型装配制造业类型的出口导向型工业化地区；③麦吉（TG McGee）所定义的城镇—村落（Desakota）模式在人口高密度的城市之间，沿大城市之间的交通走廊以劳动密集型的工业、服务业和其他非农产业迅速发展；④城市的巨型项目（Megaproject），在环太平洋圈类似巴黎德方斯区、伦敦港区（Docklords）、多伦多港区（Harbourplace）等巨大项目大量的甚至不成比例的出现。

亚洲的巨型城市区域是一种新城市形式，而且是跨国规模经济发展新形势的空间表达。把发展理解为经济稳步高速增长和生产系统结构改革相结合，不仅在国内改革而且改革它与国际经济的关系（Castells，1992）。

（2）美国的巨型城市区域

巨型城市并不是亚洲所特有的现象。早在19世纪中叶，美国经济的区域框架就已形成，东北部和中北部是美国经济最发达的地区，虽然国土面积只占全国的11.5%，人口却占全国的50%以上，美国6个百万人口以上的城市有4座分布在这里：纽约、芝加哥、费城和底特律。到1920年，美国城市人口超过50%，其后大都市区的规模和数量急剧增长，大都市区成为“全国所有地区的主要发展模式和社会活动主体”。1940年，美国有一半以上人口居住在大都市区内，1940~1990年大型大都市区优先增长，到1990年，全国有一半以上人口居住在百万人口以上的巨型大都市区内。

根据2005年弗吉尼亚大学的研究报告，2040年之前美国将形成十大大都市密集区

（Megapolitan Areas，简称 Megas，目前已形成 8 个），其定义为人口超过 1000 万的大都市区集聚网络。2004 年，其中居住着 1.97 亿居民，占全美人口的 68%。

（3）欧洲的巨型城市区域 POLYNET

彼得 · 霍尔和考蒂 · 佩因主持下的 POLYNET 项目，为欧洲多中心巨型城市区域可持续发展管理（Sustainsable Management of European Polycentric Mega-City Regions），分析比较了八个欧洲巨型城市区域的功能：英格兰东南部、兰斯塔德、比利时中部、莱茵鲁尔地区、莱茵－美因地区、瑞士北部地区、巴黎地区和大都柏林。他们领导的 8 个研究组的工作采纳了一个基本假设：随着时间的累积，越来越多的居住和就业将分布于最大的中心城市以外，同时其他较小的城市和城镇将变得日益网络化，甚至绕开中心城市直接交换信息，从而使区域表现出更为明显的多中心特征。他们的研究结果修正了很多对区域理解的传统概念：①“形态学上的多中心”（即不同规模的城镇的区域分布状态）与“功能上的多中心”（即信息的流动与空间组织）并不相同，空间上的均衡分布的发展并不能保证在 POLYNET 的巨型城市区域中形成互补性功能的均衡或形成更可持续的发展模式；②平衡的发展，形态上的多中心区域往往与微弱的区域内部功能联系具有相关性，而伦敦的深度全球性集聚产生了区域性功能的多中心，但却与英格兰东南部的不均衡发展具有相关性，因而，巨型城市区域的生长才意味着可持续的增长和社会公平；③可持续的发展，即使具有发达的信息和通讯技术，面对面地交流也应不可或缺，功能和形态的多中心区域发展都产生了公共交通无法有效解决的“十字交叉”的通勤，产生了跨区域的中枢辐射状的区域交通基础设施；④经济竞争，核心城市作为“知识门户”的作用，将它们所处于的巨型城市区域与世界范围的高端服务业相联系，功能性集中是集中国际性高端生产性服务业的集聚经济和全球商务流动的发展是必须和必要的；⑤空间尺度，多中心具有“尺度依赖”的现象，对于欧洲空间发展展望的空间发展政策而言，巨型城市是一个至关重要的空间尺度；⑥可持续的管理，巨型城市区域的尺度很难定义，因为高端生产服务业流是多尺度的，与行政管理和政治边界不一致，因而可持续的管制需要 ESDP 通过鼓励多中心的城市发展来促进“五边形”外不发达地区的增长，但通过八个区域的政策分析表明，空间规划仍然将中心放在物质基础设施上，有必要补充新的经济发展方式和“功能性思考”。

霍尔的巨型城市区域研究涉及了成熟的信息化社会的城市区域与正在形成当中工业后社会的城市区域，两个不同发展阶段的区域历史文化特征，空间形态与功能，发展政策和空间管治的比较，对具有特殊的政治与经济环境的中国区域发展具有借鉴意义。

2.3.3 小结

中国的快速全球化进程在前人关于珠三角的研究基础上，吴志强将其大都市全球理论发展成为 Global-Regions（GR）概念（吴志强，2002；李红卫，吴志强，2006）。李红卫对 Global Region 进行了界定，提出 Global Region 应具备以下两个方面的条件：一方面是区域的规模、作用方面，这决定着区域是否在全球具有一定地位，另一方面则是区域的文化和制度，这是区域的个性，关乎区域长远的发展。

在表现区域规模作用方面，假设 Global-Region 具备以下条件：① Global-Region 是城市密集区，区域尺度至少是一个大都市区以上，人口超过 1000 万，人口密度超过 250 人 /km^2；② Global-Region 是全球枢纽，具有全球性交通航运枢纽、金融中心或某一方面产业中心，控制全球某一方面的资源，对全球城市经济的发展具有重要作用，具体而言，Global-Region 至少应拥有一个以上的世界城市，具有金融中心、国际机场、信息港等功能。

在表现区域文化、制度方面，假设 Global-Region 具备以下条件：① Global-Region 是城盟地区，所谓城盟关系，就是指城盟中的城市通过某种协议或者机构对区域内事物进行协调，全球化为区域管治提出了挑战，原先的科层制的政府失去了对跨地区甚至跨国的区域的有效作用，因此，城市之间基于合作和协调的管治理念的城盟地区开始出现；② Global-Region 是独特文化区，Global-Region 与大都市带不同的是强调区域特色，因为独特文化会使区域具有更强的凝聚力，从另一个角度，Global-Region 不仅仅发挥经济上的全球意义，并且在历史文化方面也有共同的渊源，并且能代表世界城市文化未来的发展方向；③ Global-Region 是扁平化网络结构，随着全球化发展，社会分工体系日益从垂直分工向水平分工转化，城市体系也日益从金字塔形的规模等级结构转为扁平化网络，各城市之间的关系也逐渐由辐射与被辐射转变为互相合作、依存。

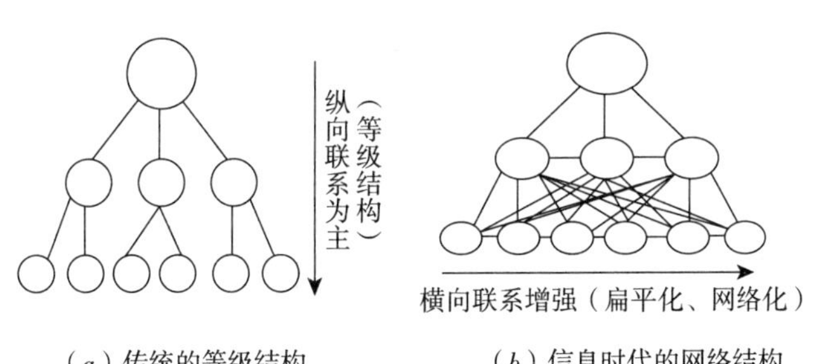

（*a*）传统的等级结构　　（*b*）信息时代的网络结构

图 2-16　区域空间的等级结构与网络结构比较

资料来源：甄峰．信息时代的区域空间结构 [M]. 商务印书馆．2004.

于涛方选取长三角地区、珠三角地区和京津冀地区作为中国比较典型的 GRS 作为实证研究的对象，来进行这三大区域的边界界定研究，同时选取长三角地区为实证对象，来进行 GRS 边界的动态演进研究和演进的动力机制分析（于涛方，2005）。

自 20 世纪 90 年代以来，国内学者进行了城市群、都市圈、都市连绵区、大都市带等方面的区域研究，对中国城市与区域的概念、范围界定、形成机制、规划研究和协调发展等方面展开了研究。在全球化深入发展的背景下，吴志强、李红卫、于涛方分别对中国最具全球化特征的三大区域——长三角、珠三角、京津冀地区，从 GRS 的概念界定、地域边界、动力机制方面进行了实证研究。因此，作为梯队课题研究的组成部分，全球化背景下辽中城市群的研究具有现实意义和必要性。

第3章

辽中城市群的区域空间范围研究

3.1 界定范围、方法

3.1.1 研究范围

综合全省各城市的历史演变、地理特征、区位条件、经济基础以及区域政策等多种因素，并考虑行政区划的完整性，确定研究区域为沈阳、鞍山、抚顺、本溪、锦州、营口、阜新、辽阳、盘锦、铁岭、朝阳、葫芦岛等 12 个地级市，共 84 个市县（区）作为研究对象，总面积 12 万平方公里。

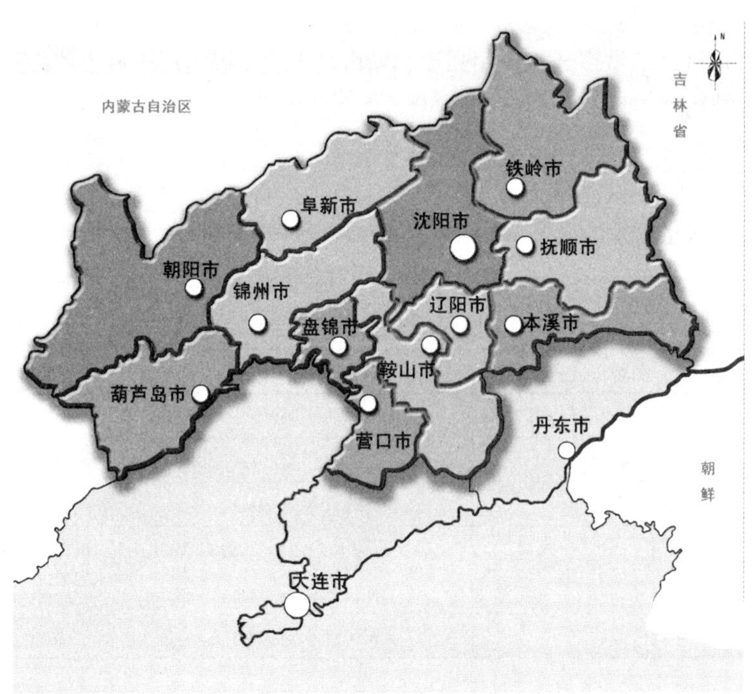

图 3–1 辽宁省 12 城市位置图

3.1.2 界定方法[1]

1. 基于城市职能强度的都市区结构

采用不同县区国民经济行业的就业结构与就业分布数据，并采用各中心城市的行业单位劳动生产率进行加权修订，运用 SPSS 等数理统计软件进行主成分分析，根据各县区主因子得分情况对地理单元的空间聚类，进行都市区空间结构（核心区、外围区）和经济结构类型（高级服务业主导、一般服务业主导、二产主导、一产主导等）的划分。

2. 基于城市经济作用强度的都市区结构

运用 2000 年与 2005 年全省各地级市市区与所辖市县（指县级市，下同）的 GDP、固定资产投资、实际利用外资、工业总产值等数据，运用万有引力原理，测度市区与外围市县的经济作用强度关系，划分不同经济作用强度圈层范围，并据此确定各都市区的外围地

[1] 由于统计周期等原因，本书的部分研究，用 2004 年数据进行分析，并在文中标明了具体时间。

区边界。

3. 基于城市流强度的都市区结构

运用1995年、2000年、2005年全省地级市市区与各市县的城市流强度，以及每个市县各个方向交通流比例分析，确定各地级市市区的“交通流”圈层范围，以此确定各都市区的外围地区边界。

4. 都市区边界的界定

依据城市职能强度的都市区边界结果，结合城市经济作用强度、城市流强度对都市区外围地区的界定，确定辽中城市群各都市区的边界。

5. 区域空间范围的界定

通过各都市区间的城市经济作用强度和城市流强度，确定辽中城市群的区域空间范围及都市区组合结构。

3.1.3 数据来源

1. 城市职能强度数据

人口、产值数据来源 **表3-1**

年份	名称	来源	说明
2000年	国民经济各行业就业人口	第五次人口普查	
	各县区面积	辽宁省统计年鉴2001	
	非农产值比重	辽宁省统计年鉴2001	
2004年	国民经济各行业就业人口	辽宁省第一次经济普查	第一产业就业人口由辽宁省统计年鉴2005修订
	各县区面积	辽宁省统计年鉴2005	
	非农产值比重	辽宁省统计年鉴2005	

2. 城市经济作用强度数据

1995~2005年全省12个地级市、44个县市的GDP、固定资产投资、实际利用外资、工业总产值等数据来源于相关年份的《辽宁省统计年鉴》。

各县（市）区的空间直线距离来自《辽宁省地图册（2006版）》实际测量结果。

3. 城市流强度数据

1995年、2000年、2005年全省各城市、县区之间的公路交通量数据来源于辽宁省交通勘测设计院的监测数据。

3.2 基于城市职能强度的都市区边界

3.2.1 界定方法与步骤

将沈阳、鞍山、抚顺、本溪、锦州、营口、阜新、辽阳、盘锦、铁岭、朝阳、葫芦岛等12个地级市按照行政单元的区、县、县级市类别进行地理单元的详细划分，共划分为

84 个县、市、区，将这些地理单元视为均质区域作为研究对象。

1. 劳动生产率加权修订

针对各城市的功能效率差异，运用城市各自的国民经济行业单位劳动生产率系数（区位商）对就业结构与就业分布进行加权修订，以保证基于研究结论的科学性和真实性。

由于不同城市间存在生产水平和技术革新的差异，同一行业不同城市间的劳动生产率不同，即便同一城市的不同行业间劳动生产率也差别很大。例如 2000 年盘锦、辽阳等城市采矿业的单位劳动生产率特别高，分别是全省平均水平的 3.16 倍和 1.57 倍，但丹东市、葫芦岛市的单位劳动生产率特别低，盘锦市是葫芦岛的 11 倍多（加权系数结果具体见附表 1、附表 2）。

加权系数计算公式如下：

$$K_{ij}=\frac{G_{ij}/P_{ij}}{G_j/P_j} \qquad (3\text{–}1)$$

其中：K_{ij} 为第 i 个县区第 j 行业的加权系数，G_{ij} 为第 i 个县区所在地级市第 j 个国民经济行业产值，P_{ij} 为第 i 个县区所在地级市第 j 个国民经济行业就业人口，G_j 为辽宁省第 j 个国民经济行业产值，P_j 为辽宁省第 j 个国民经济行业就业人口。

2. 构建数据矩阵

采用劳动生产率加权修订过的 84 个县区 2000 年第五次人口普查的 16 个国民经济行业的就业人口，计算出诸县区各行业的就业结构与就业分布，构建 84×32 的数据矩阵；采用劳动生产率加权修订过的 2004 年 84 个县区经济普查的 20 个国民经济行业的就业人口比重和就业密度，构建 84×38[1]的数据矩阵。

3. 空间聚类分析

运用 SPSS 软件，采用主成分分析、聚类等数理统计方法，对 84 个县区的国民经济行业的就业结构与就业分布进行归类，提取主因子，并得出每个主因子在各县区的得分分布情况；根据主因子与各国民经济行业的相关关系，对主因子进行命名，并按经济类型（服务业主导、制造业主导、采矿业主导、农业主导等）进行归类，最后通过各县区的主因子综合得分，并根据各地区实际情况，结合各县区的 GDP、产业结构、就业结构等具体特征，进行都市区空间结构（核心区、外围区、边缘区）和经济结构类型的（高级服务业主导、一般服务业主导、二产主导、一产主导等）划分。

3.2.2 2000 年都市区边界

1. 区域空间类型判断、聚类过程

根据 2000 年国民经济行业分类标准，将全省 84 个县区 16 个行业的就业结构与就业分布构建的 84×32 数据矩阵进行主成分分析，并根据不同主因子所反映出的特征进行命名。

[1] 2000 年国民经济行业分为 16 大类。由于国家统计局于 2002 年颁布了新的《国民经济行业分类（GB/T4754–2002）》国家标准，2004 年的国民经济行业调整为 20 个，但因为“国际组织”缺乏统计数据，所以 2004 年统计的国民经济行业实际为 19 个。

按照“特征根＞1”提取主成分，并采用Varimax旋转，提取可以概括各单元特征的主因子，并得出各个地理单元的主因子得分，并给主因子命名。前5个主因子的累积贡献率高达85.367%，也就是代表了32个行业指标的85%以上特征，其中主因子一的贡献率最大，达到59.236%（表3–2）。表中可见5个主因子和32个关于行业空间分布、行业结构等指标的关系（表3–3）。

总方差分解表（Total Variance Explained） **表 3-2**

主因子序号	原始特征值			主因子提取结果			旋转后的主因子提取结果		
	各主因子特征值	各主因子方差占总方差的比重（%）	自上而下各主因子方差占总方差累计比重（%）	各主因子特征值	各主因子方差占总方差的比重（%）	自上而下各主因子方差占总方差累计比重（%）	各主因子特征值	各主因子方差占总方差的比重（%）	自上而下各主因子方差占总方差累计比重（%）
1	18.96	59.24	59.24	18.96	59.24	59.24	14.79	46.22	46.22
2	3.72	11.63	70.87	3.72	11.63	70.87	5.71	17.85	64.07
3	1.86	5.82	76.69	1.86	5.82	76.69	3.04	9.49	73.56
4	1.59	4.96	81.65	1.59	4.96	81.65	2.12	6.61	80.17
5	1.19	3.72	85.37	1.19	3.72	85.37	1.66	5.19	85.37

提取方法：主成分分析。

旋转后的主因子载荷矩阵（Rotated Component Matrix（a）） **表 3-3**

	主因子载荷				
	1	2	3	4	5
主因子命名	经济活动强度高与高级服务业主导	经济活动强度较高与制造业主导	经济活动强度一般与一般服务业主导	经济活动强度较低与采矿业主导	经济活动强度低与一产主导
农林牧渔业比重	–0.211	–0.590	0.004	–0.029	–0.605
采矿业比重	–0.163	0.102	0.209	0.857	–0.027
制造业比重	0.136	0.851	0.185	0.223	–0.132
电力、煤气及水的生产和供应业比重	0.293	0.667	0.486	0.314	0.069
建筑业比重	0.124	0.775	0.196	0.320	–0.161
地质勘查业、水利管理业比重	0.060	0.336	0.236	0.597	–0.166
交通运输、仓储及邮电通信业比重	0.487	0.500	–0.034	0.422	–0.125
批发和零售贸易、餐饮业比重	0.728	0.523	–0.191	0.164	–0.135
金融保险业比重	0.786	0.396	0.274	0.047	0.083
房地产业比重	0.097	0.732	0.144	–0.166	0.350
社会服务业比重	0.623	0.656	–0.177	0.150	0.015
卫生、体育和社会福利业比重	0.526	0.534	0.525	0.074	0.122
教育、文化艺术及广播电影电视业比重	0.785	0.437	0.057	0.121	–0.038
科学研究和综合技术服务业比重	0.647	0.306	0.631	0.082	0.064
国家机关、政党机关和社会团体比重	0.383	0.643	0.361	–0.023	0.178
其他行业比重	0.353	0.001	–0.236	0.566	0.284
农林牧渔业密度	–0.166	0.064	–0.107	0.033	–0.871

续表

	主因子载荷				
	1	2	3	4	5
主因子命名	经济活动强度高与高级服务业主导	经济活动强度较高与制造业主导	经济活动强度一般与一般服务业主导	经济活动强度较低与采矿业主导	经济活动强度低与一产主导
采矿业密度	0.276	0.315	0.806	0.333	0.065
制造业密度	0.769	0.449	0.209	–0.005	0.090
电力、煤气及水的生产和供应业密度	0.838	0.260	0.407	0.036	0.116
建筑业密度	0.845	0.366	0.275	0.043	0.079
地质勘查业、水利管理业密度	0.825	0.145	0.187	0.136	0.047
交通运输、仓储及邮电通信业密度	0.946	0.159	0.068	0.059	0.087
批发和零售贸易、餐饮业密度	0.959	0.127	–0.045	0.043	0.075
金融保险业密度	0.959	0.088	0.186	0.038	0.093
房地产业密度	0.805	0.348	0.314	–0.089	0.206
社会服务业密度	0.963	0.169	–0.016	0.036	0.090
卫生、体育和社会福利业密度	0.878	0.190	0.402	0.008	0.127
教育、文化艺术及广播电影电视业密度	0.971	0.126	0.063	0.043	0.092
科学研究和综合技术服务业密度	0.873	0.086	0.430	0.042	0.098
国家机关、政党机关和社会团体密度	0.872	0.237	0.356	–0.024	0.137
其他行业密度	0.943	0.000	–0.059	0.119	0.073

提取方法：主成分分析。
旋转方法：使用最大方差法旋转，经过 11 次迭代收敛。

（1）第一主因子：经济活动强度高与高级服务业为主导

第一主因子中非农行业就业人数密度的贡献率较高，反映了城市的经济活动强度高，尤其是非农经济活动强度高，对经济活动的空间密度以及部分对区位条件要求极强的生产服务业，如教育文化艺术及广播电影电视业（密度 0.971）、社会服务业（密度 0.963）、金融保险（密度 0.959）、房地产业（密度 0.805）等，一定程度上反映了核心区域功能，体现的是“经济活动强度高与高级服务业主导”的地域特征。其中与生产性服务业高度相关的第二产业，如建筑业（密度 0.845）、制造业（密度 0.769）等得分也较高。

通过对因子得分的空间分布研究发现，第一主因子得分具有较强的空间集聚特征，主要集中在区域经济发达的特大城市市区，如沈阳的沈河区、和平区等，抚顺的新抚区，辽阳的白塔区，铁岭的铁东区、铁西区等。这些县区主要分布在沈大沿线地区，而辽西地区和东部地区的各县区得分较少。

（2）第二主因子：经济活动强度较高与制造业主导

第二主因子的各产业密度和产业比重得分都低于第一主因子，且得分高的行业主要分布在制造业（比重 0.851），其次是与制造业密切相关的建筑业（比重 0.775）、房地产业（比重 0.732）、社会服务业（比重 0.656）等二三产业，在一定程度上反映了区域的次核心功能，体现的是“经济活动强度较高与制造业主导”的地域特征。

该主因子的空间分布主要集中在经济发展水平高的中心城市外围城区和经济发展水平较高城市的市区部分，如沈阳市的大东区、铁西区、东陵区、于洪区、苏家屯区，而作为最发展水平最高的沈河区、和平区则得分很低。辽阳市的宏伟区、鞍山市的铁西区和立山区，营口的西市区、盘锦市的双台子和兴隆台区，葫芦岛的龙港区等该主因子得分也较高。

（3）第三主因子：经济活动强度一般与一般服务业主导

第三主因子的产业密度和产业比重得分进一步降低，得分较高的行业主要集中在采矿业（密度 0.806）、科学研究和综合技术服务业（比重 0.631）、卫生体育和社会福利业（比重 0.525）、电力煤气及水的生产和供应业（比重 0.486）等。

该主因子的空间分布进一步向发达地区外围扩散，主要分布在中心城市的外围郊区、郊县。如盘锦的盘山县、抚顺县、铁岭县、开原市、昌图县、岫岩县、台安县等。

（4）第四主因子：经济活动强度较低与采矿业主导

第四主因子得分较高的指标是采矿业（比重 0.857）、采矿业（密度 0.333）以及与其密切相关的地质勘查业水利管理业（比重 0.597），反映的是资源型城市的特征，体现的是“经济活动强度较低与采矿业主导”特征。

该主因子得分高的县区主要分布在沈阳市的苏家屯、新城子区，本溪市的南芬区，鞍山市的千山区，辽阳市的弓长岭区，盘锦市的兴隆台区，葫芦岛的南票区等矿产资源丰富，采矿业发达的县区。

（5）第五主因子：经济活动强度低与一产主导

第五主因子得分较高的指标是农林牧渔业，是农业特征最显著的地区，体现的是“经济活动强度低与一产主导”这一非都市特征。该主因子得分高的县区主要分布在西部的阜新市、朝阳市等县区。

（6）综合得分：各主因子贡献率加权结果

由于各主因子的贡献率不同，所以反映 20 个国民经济行业的就业结构和就业分布特征的显著性存在差异，对各主因子进行贡献率加权后的综合得分可以综合反映出不同县区的发展水平。综合得分高的区域，反映的是核心区域功能显著，随着综合得分降低，区域在都市区的层次也会依次降低，直至到非都市地区。沈阳的沈河区、和平区、大东区、铁西区、皇姑区，抚顺市的新抚区，鞍山市的铁西区、铁东区、立山区，辽阳市的白塔区等都是得分最高的区域，反映的是都市核心区的都市功能（图 3–2）。

2. 各县区空间类型划分

根据各主因子与国民经济行业的相关关系、各县区主因子得分情况以及主因子得分聚类结果（图 3–3），辽中城市群空间结构类型可划分为 4 大类、9 亚类（表 3–4）。

在对各县区的主因子得分及综合得分进行叠加、综合研究后，基于就业结构和就业

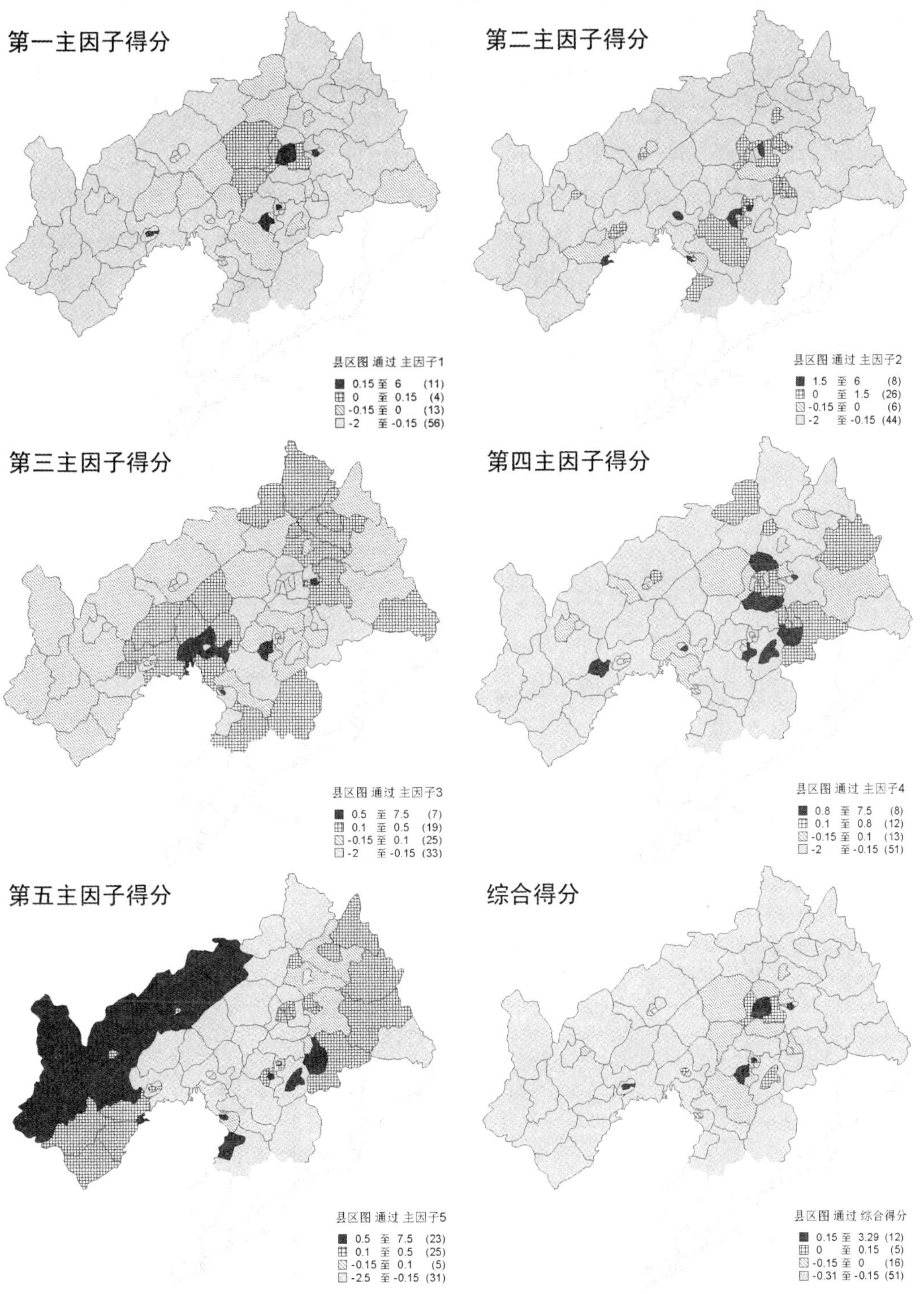

图 3-2 2000 年各县区主因子得分

注：图例括号内为同级别县区数量，下同

图 3-3　2000 年各县区主因子得分聚类

分布的空间结构类型如图所示（图 3-4）。可以看出，2000 年沈阳都市区的空间范围较大，市内 9 区全部纳入都市核心区范畴；其次是鞍山市，其县级市海城市的发展水平较高，也已经纳入了都市区范围；铁岭则形成了三块相互独立的飞地，这是由于中心城区不够发达，清河区与中心城区在空间上出现跳跃，调兵山市是独立工矿，发展模式较为特殊。除此以外，其他城市的都市区主要集中于中心城区，甚至是中心城区中个别发展水平相对较低的区都没能成为都市核心区，如营口市的老边区、阜新市的清河门区、葫芦岛的连山区等。

都市区结构类型划分　　　表 3-4

大类	亚类	主导主因子
核心地域	高级服务业主导	1
	制造业主导	2
次核心地域	一般服务业主导	3、1
	制造主导	2
	采矿业主导	4
外围地域	一般服务业主导	3、1
	制造主导	2
	采矿业主导	4
边缘地域	一产主导	5 及其他分值较低主因子

图 3-4　2000 年辽中城市群都市区空间结构类型

3. 都市区边界

通过辽中城市群都市区空间结构类型，得出基于城市职能强度的都市区结构（表 3–5）。

2000 年辽中都市区内部结构　　表 3-5

大类	亚类	地区
核心地域	高级服务业主导（11 个）	沈阳市：和平区、沈河区、大东区、皇姑区、铁西区 抚顺市：新抚区 鞍山市：铁东区、铁西区 辽阳市：白塔区 锦州市：古塔区、凌河区
	制造业主导（9 个）	沈阳市：东陵区、于洪区 鞍山市：立山区 营口市：站前区、西市区 辽阳市：宏伟区、文圣区 盘锦市：双台子 葫芦岛：龙港区
次核心地域	一般服务业主导（2 个）	抚顺市：顺城区 阜新市：细河区
	制造业主导（5 个）	抚顺市：望花区 本溪市：平山区、明山区 阜新市：海州区 辽阳市：太子河区
	采矿业主导（5 个）	沈阳市：苏家屯区、新城子区 鞍山市：千山区 抚顺市：东洲区 盘锦市：兴隆台
外围地区	一般服务业主导（2 个）	阜新市：太平区 铁岭市：清河区
	制造业主导（6 个）	鞍山市：海城市 本溪市：溪湖区 锦州市：太和区 营口市：鲅鱼圈区 铁岭市：银州区 朝阳市：双塔区
	采矿业主导（2 个）	辽阳市：弓长岭 铁岭市：调兵山市
边缘地区	（42 个）	其他县区

3.2.3　2004 年都市区边界

1. 区域空间类型判断、聚类过程

根据 2004 年国民经济行业分类标准，将 84 个县区除“国际组织”外的 19 个行业的就业结构与就业分布构建的 84 × 38 数据矩阵进行主成分分析，并根据不同主因子的所反映出的特征进行命名。

总方差分解表（Total Variance Explained） **表 3-6**

主因子序号	原始特征值			主因子提取结果			旋转后的主因子提取结果		
	各主因子特征值	各主因子方差占总方差比重（%）	自上而下各主因子方差占总方差累计比重（%）	各主因子特征值	各主因子方差占总方差比重（%）	自上而下各主因子方差占总方差累计比重（%）	各主因子特征值	各主因子方差占总方差比重（%）	自上而下各主因子方差占总方差累计比重（%）
1	18.35	48.28	48.28	18.35	48.28	48.28	8.18	21.53	21.53
2	4.50	11.84	60.12	4.50	11.84	60.12	7.80	20.52	42.04
3	2.33	6.13	66.25	2.33	6.13	66.25	7.55	19.88	61.92
4	2.18	5.72	71.97	2.18	5.72	71.97	2.45	6.44	68.36
5	1.76	4.62	76.59	1.76	4.62	76.59	2.28	6.01	74.36
6	1.44	3.80	80.39	1.44	3.80	80.39	1.77	4.65	79.01
7	1.17	3.08	83.47	1.17	3.08	83.47	1.69	4.46	83.47

提取方法：主成分分析。

按照“特征根 > 1”提取主因子，并采用 Varimax 旋转，提取可以概括各单元特征的主因子，并得出各个地理单元的主因子得分，并给主因子命名。通过主成分分析，提取前 7 个主因子，反映出所有 38 个行业的 83.46% 的特征（表 3–6）。表中可见 7 个主因子与 38 个行业空间分布、行业结构比重的关系（表 3–7）。

旋转后的主因子载荷矩阵（Rotated Component Matrix（a）） **表 3-7**

	主因子载荷						
	1	2	3	4	5	6	7
主因子命名	经济活动强度高与一般服务业及文化商务主导	经济活动强度高与金融贸易建筑业主导	经济活动强度高与信息服务及能源产业主导	经济活动强度较高与制造业主导	经济活动强度较高与交通运输主导	经济活动强度一般与一产主导	经济活动强度一般与采矿业主导
农、林、牧、渔业比重	–0.208	–0.134	–0.075	–0.322	–0.491	–0.553	–0.179
采矿业比重	–0.027	–0.122	–0.078	–0.040	–0.174	0.177	0.797
制造业比重	0.014	0.055	–0.087	0.763	0.162	0.074	–0.107
电力、燃气及水的生产和供应比重	0.171	0.195	0.851	0.013	0.300	–0.012	0.057
建筑业比重	–0.042	0.741	0.022	0.365	0.244	0.060	0.049
交通运输、仓储和邮政业比重	0.155	0.129	–0.007	0.158	0.547	0.077	–0.221
信息传输、计算机服务和软件业比重	0.202	0.040	0.866	0.097	0.027	–0.148	–0.044
批发和零售业比重	–0.051	0.263	–0.019	0.060	0.800	0.069	0.278
住宿和餐饮业比重	0.376	0.679	0.346	0.091	0.348	0.059	0.048
金融业比重	0.275	0.788	–0.027	–0.223	0.335	0.096	–0.043
房地产业比重	0.726	0.317	0.160	0.327	0.267	0.041	–0.102
租赁和商务服务业比重	0.735	0.299	0.225	0.294	0.232	0.035	0.043

续表

	主因子载荷						
	1	2	3	4	5	6	7
主因子命名	经济活动强度高与一般服务业及文化商务主导	经济活动强度高与金融贸易建筑业主导	经济活动强度高与信息服务及能源产业主导	经济活动强度较高与制造业主导	经济活动强度较高与交通运输主导	经济活动强度一般与一产主导	经济活动强度一般与采矿业主导
科学研究、技术服务和地质勘查业比重	0.492	0.768	0.178	0.032	–0.025	–0.105	–0.031
水利、环境和公共设施管理业比重	0.318	0.398	0.062	0.565	0.129	–0.250	0.150
居民服务和其他服务业比重	0.622	0.026	0.192	0.117	0.393	–0.131	0.021
教育比重	–0.148	0.751	–0.065	0.363	–0.132	–0.103	–0.041
卫生、社会保障和社会福利业比重	0.589	0.130	0.294	0.471	0.241	–0.109	0.032
文化、体育和娱乐业比重	0.821	0.234	0.147	0.128	0.030	–0.042	0.040
公共管理和社会组织比重	0.402	0.755	0.183	0.192	0.099	–0.207	0.011
农、林、牧、渔业密度	0.005	–0.097	–0.030	0.006	–0.082	–0.794	–0.161
采矿业密度	–0.010	0.104	0.016	–0.047	0.242	0.030	0.812
制造业密度	0.359	0.154	0.183	0.609	–0.062	0.420	–0.126
电力、燃气及水的生产和供应业密度	0.199	0.134	0.961	0.014	–0.005	0.043	0.002
建筑业密度	0.481	0.569	0.539	0.084	.043	0.240	–0.032
交通运输、仓储和邮政业密度	0.315	0.837	0.141	–0.052	0.199	0.171	0.019
信息传输、计算机服务和软件业密度	0.164	0.047	0.972	0.030	–0.047	0.020	–0.008
批发和零售业密度	0.580	0.249	0.740	–0.021	–0.001	0.160	–0.024
住宿和餐饮业密度	0.165	0.665	0.357	–0.077	0.372	0.094	0.322
金融业密度	0.600	0.636	0.133	–0.311	0.045	0.152	–0.043
房地产业密度	0.561	0.626	0.380	0.026	0.055	0.250	–0.097
租赁和商务服务业密度	0.685	0.285	0.642	–0.028	–0.036	0.132	–0.046
科学研究、技术服务和地质勘查业密度	0.671	0.254	0.660	–0.076	–0.048	0.123	–0.045
水利、环境和公共设施管理业密度	0.478	0.676	0.417	0.158	–0.089	0.235	–0.070
居民服务和其他服务业密度	0.735	0.312	0.535	–0.099	–0.044	0.146	–0.053
教育密度	0.720	0.163	0.620	0.122	–0.039	0.124	–0.016
卫生、社会保障和社会福利业密度	0.204	0.791	0.352	0.213	0.036	0.219	–0.065
文化、体育和娱乐业密度	0.788	0.216	0.524	–0.059	–0.077	0.100	–0.020
公共管理和社会组织密度	0.619	0.266	0.709	–0.042	–0.023	0.130	–0.033

提取方法：主成分分析。
旋转方法：使用最大方差法旋转，经过 9 次迭代收敛。

（1）第一、二、三主因了：经济活动强度高与服务业及建筑业和能源产业主导

第一、二、三主因子与各行业的相关数据的得分都较高，一般服务业和高级服务业同时出现，但仍以一般服务业为主导，主要集中在文化体育和娱乐业、租赁和商务服务业、

金融业、交通运输业、批发零售业、科学研究技术和地质勘查业、房地产业、电力燃气及水的生产和供应业等行业，反映了经济活动强度高的核心区域功能，其中与服务业高度相关的建筑业、电力燃气及水的生产和供应业得分也相对较高。所以前三个主因子体现的是“经济活动强度高与服务业及建筑业和能源产业主导”的地域特征。

前三个主因子得分较高的区域主要集中在经济实力强、发展水平高的特大城市中心城区，如沈阳市的沈河区、和平区、大东区、铁西区和皇姑区，抚顺市的新抚区，鞍山市的立山区和铁东区，辽阳市的白塔区，盘锦市的古塔区和凌河区等。

（2）第四主因子：经济活动强度较高与制造业主导

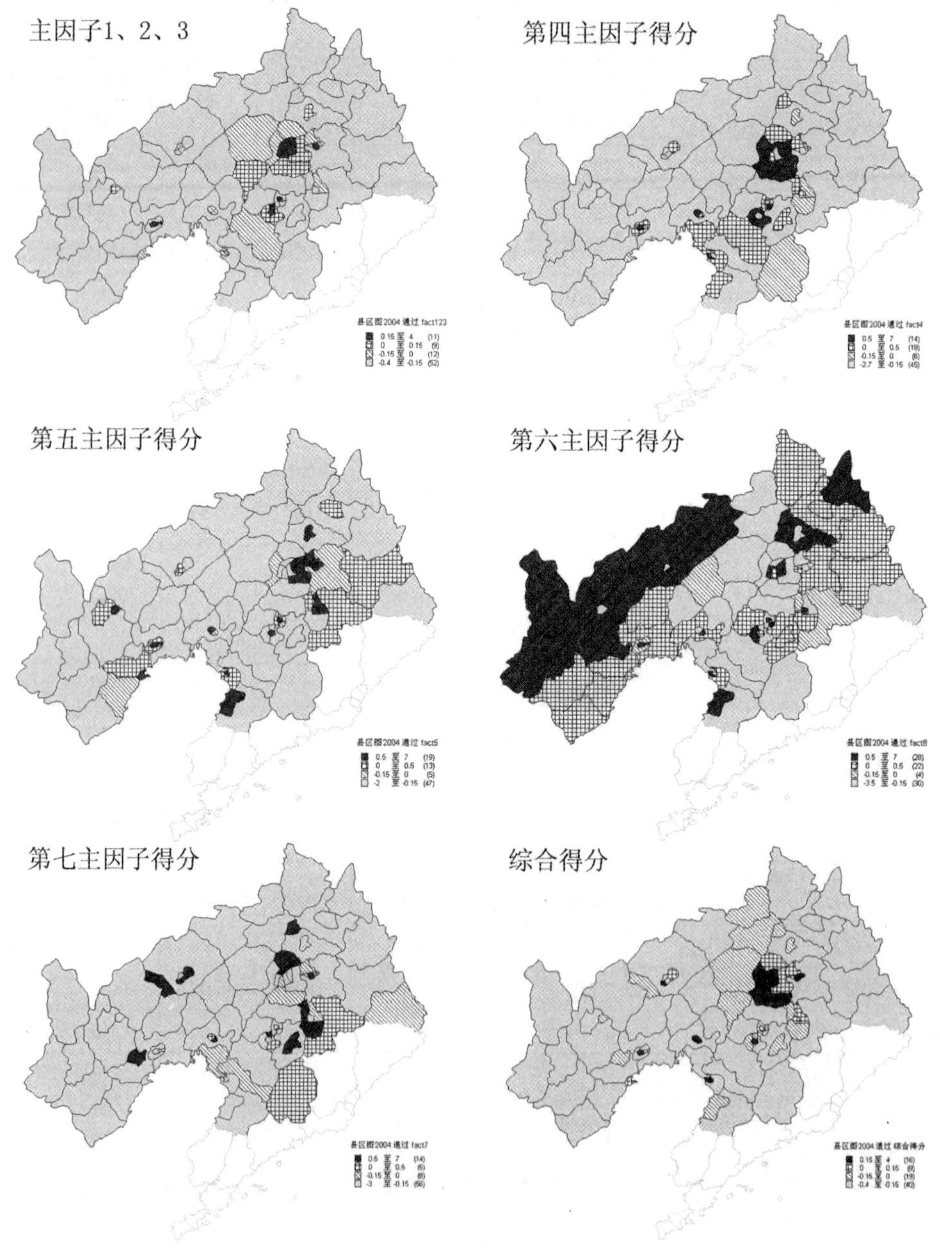

图 3-5　2004 年各县区主因子特征得分

第四主因子得分最高是制造业（比重 0.763，密度 0.609），而其他行业得分较低，反映的是制造业主导的经济特征，体现的是“经济活动强度较高与制造业主导”的地域特征。

该主因子得分较高的区域主要集中在沈阳市的铁西区、皇姑区、大东区、东陵区、于洪区和苏家屯区，鞍山市的立山区、铁西区、千山区，辽阳市的宏伟区，营口的西市区，盘锦市的双台子区，葫芦岛的古塔区等制造业发达的县区。

（3）第五主因子：经济活动强度较高与一般服务业主导

第五主因子得分最高的是批发和零售业（比重 0.800）、交通运输仓储和邮政业（比重 0.547）等传统服务行业，其他行业得分较低，体现的是“经济活动强度较高与一般服务业主导”的地域特征。

该主因子得分较高的区域主要集中在中心城市的外围城区，如抚顺市的东洲区、新抚区、望花区、顺城区，营口的鲅鱼圈区、站前区，本溪的明山区、平山区，锦州的古塔区、凌河区，盘锦市的双台子区等。

（4）第六主因子：经济活动强度一般与一产主导

第六主因子得分最高（绝对值）的行业是农林牧渔（比重 -0.553）和农林牧渔（密度 -0.794），其他行业得分较低，体现的是“经济活动强度一般与一产主导”的经济特征。

该主因子得分的空间分布呈现出明显的地带性，分为东、中、西三个部分。其中西部最高，东部次之，中部最低。

（5）第七主因子：经济活动强度一般与采矿业主导

第七主因子得分最高的行业是采矿业（密度 0.812）和采矿业（比重 0.797），体现的是“经济活动强度一般与采矿业主导”的经济特征。

该主因子得分较高的区域集中在抚顺市的新抚区，盘锦市的兴隆台区，铁岭市的调兵山市，阜新市的海州区、新邱区、太平区，本溪市的溪湖区、南芬区，辽阳市的弓长岭区，沈阳市的新城子区，盘锦市的南票区等。

2. 各县区空间类型划分

根据各主因子的行业得分分布情况、各县区主因子得分情况（图 3-5）和主因子得分聚类结果（图 3-6），

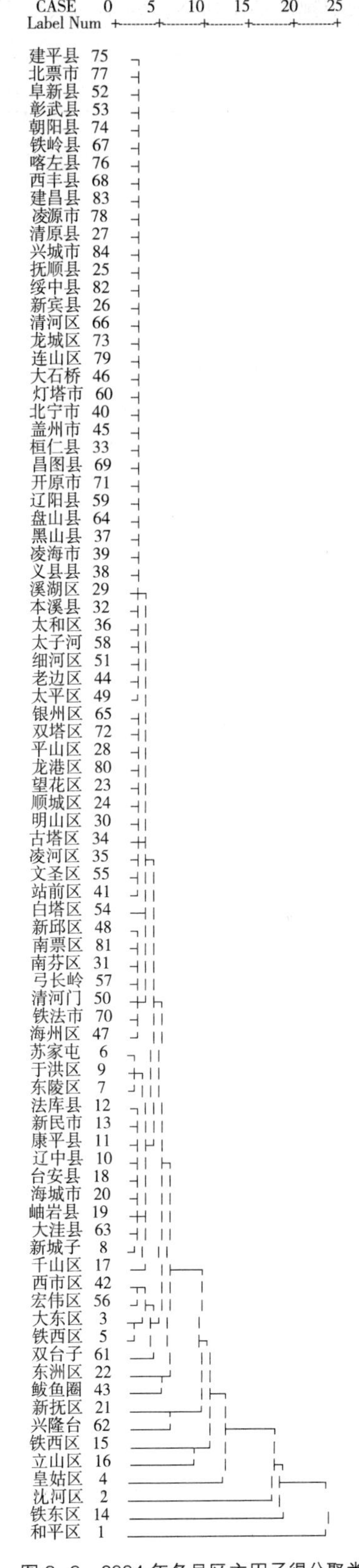

图 3-6　2004 年各县区主因子得分聚类

辽中城市群都市区空间结构类型可划分为 4 大类、9 亚类（表 3–8）。

都市区结构与主导主因子 **表 3-8**

大类	亚类	主导主因子
核心地域	服务业主导	1、2、3
	制造业主导	4
次核心地域	一般服务业主导	5、1、2、3
	制造业主导	4
	采矿业主导	7
外围地域	一般服务业主导	5、1、2、3
	制造业主导	4
	采矿业主导	7
边缘地域	一产主导	6 及其他分值较低主因子

在对各县区的主因子得分及综合得分进行叠加、综合研究后，基于就业结构和就业分布的空间结构类型（图 3–7），可以看出，2004 年每个都市区的空间范围都很大，区域呈现出连绵的趋势。新民、辽中、海城市、大石桥等众多县级城市进入到都市区外围地区，甚至是核心区范畴。但总体来看，仍然是以沈阳、鞍山、营口等沈营城镇密集地区为主，都市区空间范围较大，结构类型较为完整，出现了核心区—外围区—边缘区的圈层过渡；而西部的阜新、朝阳等都市区仍以市区为主，空间范围较小。

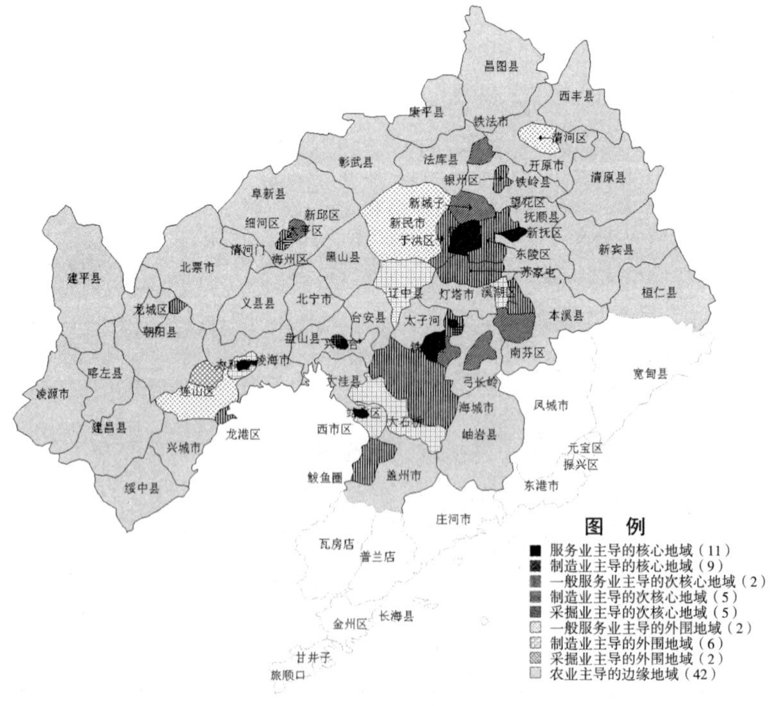

图 3–7　2004 年辽中城市群都市区空间结构类型

3. 都市区边界

通过对基于就业结构与就业分布的都市区空间边界的分析结果，可以看出，整个辽中城市群除了新民市、辽中县、海城市、大石桥市、调兵山市外，都市区空间范围主要集中在中心城区。都市核心区都是经济发展水平较高的市区，部分市区由于经济结构类型和发展水平较低，被划为都市外围区，其他县区则被划入边缘区（表 3–9，图 3–7）。

2004 年辽中城市群都市区结构　　表 3-9

大类	亚类	地区
核心地域	服务业主导（18 个）	沈阳市：和平区、沈河区、大东区、皇姑区、铁西区 鞍山市：铁东区、铁西区、立山区 抚顺市：新抚区、东洲区、望花区 锦州市：古塔区、凌河区 营口市：站前区、西市区 辽阳市：白塔区、文圣区 盘锦市：兴隆台
	制造业主导（4 个）	辽阳市：宏伟区 盘锦市：双台子 沈阳市：东陵区、于洪区
次核心地域	一般服务业主导（12 个）	沈阳市：苏家屯区 抚顺市：顺城区 本溪市：平山区、明山区 营口市：鲅鱼圈区 辽阳市：太子河区 铁岭市：银州区 朝阳市：双塔区 葫芦岛：龙港区 阜新市：海州区、细河区
	制造业主导（1 个）	阜新市：太平区
	采矿业主导（6 个）	沈阳市：新城子区 鞍山市：千山区 本溪市：南芬区 阜新市：新邱区 辽阳市：弓长岭 铁岭市：调兵山市
外围地域	一般服务业主导（3 个）	沈阳市：新民市 铁岭市：清河区 葫芦岛：连山区
	制造业主导（5 个）	沈阳市：辽中县 鞍山市：海城市 本溪市：溪湖区 锦州市：太和区 营口市：老边区、大石桥市
	采矿业主导（1 个）	葫芦岛市；南票区
边缘地域	（34 个）	其他县区

3.3 基于城市经济作用强度的都市区边界

中心城市既对其腹地范围内的次位城市和区域具有吸引力和辐射能力，同时也受到腹地以外更高等级城市和发达区域的吸引和辐射带动作用。城市与城市、城市与区域之间的这种联系包括经济、政治、社会、文化联系等，其中经济相互作用关系是最基本的联系[1]。区域内城市间存在着这种相互作用力，具体表现为一个城市的辐射力和另一个城市的接受力，可以借用经济作用强度指标进行测度。

由于 GDP、固定资产投资、实际利用外资和工业总产值四个指标分别代表了辽中城市群不同城市的总体实力、发展潜力、经济外向度和生产能力等特征，可以比较全面地反映出全球化背景下区域内各城市的发展状况与水平；同时，对 4 个指标加以综合后的综合作用强度可以考察四个指标对城市的共同作用效果。为与城市流强度的研究一致，研究范围包括全省 14 个地级市，共计 44 个市县（指县级市，下同）。

3.3.1 界定方法与步骤

1. 单质量要素的经济作用强度测定方法

经济动力学中的经济引力论认为，“万有引力原理也适用于经济联系，即城市间的经济联系也存在着相互吸引的规律性”。著名地理学家塔费认为“经济作用强度同它们的人口乘积成正比，同它们之间距离的平方成反比”。据此，构建单质量要素的引力公式，如下：

$$T_{ij} = k\frac{N_i N_j}{R_{ij}^{\ 2}} \tag{3-2}$$

这里 T_{ij} 代表从 i 城市到 j 城市的要素流，亦即 i 城市与 j 城市之间的经济作用强度；k 是为了标准化所必需的一个比例常数；N_i、N_j 分别为代表 i 城市和 j 城市“质量”要素，由 GDP、固定资产投资、外资、工业总产值等四项分别构成；R_{ij} 为城市间的空间直线距离。

2. 综合经济要素的经济作用强度（合力）测定方法

城市之间的相互作用关系是多个“质量”要素共同作用的综合结果，亦即合力的作用。本研究采用了 GDP、固定资产投资、外资、工业总产值等四项“质量”要素分别计算了经济作用强度，为测度城市之间的综合强度，构建如下公式，计算由 GDP、固定资产投资、外资、工业总产值等四项“质量”要素构成的综合引力公式：

$$\begin{aligned} F_{ij} &= \frac{\sqrt[4]{N_{i1}N_{i2}N_{i3}N_{i4}} \times \sqrt[4]{N_{j1}N_{j2}N_{j3}N_{j4}}}{R_{ij}^{2}} \\ &= \sqrt[4]{\frac{N_{i1}N_{i2}N_{i3}N_{i4} \times N_{j1}N_{j2}N_{j3}N_{j4}}{R_{ij}^{8}}} \end{aligned} \tag{3-3}$$

[1] 朱英明 . 城市群经济空间分析 [M]. 科学出版社 .2004.

$$=\sqrt[4]{\frac{N_{i1}N_{j1}\times N_{i2}N_{j2}\times N_{i3}N_{j3}\times N_{i4}N_{j4}}{R_{ij}^2\times R_{ij}^2\times R_{ij}^2\times R_{ij}^2}}$$

$$=\sqrt[4]{\frac{N_{i1}N_{j1}}{R_{ij}^2}\times\frac{N_{i2}N_{j2}}{R_{ij}^2}\times\frac{N_{i3}N_{j3}}{R_{ij}^2}\times\frac{N_{i4}N_{j4}}{R_{ij}^2}}$$

其中 F_{ij} 代表 i 城市和 j 城市之间的综合引力，N_{i1}、N_{i2}、N_{i3}、N_{i4} 为 i 城市的四个质量要素的质量，N_{j1}、N_{j2}、N_{j3}、N_{j4} 分别为 j 城市的四个质量要素的质量，R_{ij} 代表 i 城市与 j 城市之间的空间直线距离。根据公式 3-3，可以得出公式 3-4：

$$F_{ij}=\sqrt[4]{T_{ij1}\times T_{ij2}\times T_{ij3}\times T_{ij4}} \tag{3-4}$$

其中公式中的 F_{ij} 代表意义同公式 3.3，T_{ij1}、T_{ij2}、T_{ij3}、T_{ij4} 分别为 i 城市和 j 城市之间四个质量要素的“引力”。

3. 数据的标准化

为实现不同“质量”要素之间的横向对比和各质量要素的时间序列的纵向可比性，并消除量纲影响，在进行综合引力计算前首先需要对各城市之间的单质量要素的引力指标进行标准化处理。

本研究为增强时间序列的可比性，对比不同年份的城市间经济作用强度在整个研究区域的地位消长关系，采用总和标准化方法进行标准化。公式如下：

$$T_{ij1}^{'}=\frac{T_{ij1}}{\sum T_1} \tag{3-5}$$

其中 T_{ij1}' 为 j 城市与 i 城市第 1 个质量要素的经济作用强度标准化结果，T_{ij1} 为 j 城市与 i 城市第 1 个质量要素的经济作用强度原始结果，$\sum T_1$ 为所有城市两两之间第 1 个质量要素引力之和，以此类推。

3.3.2　经济作用强度分析

辽宁省 14 个地级市市区、44 个市县，研究结果中城市间的经济作用强度将涉及的 616 个城市对。由于地级市市区间、市县间的指标数值差别较大，可以预测分析后的经济作用强度差别将更加巨大。为突出重点，强化特征，根据不同城市的指标数值与空间分布等特征，首先进行筛选，重点分析与市区空间距离较近、指标数值较大的市县；并将两城市间相互作用强度设定大于一定“门槛”值。本研究在综合考察各指标要素的具体特征后，根据实际研究结果的分布情况，确定了 GDP、固定资产投资、实际利用外资和工业总产值的引力门槛分别为 1 亿元 ^{2}/km^2、1 亿元 ^{2}/km^2、1 万美元 ^{2}/km^2、3 亿元 ^{2}/km^2，综合经济作用强度不设定门槛值。

1.GDP 作用强度分析

2000 年和 2005 年全省 14 个地级市市区与各市县的 GDP 作用强度显示（图 3-8，表 3-10 和表 3-11），2005 年相对于 2000 年，进入门槛的市县数量由 67 个增至 121 个，将引力按强度分为五个级别，增加最快的是第一、第三级城市，表明整个研究区域内不同城市间的 GDP 作用强度明显加强，且大城市市区和市县间的经济联系增长显著，辽中城市群以

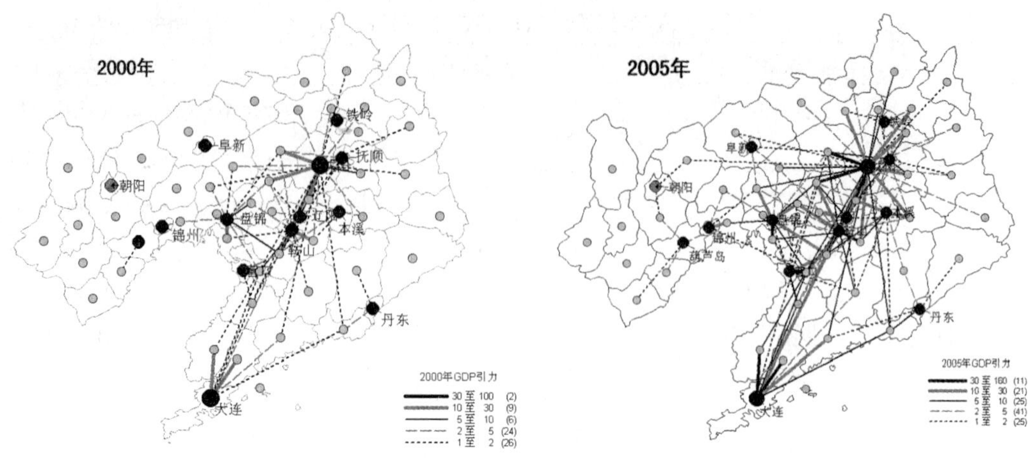

图 3-8　各市区与市县间 GDP 经济作用强度分布图

注：图例括号内为该级别城市数量，下同

沈阳、鞍山、营口和盘锦四个城市为中心，形成了区域经济作用网络化发展趋势；县级市通常都受到多个地级市市区的作用，其中经济实力较强的海城市和大石桥市由于空间上位于地级市市区密集的沈营城镇密集轴线上，所以与沈阳、鞍山、营口等城市的相互联系都很强；其次，灯塔市位于沈阳和辽阳市之间，受到两个城市的强烈作用，但由于沈阳的城市能级远远高于辽阳，所以，从 GDP 作用强度所反映出的特征来看，灯塔市受到沈阳市的辐射强度远大于辽阳市；而其他市县，如本溪县、抚顺县等则由于自身能级相对较低、偏离城市密集区等原因与地级市市区的相互作用不强。

2000 年中心城市 GDP 作用强度关系　　　　表 3-10

城市	最紧密	较紧密	一般紧密	备注
沈阳市区	新民市、灯塔市、辽中县、海城市	调兵山市、黑山县、开原市、本溪县、法库县、辽阳县、抚顺县	新宾县、北镇市、东港市、庄河市、昌图县、瓦房店市、清原县、盖州市	最紧密 >10；较紧密 2–10；一般紧密 1–2
抚顺市区	—	新民市、抚顺县	灯塔市、海城市、辽中县	
本溪市区	—	海城市、灯塔市、本溪县	辽阳县	
鞍山市区	海城市、辽阳县	新民市、台安县、辽中县、大石桥市、灯塔市	岫岩县、大洼县、盖州市	
辽阳市区	—	辽阳县、灯塔市	辽中县、海城市	
营口市区	大石桥市	海城市	盖州市	
盘锦市区	—	凌海市、大石桥市、辽中县、北镇市、台安县、海城市	黑山县、新民市	
锦州市区	盘山县、大洼县	凌海市	—	
阜新市区	—	—	—	
铁岭市区	—	—	调兵山市	
朝阳市区	—	—	—	
葫芦岛市区	—	—	兴城市	
合　计	9	27	22	

2005 年中心城市 GDP 作用强度关系　　　　表 3-11

城市	最紧密	较紧密	一般紧密	备注
沈阳市区	新民市、灯塔市、辽中县、海城市、抚顺县、辽阳县、法库县、铁岭县、开原市、本溪县	黑山县、昌图县、庄河市、东港市、瓦房店市、调兵山市、北镇市、康平县、新宾县、清原县、盖州市、桓仁县、彰武县	阜新县、西丰县、北票市	
抚顺市区	—	抚顺县、新民市、铁岭县、灯塔市、海城市、辽中县、开原市、本溪县、辽阳县	大石桥市、调兵山市、新宾县	
本溪市区	本溪县、灯塔市	辽阳县、海城市、凤城市、新民市、辽中县、大石桥市、抚顺县	东港市、岫岩县	
鞍山市区	海城市、辽阳县、灯塔市、大石桥市、辽中县、台安县	新民市、岫岩县、大洼县、盖州市、盘山县、黑山县、本溪县、北镇市	—	
辽阳市区	灯塔市、辽阳县	辽中县、大石桥市、台安县、新民市、海城市	岫岩县、本溪县	最紧密 >10；较紧密 2–10；一般紧密 1–2
营口市区	大石桥市、海城市	盖州市、大洼县	台安县、岫岩县、盘山县、辽中县	
盘锦市区	盘山县、大洼县、台安县、海城市、北镇市	大石桥市、凌海市、辽中县、黑山县、新民市、义县	盖州市	
锦州市区	凌海市	义县	北镇市、大石桥市	
阜新市区	—	阜新县、黑山县、北镇市	新民市	
铁岭市区	—	调兵山市、开原市、铁岭县	法库县	
朝阳市区	—	—	朝阳县、北票市	
葫芦岛市区	—	凌海市、兴城市、朝阳县	绥中县	
合　计	28	60	22	

2. 固定资产投资作用强度分析

2000 年和 2005 年全省 14 个地级市市区与各市县的固定资产投资作用强度显示（图 3–9，表 3–12 和表 3–13），2005 年相对于 2000 年，整个研究区域内不同城市间的固定资

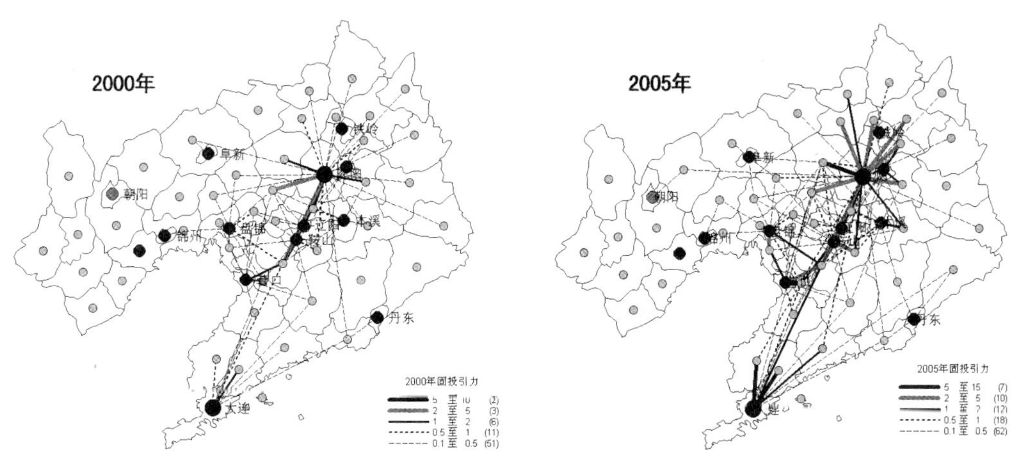

图 3–9　各市区与市县间固定资产投资经济作用强度分布图

产投资作用强度增加较为显著，地级市市区的空间影响范围明显增大。辽中城市群以沈阳、鞍山、营口和盘锦四个地级市市区为中心，形成了区域经济作用网络化发展趋势，并且已经形成了沿沈阳至营口的高强度、高密度的城市影响区；与 GDP 经济作用强度关系所反映的特征一样，县级市都受到多个地级市市区的作用，其中县级市中经济实力较强的海城市、大石桥市与沈阳、鞍山、营口等城市的相互联系都很强；灯塔市同时受到沈阳和辽阳两个城市的强烈辐射、带动作用，仍以沈阳为主；而位置偏离于沈营城镇密集区、自身实力较弱的市县与地级市市区的相互作用相对不强。

2000 年地级市市区固定资产投资作用强度关系 **表 3-12**

城市	最紧密	较紧密	一般紧密	备注
沈阳市区	灯塔市	海城市、辽中县	抚顺县、新民市	最紧密 >5； 较紧密 2–5； 一般紧密 1–2
抚顺市区	—	—	—	
本溪市区	—	—	—	
鞍山市区	海城市	—	—	
辽阳市区	—	—	灯塔市	
营口市区	—	—	海城市、大石桥市	
盘锦市区	—	盘山县	—	
锦州市区	—	—	—	
阜新市区	—	—	—	
铁岭市区	—	—	—	
朝阳市区	—	—	—	
葫芦岛市区	—	—	—	
合　计	2	3	5	

2005 年地级市市区固定资产投资作用强度关系 **表 3-13**

城市	最紧密	较紧密	一般紧密	备注
沈阳市区	新民市、灯塔市	抚顺县、海城市、铁岭县、辽中县、调兵山市、法库县、开原市	辽阳县、本溪县、康平县	最紧密 >5； 较紧密 2–5； 一般紧密 1–2
抚顺市区	—	—	抚顺县、铁岭县	
本溪市区	—	—	本溪县	
鞍山市区	海城市	辽阳县	大石桥市	
辽阳市区	—	—	灯塔市	
营口市区	大石桥市	海城市	大洼县	
盘锦市区	盘山县	大洼县	海城市	
锦州市区		—	—	
阜新市区		—	—	
铁岭市区		—	—	
朝阳市区		—	—	
葫芦岛市区		—	—	
合　计	5	10	10	

3. 实际利用外资作用强度分析

2000 年和 2005 年全省 14 个地级市市区与各市县的实际利用外资作用强度显示（图 3-10，表 3-14 和表 3-15），2005 年相对于 2000 年，整个研究区域内不同城市间的利用外资作用强度略显增强，出现了能级上的跃升，且出现了空间极化的趋势，但联系较紧密和一般紧密的市县远远落后于 GDP 和固定资产投资强度的增长幅度。在辽中城市群空间分布外资的高强度联系的空间分布主要集中在沈阳与营口之间的城镇密集地区，地级市市区的空间影响范围增幅较缓慢，说明实际利用外资额近年增长幅度不大，尤其是市县的利用外资额没有明显增长。

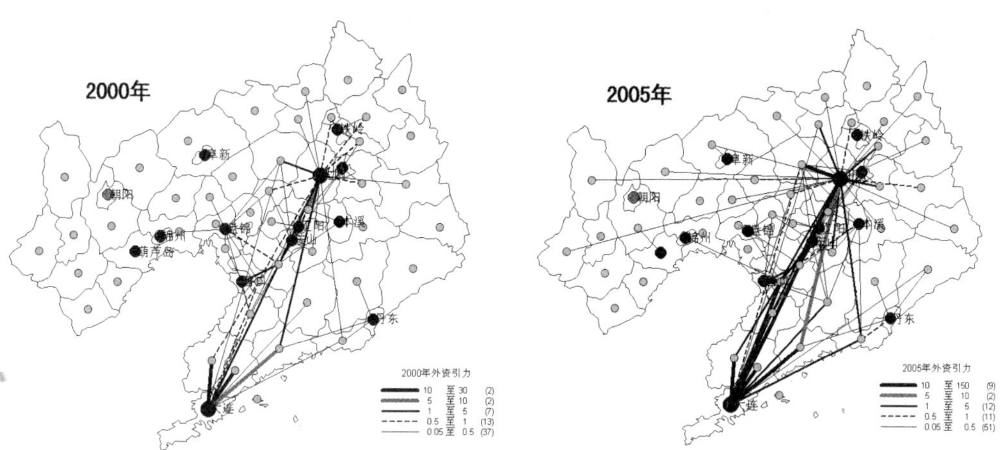

图 3-10　各市区与市县间实际利用外资经济作用强度分布图

2000 年地级市市区实际利用外资作用强度关系　　表 3-14

城市	最紧密	较紧密	一般紧密	备注
沈阳市区	灯塔市	海城市、新民市、庄河市	调兵山市、瓦房店市、铁岭县、抚顺县、辽中县、开原市	
抚顺市区	—	—	—	
本溪市区	—	—	—	
鞍山市区	—	海城市	灯塔市	
辽阳市区	—	—	灯塔市	
营口市区	—	大石桥市、海城市	盖州市	最紧密 >5； 较紧密 2–5； 一般紧密 1–2
盘锦市区	—	—	海城市	
锦州市区	—	—	—	
阜新市区	—	—	—	
铁岭市区	—	—	调兵山市	
朝阳市区	—	—	—	
葫芦岛市区	—	—	—	
合　计	1	6	11	

2005 年地级市市区实际利用外资作用强度关系 **表 3-15**

城市	最紧密	较紧密	一般紧密	备注
沈阳市区	海城市、新民市	灯塔市	瓦房店市、法库县、抚顺县、辽阳县、东港市、铁岭县、盖州市	最紧密 >5； 较紧密 2–5； 一般紧密 1–2
抚顺市区	—	—	—	
本溪市区	—	—	—	
鞍山市区	海城市	—	大石桥市	
辽阳市区	—	—	—	
营口市区	大石桥市	—	海城市	
盘锦市区	—	—	—	
锦州市区	—	—	—	
阜新市区	—	—	—	
铁岭市区	—	—	—	
朝阳市区	—	—	—	
葫芦岛市区	—	—	—	
合 计	4	1	9	

4. 工业总产值作用强度分析

2000 年和 2005 年全省 14 个地级市市区与各市县的工业总产值作用强度显示（图 3–11，表 3–16 和表 3–17），2005 年相对于 2000 年，整个研究区域内不同城市间的工业总产值作用强度明显加强，地级市市区的空间影响范围显著增大，沈阳、鞍山、营口和盘锦和锦州等地级市市区的作用强度最为明显，形成了区域经济作用网络化发展趋势；与 GDP 经济作用强度关系特征一样，县级市中经济实力较强的海城市、大石桥市与沈阳、鞍山、营口等城市的相互作用都很强烈；而位置偏离于沈营城镇密集区、自身实力较弱的市县与地级市市区的相互作用相对不强。

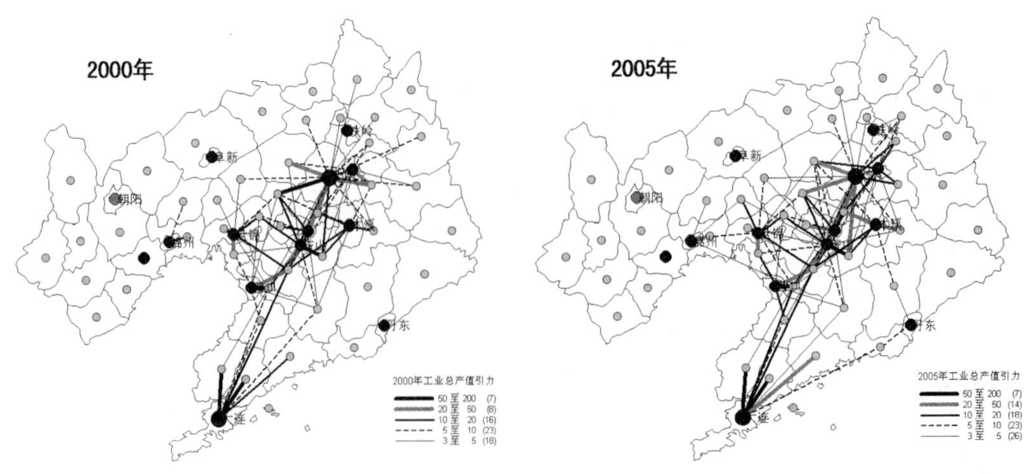

图 3–11 各市区与市县间工业总产值经济作用强度分布图

2000 年中心城市工业总产值作用强度关系 **表 3-16**

城市	最紧密	较紧密	一般紧密	备注
沈阳市区	辽中县、抚顺县、灯塔市、海城市、新民市	辽阳县、法库县、铁岭县、本溪县、新宾县、黑山县、清原县	昌图县、瓦房店市、开原市、调兵山市	最紧密 >20；较紧密 5–20；一般紧密 3–5
抚顺市区	抚顺县	海城市、辽中县、铁岭县、灯塔市、新民市	新宾县、辽阳县、本溪县	
本溪市区	—	海城市、本溪县、辽阳县、灯塔市、抚顺县、辽中县	岫岩县	
鞍山市区	海城市、辽阳县	辽中县、灯塔市、台安县、大石桥市、岫岩县	新民市、大洼县	
辽阳市区	灯塔市	辽阳县、辽中县、海城市、台安县	大石桥市、岫岩县	
营口市区	大石桥市、海城市	盖州市、大洼县	岫岩县、台安县、辽中县	
盘锦市区	盘山县、大洼县	台安县、海城市、辽中县	北镇市、大石桥市、黑山县	
锦州市区	—	凌海市、义县	—	
阜新市区	—	—	—	
铁岭市区	—	—	—	
朝阳市区	—	—	—	
葫芦岛市区	—	—	—	
合　计	13	34	18	

2005 年中心城市工业总产值作用强度关系 **表 3-17**

城市	最紧密	较紧密	一般紧密	备注
沈阳市区	辽中县、辽阳县、灯塔市、海城市、新民市	法库县、铁岭县、本溪县、抚顺县、开原市	瓦房店市、黑山县、调兵山市、康平县	最紧密 >20；较紧密 >5；一般紧密 >3
抚顺市区	—	海城市、辽中县、铁岭县、灯塔市、新民市、开原市、抚顺县	大石桥市、辽阳县、本溪县	
本溪市区	本溪县、灯塔市	海城市、辽阳县、凤城市、新民市	辽中县、大石桥市、抚顺县	
鞍山市区	海城市、辽阳县、灯塔市、大石桥市	辽中县、台安县、岫岩县、新民市、大洼县	盖州市、盘山县、黑山县、本溪县、北镇市	
辽阳市区	灯塔市、辽阳县	大石桥市、辽中县、海城市、台安县、新民市	岫岩县	
营口市区	大石桥市、海城市	盖州市、大洼县	岫岩县、台安县	
盘锦市区	盘山县、大洼县	台安县、海城市、辽中县、北镇市、大石桥市、黑山县、凌海市	新民市	
锦州市区	凌海市	—	义县、北镇市、大石桥市	
阜新市区	—	—	—	
铁岭市区	—	调兵山市	开原市、铁岭县	
朝阳市区	—		—	
葫芦岛市区	—	—	—	
合　计	18	36	24	

5. 综合经济作用强度分析

综合经济作用强度反映的是地级市市区与周围市县的综合经济作用关系，由于综合经济作用强度是标准化后的结果，所以综合经济作用强度并不能与四个单项指标进行横向、纵向比较，它仅适用于通过自身的消长关系来考察区域内各城市2000年与2005年间相互作用的消长关系。

2000年和2005年14个地级市市区与各市县综合作用强度显示（图3-12，表3-18和表3-19），2000年到2005年整个区域的经济作用强度增强，范围扩大，区域经济作用网络化趋势已经显现。相对于2000年来说，2005年地级市市区与各市县主要有如下联系特征：① 2005年辽中城市群地区地级市市区之间的联系加强，尤其是沈阳与周边城市的经济联系作用加强，形成了沈阳、鞍山、营口、盘锦和锦州等增长极；② 与地级市市区间的联系最紧密的城市数量有所减少，但在辽中城市群联系强度显著增强，反映了辽中城市群内部地级市市区与周围市县之间的相互作用关系出现了空间极化趋势，地级市市区与少数经济实力强、发展水平高的市县经济联系更加紧密，例如海城市由于民营经济的快速发展，与地级市市区的联系增加最为显著；③ 有些市县也由于地级市市区实力的变化而受到

2000年地级市市区综合引力作用强度关系 **表3-18**

城市	最紧密	较紧密	一般紧密	备注
沈阳市区	新民市、灯塔市、抚顺县、海城市、辽中县	辽阳县、法库、铁岭县、调兵山、开原、本溪县、庄河、新宾、瓦房店、东港、盖州、北镇、清原、康平	彰武县、凌海市、北票市、建平县	最紧密 >10；较紧密 1–10；一般紧密 0–1
抚顺市区	—	抚顺县、灯塔、海城、新民、辽中县、铁岭县	开原、辽阳县、调兵山、新宾、本溪县、大石桥	
本溪市区	—	灯塔、海城、辽阳县、本溪县、抚顺县	辽中县、凤城、新民、大石桥、岫岩、东港	
鞍山市区	海城市、辽阳县、灯塔市	大石桥、辽中县、台安、岫岩、新民、盖州、大洼	盘山县、本溪县、北镇市	
辽阳市区	灯塔市	辽阳县、辽中县、海城市、大石桥市	新民市、台安县、岫岩县、盖州市、本溪县	
营口市区	大石桥市、海城市	盖州、大洼、辽中县、岫岩	台安县、盘山县、新民市	
盘锦市区	盘山县、大洼县、海城市	台安、辽中县、大石桥、北镇、凌海、新民、盖州	义县	
锦州市区	—	凌海市	义县、大石桥市、北镇市	
阜新市区	—	—	北镇市、新民市	
铁岭市区	—	调兵山市	开原市、铁岭县、法库县	
朝阳市区	—	—	朝阳县、北票市	
葫芦岛市区	—	—	兴城市、凌海市、朝阳县	
大连市	瓦房店市、普兰店市、庄河市、海城市	盖州市、大石桥、东港市、岫岩县	新民市、宽甸县、法库县	
丹东市	—	东港市	丰厂是、庄河市、宽甸县	
合 计	18	51	47	

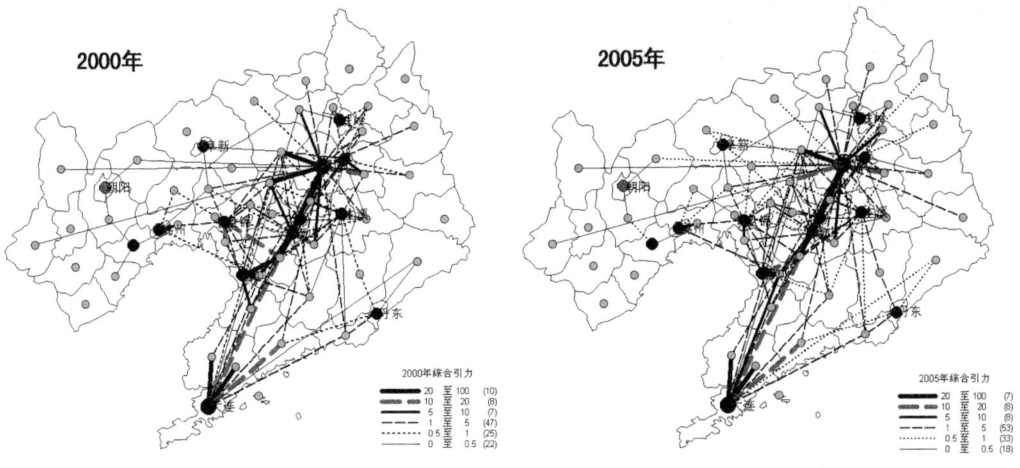

图 3-12　市区与各市县间综合引力作用强度分布图

2005 年地级市市区综合引力作用强度关系　　　表 3-19

城市	最紧密	较紧密	一般紧密	备注
沈阳市区	新民市、灯塔市、抚顺县、海城市、辽中县	法库、辽阳县、铁岭县、开原、瓦房店、庄河、调兵山、黑山、本溪县、东港、康平、北镇、盖州、昌图、桓仁、新宾	清原、彰武、北票、阜新县、西丰、凌海、建平	
抚顺市区	—	抚顺县、新民市、铁岭县、海城市、灯塔市、凌海市、大石桥市	大石桥、开原、辽中县、辽阳县、调兵山、本溪县、新宾	
本溪市区	—	海城、灯塔、辽阳县、本溪县、大石桥、新民、凤城	抚顺县、岫岩县、辽中县、东港市	
鞍山市区	海城市、辽阳县、大石桥	灯塔、台安、新民、岫岩、辽中县、盖州、大洼	黑山县、北镇市、盘山县、本溪县	
辽阳市区	—	灯塔、辽阳县、大石桥、海城、新民、台安、辽中县	岫岩县、盖州市、本溪县	
营口市区	大石桥市、海城市	盖州市、大洼县、台安县	岫岩县、新民市、盘山县、辽中县	最紧密 >10；较紧密 >1；一般紧密 >0
盘锦市区	盘山县	大洼、海城、台安、大石桥、北镇、凌海	新民市、黑山县、辽中县、盖州市、义县	
锦州市区	—	—	北镇市、义县	
阜新市区	—	—	阜新县、黑山县、新民市、北镇市	
铁岭市区	—	调兵山市	铁岭县、开原市、法库县	
朝阳市区	—	—	朝阳县、北票市	
葫芦岛市区	—	—	朝阳县、凌海市	
大连市	瓦房店市、普兰店市、庄河市、海城市	大石桥、盖州、东港、岫岩、新民	宽甸县、法库县	
丹东市	—	东港市、凤城市	庄河市、宽甸县	
合 计	15	61	50	

影响不同，例如县级市、县之间的经济增长变化不大，反映目前整个区域的发展尚处于以少数城市集聚发展为主的阶段；④ 辽中城市群的都市区发展形成了以沈阳为中心的紧密联系圈层，以及向西南方向沿沈山、沈大两交通走廊拓展的网络化联系区域。

3.3.3 都市区边界界定

本研究采取如下原则：① 唯一性原则：一个市县只属于一个都市区；② 择大性原则：当一个市县同时与多个地级市市区相互作用强烈时，选择最大的城市；③ 空间邻近原则：市县与所属地级市市区空间距离最近，地域连续且不跨越其他市区；④ 行政优先原则：即一个市县同时与多个地级市市区相互作用强烈时，选择其行政隶属的城市。

根据以上对综合五种经济作用关系强度分析结果，初步判定表 3–20 中的各市县可以从经济作用关系强度的角度纳入都市区外围地区。

2000 年和 2005 年五种经济作用强度初步判定　　表 3-20

城市	2000	2005
沈阳市区	新民市（1、2、4）、灯塔市（1、2、3、4）、抚顺县（2、4）、辽中县（1、2、4）	新民市（1、2、3、4）、灯塔市（1、2、3、4）、抚顺县（1、2、3）、辽中县（1、2、4）、辽阳县（1、2、3、4）
抚顺市区	抚顺县 4	抚顺县 2
本溪市区	—	本溪县（1、2、4）
鞍山市区	海城市（1、2、3、4）、辽阳县（1、4）	海城市（1、2、3、4）、辽阳县（1、2、4）、大石桥（1、2、3、4）
辽阳市区	灯塔市（2、4）	灯塔市（1、2、4）、辽阳县（1、4）
营口市区	大石桥市（1、2、3、4）	大石桥市（1、2、3、4）
盘锦市区	盘山县（1、2、4）、大洼县（1、4）	盘山县（1、2、4）、大洼县（1、2、4）
锦州市区	—	凌海市（1、4）
阜新市区	—	—
铁岭市区	—	—
朝阳市区	—	—
葫芦岛市区	—	—
合　计	11	16

说明：1 为 GDP 作用显著；2 为固定资产投资作用显著；3 为实际利用外资作用显著；4 为工业总产值作用显著

2000 年主要市县经济指标分析　　表 3-21

城市	GDP 总量（万元）	人均 GDP（元）	非农 GDP 比重（%）	总人口（人）	非农人口比重（%）	非农劳动力比重（%）	人口密度（人/km²）
新民市	816974	11874	77.00	688000	17.80	20.24	205
辽中县	675109	12927	73.08	522248	20.43	29.70	313

续表

城市	GDP 总量（万元）	人均 GDP（元）	非农 GDP 比重（%）	总人口（人）	非农人口比重（%）	非农劳动力比重（%）	人口密度（人/km²）
抚顺县	226233	10053	79.59	225040	22.90	23.15	96
灯塔市	393898	7800	76.00	505000	19.30	41.31	184
海城市	1754054	15788	88.20	1111000	21.10	49.60	406
辽阳县	369096	6218	72.96	593580	15.40	29.47	208
大石桥市	687459	9628	88.30	714000	24.00	45.93	446
盘山县	275000	9766	47.25	281598	13.10	21.09	131
大洼县	287997	7412	42.43	388558	22.20	30.27	231
调兵山市	150965	6564	89.20	23	57.30	78.45	874

说明：非农劳动力比重来源于人口普查，其他县资料来源于《辽宁统计年鉴 2001》，县级市资料来源于《中国城市统计年鉴 2001》

2005 年主要市县经济指标分析　　表 3-22

城市	GDP 总量（万元）	人均 GDP（元）	非农 GDP 比重（%）	总人口（人）	非农人口比重（%）	非农劳动力比重（%）	人口密度（人/km²）
新民市	1271000	18261	80.52	574000	17.53	21.60	208
辽中县	1031265	19475	73.70	450000	15.09	23.10	322
抚顺县	263198	13779	71.14	185000	3.14	23.30	82
灯塔市	781178	15317	86.51	510000	13.73	28.30	51
海城市	2660249	23542	90.59	900000	20.35	41.70	414
辽阳县	814750	13579	85.31	600000	13.33	26.40	210
大石桥市	1650000	23013	90.41	717000	23.71	40.90	449
盘山县	514086	17727	64.19	270000	6.90	17.30	140
大洼县	624586	15732	59.67	330000	16.88	30.40	236
凌海市	705550	12509	68.17	564000	14.72	20.60	206
调兵山市	164531	6884	86.70	239000	73.12	84.10	912

说明：非农劳动力比重来源于 2004 年经济普查结果，其他资料来源于《辽宁统计年鉴 2006》

对比 2000 年和 2005 年地级市市区与各市县的 GDP、固定资产投资、实际利用外资和工业总产值等四个方面的经济作用强度特征差异，以及综合经济作用强度消长关系，可以看出：

（1）总体来看，GDP、工业总产值所反映出的地级市市区与各市县的经济作用强度最强，空间影响范围最大，而实际利用外资经济作用强度最弱、空间影响范围最小。

（2）GDP 与工业总产值的经济作用强度体现出高度的相关性，这是由于二者之间的内部统计关系所决定的；对比 GDP 与固定资产投资的特征，可以发现 2005 年相对于 2000 年来说，GDP 的增长速度更快（固定资产投资表现出的网络化趋势更显著是受分类标准影响），说明固定资产投资增长对促进 GDP 更加高速的增长；而实际利用外资方面，整个辽中城市群表现出以地级市市区为主的特征，说明整个地区的经济外向性不强，参与经济全球化的主体是地级市市区。

综上所述，通过对纳入考察的都市区外围地区市县的经济、人口等方面的具体分析（表 3–21，表 3–22），可以看出，2000 年的各市县，除调兵山市、海城市和大石桥市外，其他市县的发展水平都很低，综合基于就业结构与就业分布的都市区判定结果，我们认定调兵山市、海城市和大石桥可以纳入都市区范畴；2005 年，只有调兵山市、新民、辽中、大石桥、海城市等 5 个城市经济实力较强、发展水平较高，综合基于人口结构和人口密度的分析结果，这 5 个城市可以纳入都市区范畴。

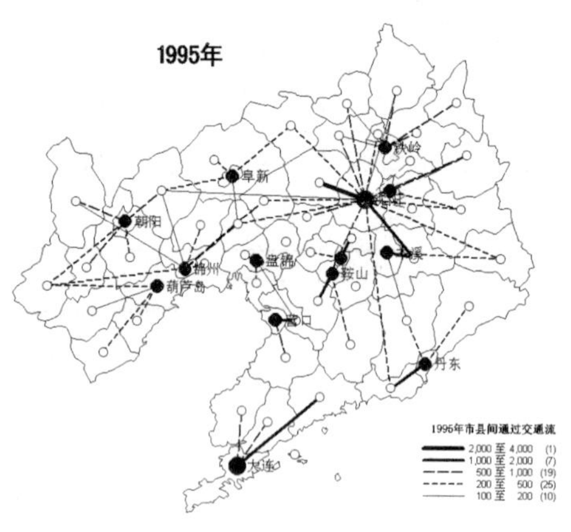

3.4 基于城市流强度的都市区边界

城市群是一个复杂的社会经济系统，区域内城市间的各种联系是非常密切的，城市间的联系主要通过城市间各种流的强度和方向表现出来。公路交通联系是城市间交通流的主要方式之一，与其他运输方式相比，其所占的比重较大，具有典型的代表性。因此本文中采用了城市间的公路城市流强度来反映城市间的相互联系强度，并根据联系强度确定都市区的边界。

3.4.1 界定方法与步骤

研究各地级市市区与外围市县的城市流强度。对比分析各市县与不同市区的联系强度和交通流比例结构，确定与各市县交通联系最紧密的市区，以此划分不同市县的交通联系“归属”，从而划定各地级市市区的交通联系结构，并对都市区边界进行界定。

3.4.2 城市流强度分析

1. 市区与各市县城市流强度分析

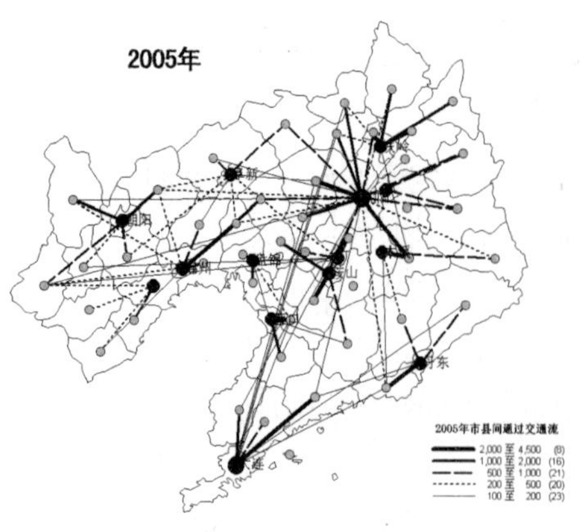

图 3–13 地级市市区与各县市城市流强度分析图

图 3–13、表 3–23 和表 3–24、表 3–25 显示，

辽中城市群在十年间市区与各市县的交通联系日趋紧密，并在 2005 年各地级市均出现跨越行政界的县市之间的联系，但其联系强度相对于其自身行政管辖的市县较弱，仅沈阳周边出现跨行政界的紧密联系县市。

1995 年各地级市市区与市县城市流强度分析表　　表 3-23

城市	最紧密	一般紧密	不紧密	备注
沈阳市区	新民、苏家屯、新城子区、本溪县	清原县、辽中县、法库、康平、海城市、调兵山市、新宾县、彰武县、黑山县、桓仁县	北镇市、昌图、北票	最紧密 >1000；较紧密 200–1000；一般紧密 0–200
抚顺市区	—	清原县、新宾县、苏家屯	—	
本溪市区	本溪县	桓仁县、苏家屯	凤城市	
鞍山市区	海城	台安、岫岩县	苏家屯	
辽阳市区	灯塔市	弓长岭	—	
营口市区	大石桥	盖州、苏家屯	—	
盘锦市区	—	盘山县、大洼县	大石桥	
锦州市区	—	北镇、黑山、凌海、义县、凌源	建平县、北票	
阜新市区	—	彰武县、阜新县、北票	苏家屯、北镇市	
铁岭市区	—	昌图、调兵山、开原、西丰县	康平、法库、苏家屯	
朝阳市区		建平县、北票、凌源、朝阳县	喀左县	
葫芦岛市区	—	兴城市、凌源市、绥中县	建昌县	
合 计	8	42	10	

2000 年各地级市市区与市县城市流强度分析表　　表 3-24

城市	最紧密	一般紧密	不紧密	备注
沈阳市区	新民、苏家屯、新城子区、本溪县	清原县、辽中县、法库、康平、海城市、调兵山市、新宾县、彰武县、黑山县、桓仁县、北镇市、昌图	北票、开原、凌源	最紧密 >1000；较紧密 200–1000；一般紧密 0–200
抚顺市区	—	清原县、新宾县、苏家屯	—	
本溪市区	本溪县	桓仁县、苏家屯	凤城市	
鞍山市区	海城、台安	岫岩县	苏家屯	
辽阳市区	灯塔市、辽阳县	弓长岭	—	
营口市区	大石桥、盖州	苏家屯	—	
盘锦市区	—	盘山县、大洼县	大石桥、盖州市	
锦州市区	—	北镇、黑山、凌海市、义县、凌源、建平县、北票	苏家屯	
阜新市区	—	彰武县、阜新县、北票、苏家屯、	北镇市、黑山县	
铁岭市区	—	昌图、调兵山、开原、西丰县、康平、法库	苏家屯	
朝阳市区		建平县、北票、凌源、朝阳	喀左县	
葫芦岛市区	—	兴城市、凌源市、绥中县、建昌县	—	
合 计	10	46	12	

2005 年各地级市市区与市县城市流强度分析表　　表 3-25

城市	最紧密	较紧密	一般紧密	备注
沈阳市区	新民、苏家屯、新城子区、本溪县、清原县、辽中县、法库、康平	海城市、调兵山市、新宾县、彰武县、黑山县、桓仁县、北镇市、昌图、北票	开原、凌源、阜新县、建平县、盖州、岫岩县、宽甸县	最紧密 >1000；较紧密 200–1000；一般紧密 0–200
抚顺市区	清原县	新宾县、苏家屯	—	
本溪市区	本溪县	桓仁县、苏家屯、凤城市	东港市	
鞍山市区	海城、台安	岫岩县、苏家屯	—	
辽阳市区	灯塔市、辽阳县	弓长岭	喀左县、凌源、建平县	
营口市区	大石桥、盖州	苏家屯	岫岩	
盘锦市区	盘山县、大洼县	大石桥	盖州市、苏家屯	
锦州市区	北镇、黑山	凌海市、义县、凌源、建平县、北票	苏家屯、绥中县、建昌县、兴城市	
阜新市区	—	彰武县、阜新县、北票、苏家屯、北镇市	黑山县、新民、义县	
铁岭市区	昌图、调兵山、开原	西丰县、康平、法库、苏家屯	本溪县	
朝阳市区	建平县、北票	凌源、朝阳、喀左县	—	
葫芦岛市区	—	兴城市、凌源市、绥中县、建昌县	—	
合　计	24	39	20	

2. 各市县的主要交通流向趋势分析

全省交通的网络化趋势，表现在各市县到不同地级市市区的交通流强度都有不同程度的加强。有些城市，如本溪县、清原县到全省交通中心沈阳的交通流异常显著，甚至超过了到自己行政所属的地级市市区的交通流量。所以，有必要在测度地级市市区与各市县交通流联系强度的同时，分析与各市县到不同地级市市区的交通流量的分布特征，划定各市县经济社会联系最紧密的地级市。

对全省各市县的主要交通流量进行比重分析，结合表 3–23、表 3–24 和表 3–25，综合形成图 3–14 和图 3–15。通过对各市县各个方向交通流比重的研究后发现，距离地级市市区近的各市县与其行政所属的地级市市区交通流比重最大；而距离地级市市区空间距离较远的市县，则交通流向相对发散，与地级市市区的联系强度和比重均有所下降。但是本溪县到沈阳的交通流比重和绝对量都远远超过到本溪市，说明本溪县与沈阳市的经济社会联系更为紧密。

3.4.3　都市区边界界定

城市流强度边界界定采取如下原则：① 唯一性原则：一个市县只属于一个都市区；② 择大性原则：一个市县应当属于与其交通联系最大的城市；③ 空间邻近原则：市县与应当与地级市市区空间距离最近、连续，且不应跨越其他地级市市区，并尽量考虑行政隶属关系。

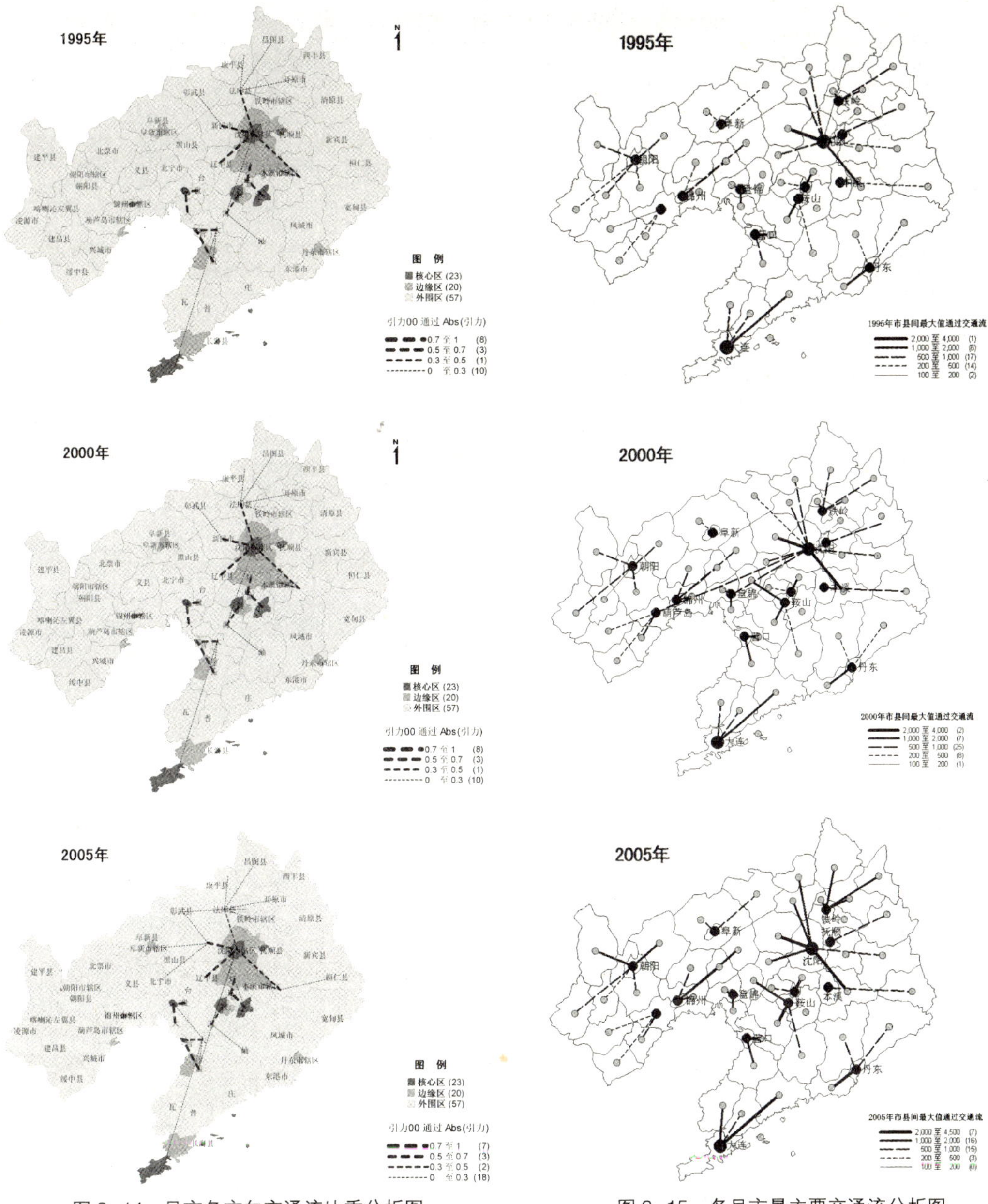

图 3-14　县市各方向交通流比重分析图

图 3-15　各县市最主要交通流分析图

根据全省交通流分析，通过对各主要市县的 GDP、人均 GDP、非农产业就业人口和非农产值比重的考察（表 3-24，表 3-25），可以看出整个辽中城市群除个别市县发展水平较高、实力较强外，大部分市县的发展水平都较低，尚不能成为都市区的一部分。所以，2000 年将新民、本溪县、海城、大石桥市等 4 个县市纳入都市区范围，2005 年将新民、辽中、本溪县、海城、大石桥市、调兵山市等 6 个市县纳入都市区范围（表 3-26）。

地级市市区与各市县交通流强度初步判断 **表 3-26**

城市	交通联系最紧密的市县	
	2000 年	2005 年
沈阳市区	新民市、本溪县	新民市、本溪县、辽中县、法库、康平
抚顺市区	—	—
本溪市区	—	—
鞍山市区	海城、台安	海城、台安
辽阳市区	灯塔市	灯塔市
营口市区	大石桥、盖州	大石桥、盖州
盘锦市区	—	盘山县、大洼县
锦州市区	—	北镇、黑山
阜新市区	—	—
铁岭市区	—	昌图、调兵山、开原
朝阳市区	—	建平县、北票
葫芦岛市区	—	—

3.5 区域空间范围界定

3.5.1 都市区边界的界定

总体来说，基于城市职能强度、经济作用强度和城市流强度三个方法下的都市区空间范围界定结果基本吻合，辽中城市群除朝阳、阜新外沈阳等 10 个城市具有都市区核心边缘的地域特征（图 3-16，表 3-27）。

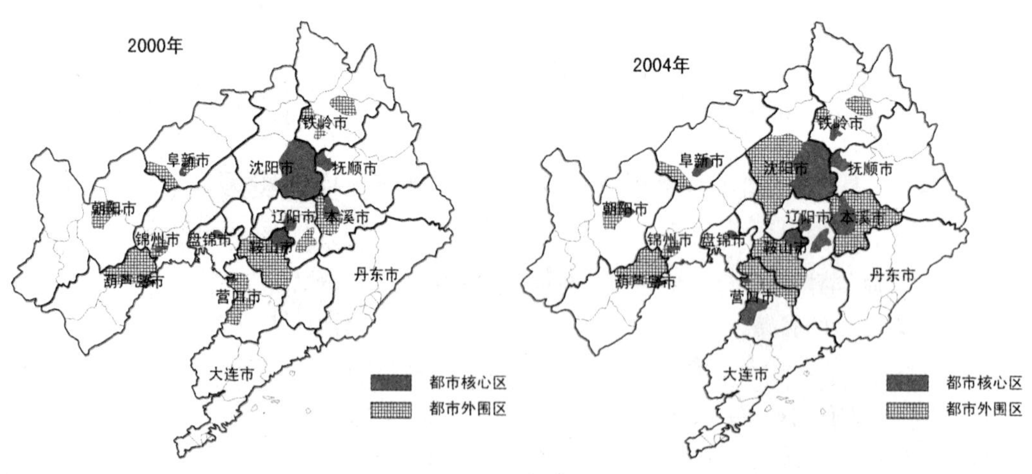

图 3-16 都市区空间范围

2000 年与 2004 年都市区空间范围　　表 3-27

城市	2000 年		2004 年	
	核心区	外围区	核心区	外围区
沈阳都市区	和平区、沈河区、大东区、皇姑区、铁西区、苏家屯区、东陵区、新城子区、于洪区	—	和平区、沈河区、大东区、皇姑区、铁西区、苏家屯区、东陵区、新城子区、于洪区	新民市、辽中县
抚顺都市区	新抚区、东洲区、望花区、顺城区	—	新抚区、东洲区、望花区、顺城区	—
本溪都市区	平山区、名山区	溪湖区、南芬区	平山区、明山区、南芬区	溪湖区、本溪县
鞍山都市区	铁东区、铁西区、立山区、千山区	海城市	铁东区、铁西区、立山区、千山区	海城市
辽阳都市区	白塔区、文圣区、宏伟区、太子河区	弓长岭区	白塔区、文圣区、宏伟区、弓长岭区、太子河区	—
营口都市区	站前区、西市区	鲅鱼圈区、老边区	站前区、西市区、鲅鱼圈区	老边区、大石桥市
盘锦都市区	双台子、兴隆台	—	双台子、兴隆台	—
锦州都市区	古塔区、凌河区	太和区	古塔区、凌河区	太和区
阜新都市区	海州区、细河区	太平区、新邱区、清河门区	海州区、细河区、新邱区、太平区	清河门区
铁岭都市区	—	清河区、银州区、调兵山市	银州区	清河区、调兵山市
朝阳都市区	—	双塔区、龙城区	双塔区	龙城区
葫芦岛都市区	龙港区	连山区、南票区	龙港区	连山区、南票区
合　计	32	17	39	14

2000 年和 2004 年辽中城市群都市区边界叠加结果（图 3-17）显示，辽中城市群都市区发展均以各城市的市中心区为主，2004 年相对于 2000 年都市区空间边界迅速扩大，增长迅猛，几个主要都市区基本上连绵成片，特别是沈阳至营口的城镇密集地区，2005 年已经基本实现空间连绵，形成沈营城市走廊。

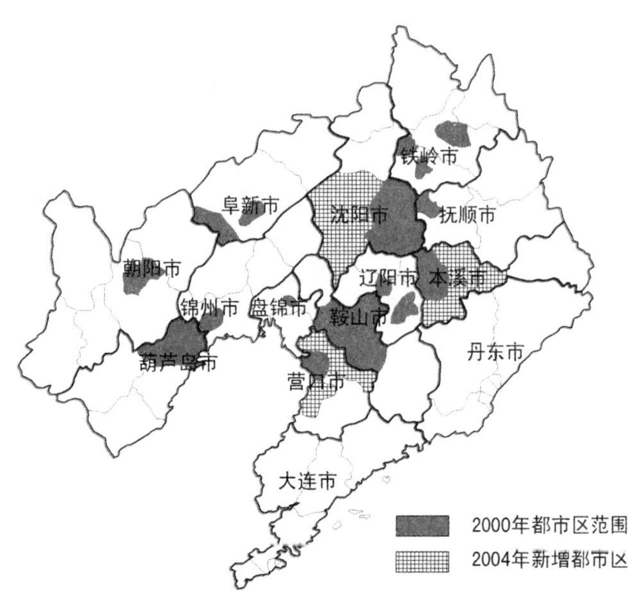

图 3-17　2000 和 2004 年都市区边界演变

辽中城市群都市空间扩展有两种趋势：以沈阳为核心呈圈层快速扩展；以沈阳为圆心，以沈大、沈山高速公路方向围合而成的扇形区域迅速扩展，尤其是沈阳都市区、本溪都市区、营口都市区空间拓展较快。

都市区空间范围增长速度较快，以外围地区的增长为主；外围地区面积占全省总面积的比例由2000年的5.84%增加到2004年的11.51%，核心区面积由2000年占全省比例的4.04%增加到5.08%，表明核心区的辐射范围增大，服务能力显著增强。2000年、2004年辽中城市群的核心区与外围区的用地比例分别为1：1.4和1：2.3，说明辽中城市群的用地增长以外围区增加为主。从总人口的变化特征看，人口增长相对于面积增长速度较为缓慢，人口总量增长主要集中在核心区，达到139.56万人，人口密度相对降低是因为都市区空间拓展的外围区中包含大量的农业用地，在用地增长的同时人口密度显著降低（表3-28）。

辽中城市群都市区的人口与用地情况　　表3-28

	2000年			2004年			增量		
	合计	其中		合计	其中		合计	其中	
		核心区	外围区		核心区	外围区		核心区	外围区
面积（km^2）	14620	5975	8645	24559	7525	17034	9939	1550	8389
面积占全省比重（%）	9.88	4.04	5.84	16.59	5.08	11.51	6.72	1.05	5.67
人口（万人）	1525.4	1110.84	414.56	1776.2	1250.4	525.8	250.8	139.56	111.24
人口占全省比重（%）	36.90	26.87	10.03	42.40	29.85	12.55	5.99	3.33	2.66
人口密度（人/km^2）	1043	1859	479	723	1662	309	−320	−197	−170
全省平均人口密度（人/km^2）	282			286			4		

辽中城市群都市区2004年的核心边缘关系与其他三大区域比较，核心区的辐射范围由大至小的排序依次为：长三角、珠三角和比较相近的京津冀、辽中城市群，可见从都市区的辐射作用和区域城镇化发展水平来看，辽中城市群仍然落后于上述地区（图3-18）。

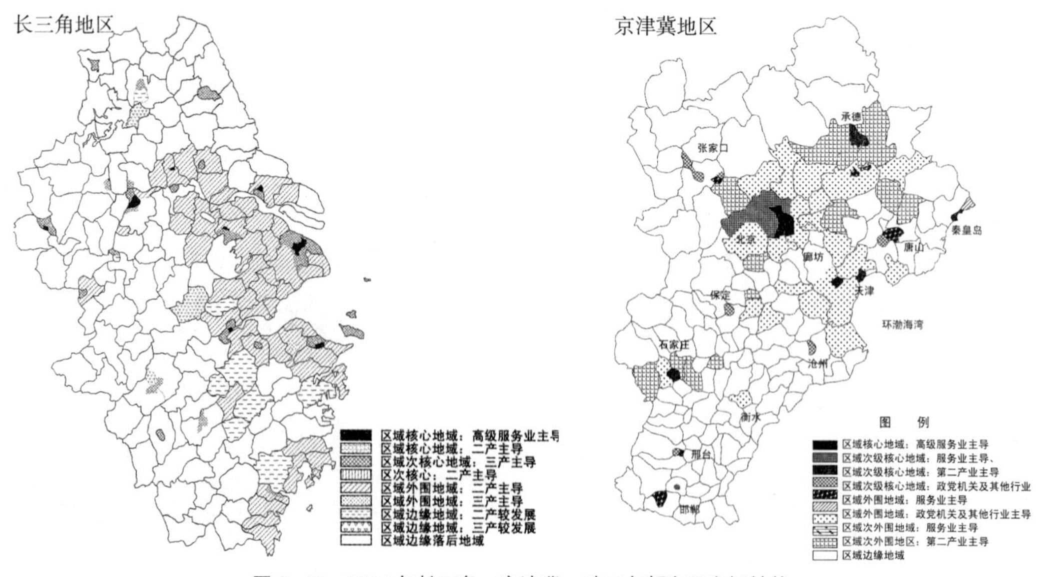

图3-18　2004年长三角、京津冀、珠三角都市区空间结构

珠三角地区

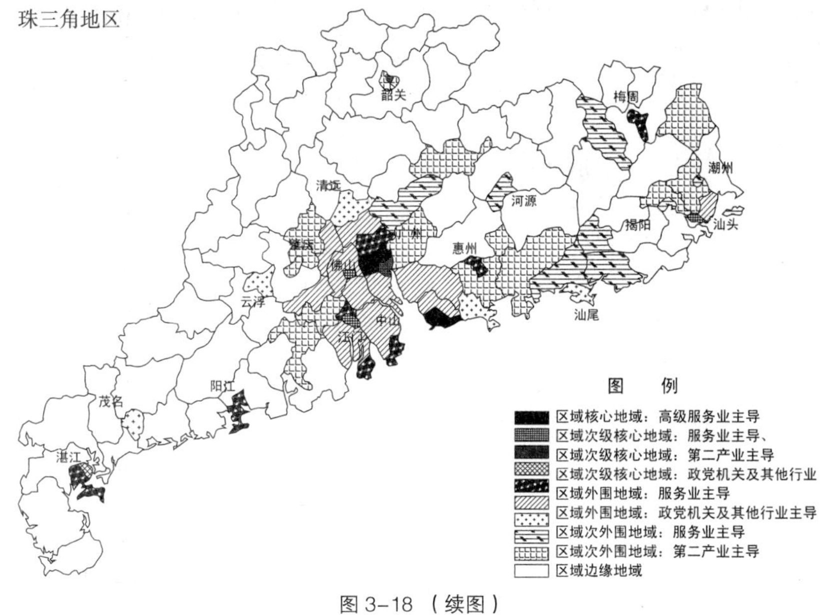

图 3-18 （续图）

3.5.2 区域空间范围与结构

本论文通过对辽中城市群各都市区之间的经济、社会联系的研究来判断都市区组合情况，囿于统计数据限制，考虑都市区空间范围主要集中在市区的客观事实，本文采用市区间的经济、交通联系代替都市区之间的联系进行研究。

根据 2000 年和 2004 年的都市区边界所反映出的都市区地域连绵趋势上看，辽中城市群已经形成了以沈阳为中心的圈层式发展，以及沿沈大、沈山的扇形区域的空间拓展，形成了多个都市区之间的空间连绵。

图 3-19 和图 3-20 反映的辽中城市群都市区间城市流强度和综合经济引力显示，该地区形成了以沈阳为中心的放射状交通体系，以鞍山、抚顺、本溪、营口、盘锦为次中心的网络化交通体系；2000 年和 2005 年，沈阳与抚顺、沈阳与本溪间的交通流最大，城市联

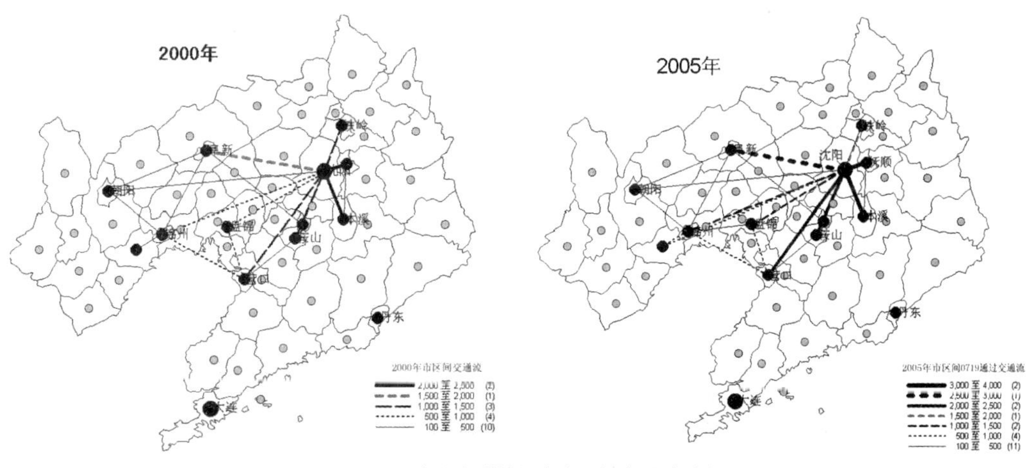

图 3-19 辽中城市群地级市市区间交通流分析图

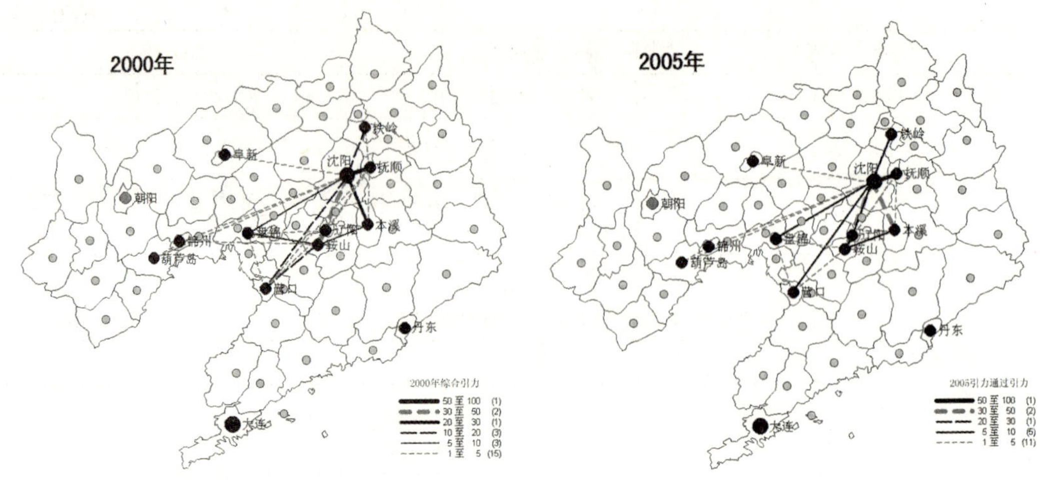

图 3-20　辽中城市群地级市市区综合引力分布图

系最紧密，并且城市间的交通流与沈阳内部（沈阳与新民、辽中）的交通流量接近，说明沈阳与抚顺和本溪有着“同城化”的交通联系强度，且这种联系呈显著加强趋势，沈抚本一体化进程加速；营口和盘锦之间的交通联系比较紧密，说明二者有一体化发展潜力；鞍山与辽阳、营口，锦州与葫芦岛的交通联系一般，结合前文城市职能类型分析结果，导致这种现象的原因是城市的职能类型趋同，城市间的互补性相对较弱导致。

综合经济引力显示出沈阳在全省经济地位的进一步加强，反映出城市间相互联系关系在空间上进一步极化，由此证明了以沈阳为中心的辽中城市群一体化发展的必然性。沈阳与抚顺、沈阳与本溪之间的综合经济作用强度加强，尤其是沈本的经济作用强度的提升导致了各都市区间的经济联系相对弱化，在 2005 年沈本的经济作用强度超过鞍辽，跃升到第三位，而其他城市间的综合经济作用强度在全省的地位相对下降。沈抚本之间综合经济引力的加强，说明以沈阳为中心的沈阳、抚顺、本溪有着显著的一体化趋势和特征。通过前文都市区边界界定结果，沈阳、抚顺和本溪三个城市的市区已经呈连绵趋势，交通联系紧密，可以认定沈阳、抚顺和本溪已经形成了一体化的功能组合型都市区；虽然鞍山、辽阳和营口三个城市间的交通联系不是特别紧密，但综合经济作用强度大，并且都市区空间已经连绵，从空间距离和未来发展趋势上判断，形成了多中心网络化的都市连绵区；锦州、葫芦岛也呈现都市区连绵、城市流强度和综合经济强度较为强烈的特征，为多中心网络化的都市连绵区。

辽中城市群都市区城市流强度等级分布表　　**表 3-29**

等级（万辆）	2000 年	2005 年
3000~4000	—	沈抚、沈本
2500~3000	—	沈阜
2000~2500	沈抚、沈本	沈营、沈鞍
1500~2000	沈阜	沈铁

续表

等级（万辆）	2000 年	2005 年
1000~1500	沈营、沈鞍、沈铁	沈盘、沈锦
500~1000	沈盘、沈锦、营盘、沈葫	营盘、沈葫、锦阜
100~500	锦阜、沈朝、阜朝、阜辽、锦朝、鞍辽、鞍营、辽铁、锦葫	沈朝、阜朝、阜辽、锦朝、鞍辽、鞍营、辽铁、锦葫、沈辽、阜盘、锦盘

辽中城市群都市区经济作用强度等级分布表　　表 3-30

等级	2000 年	2005 年
50~100	沈抚	沈抚
30~50	沈鞍、鞍辽	沈鞍、沈本
20~30	沈本	鞍辽
10~20	沈铁、鞍营、沈营	—
5~10	沈辽、沈盘、鞍本、鞍盘	沈辽、沈盘、沈铁、鞍本、沈营、
1~5	本辽、抚铁、鞍抚、营盘、抚本、锦葫、沈锦、营辽、抚辽、沈阜、营葫、鞍锦、辽盘、沈葫、抚营	本辽、鞍营、鞍盘、抚本、沈锦、锦葫、鞍抚、沈阜、沈葫、抚辽、抚铁、营盘

说明：经济作用强度为总和标准化后结果

根据都市区边界界定结果，结合交通联系和综合经济引力特征，可以判断出当前辽中城市群已经由单个都市区独立发展转变到多个都市区空间组合、功能互补、多中心网络化发展阶段，整个区域形成了沈抚本功能组合都市区、鞍辽营多中心网络型都市区、锦葫多中心网络型都市区和盘锦、铁岭、阜新、朝阳等多个独立都市区的发展格局。

第 4 章

基于城市职能的辽中城市群空间结构特征研究

城市是社会劳动地域分工的产物，是在区域经济发展过程中发展起来的。因此，城市与其周围的地区存在着密切的经济联系，表现在经济活动上，就是一方面城市不断从周围区域获得能源、原材料、劳动力等生产要素；另一方面，城市为了生存，又要不断地向周围地区销售其产品和服务。城市职能是城市在区域发展中所承载的分工，指城市在一定地域内的经济、社会发展中所发挥的作用和承担的分工。按城市发展的基础可分为基本职能和非基本职能两种：①基本职能，主要指为城市以外的地区提供货物和服务的活动及其相应的产业；②非基本职能，主要指由于城市形成、发展而建立的，主要为全市范围提供服务的活动与其相应的产业，即所谓的“城市服务生产”和“城市形成生产”。城市的基本职能是城市存在发展的原动力，基本职能强，城市发展繁荣；基本职能弱，城市发展衰落。

城市职能强度是体现城市基本职能对外围地区（城市或农村）集聚与扩散功能的数量指标，是城市集聚的根本动力，也是区域发展的基本动力。本章用城市职能强度分析辽中城市群的区域职能特征和城市强度的区域和等级分布特征，从而归纳总结基于城市职能强度的区域空间结构特征规律。

4.1　区域职能结构特征

4.1.1　主因子比较分析

从主因子分析矩阵分布结果（表 3–3，表 3–9）可以看出，区域经济发展有如下特征：

第一，从主因子变化的整体情况分布来看，辽中城市群已经从 2000 年的城市职能同构形成的高度一致性向 2004 年的多因子特征转变。由于国民经济行业统计分类的调整，文化、金融、信息服务等高级服务业的发展在 2004 年底的 1、2、3 主因子中清晰地体现，但整个区域的三次产业结构仍然是一般服务业主导，反映了区域的服务业职能的整体提升和多中心职能的逐步形成过程。

第二，在 2004 年的 2、3 主因子中，建筑业和能源产业有所提前，制造业和交通运输业分列第 4、5 主因子，且占有较高主因子荷载，说明第二产业在区域经济中新的分工体系逐步建立，单一的制造业基础向综合功能的经济发展转变。

第三，从主因子荷载可以看出，2004 年第一产业超过了采矿业，表明了区域农业经济的发展与资源型城市转变，如阜新市和抚顺市产业结构的调整已初见成效。

第四，都市区中心区的主导经济类型发生了从二产向三产的空间转变（表 4–1），表现为由 2000 年以制造业为主的地区向 2004 年后以一般服务业为主导的功能提升，如沈阳市的东陵区、于洪区，鞍山市的立山区，抚顺市的东洲区等。

2000 年与 2004 年主因子特征对比 **表 4-1**

<table>
<tr><th rowspan="2">经济结构</th><th colspan="2">2000 年</th><th colspan="2">2004 年</th></tr>
<tr><th>主因子序号</th><th>主因子特征</th><th>主因子序号</th><th>主因子特征</th></tr>
<tr><td rowspan="3">高级服务业主导</td><td rowspan="3">1</td><td rowspan="3">经济活动强度高与高级服务业主导</td><td>1</td><td>经济活动强度高与一般服务业及文化商务主导</td></tr>
<tr><td>2</td><td>经济活动强度高与金融贸易建筑业主导</td></tr>
<tr><td>3</td><td>经济活动强度高与信息服务及能源产业主导</td></tr>
<tr><td>制造业主导</td><td>2</td><td>经济活动强度较高与制造业主导</td><td>4</td><td>经济活动强度较高与制造业主导</td></tr>
<tr><td>一般服务业主导</td><td>3</td><td>经济活动强度一般与一般服务业主导</td><td>5</td><td>经济活动强度较高与交通运输主导</td></tr>
<tr><td>采矿业主导</td><td>4</td><td>经济活动强度较低与采矿业主导</td><td>7</td><td>经济活动强度一般与采矿业主导</td></tr>
<tr><td>农业主导</td><td>5</td><td>经济活动强度低与一产主导</td><td>6</td><td>经济活动强度一般与一产主导</td></tr>
</table>

4.1.2 区域职能特征

劳动的地域分工反映了城市群内部的经济联系程度。从辽中城市群 2000 年与 2004 年与京津冀、珠三角、长三角地区的国民经济行业就业人口的空间分布和就业结构的主成分分析的旋转矩阵对比来看（表 4-2）：2000 年京津冀地区提取出 4 个主因子，珠三角和长三角地区分别提取出 6 个主因子，辽中地区则提取了 5 个主因子。2004 年由于国民经济行业统计由 16 个调整为 20 个，所以辽中地区产生了 7 个主因子。

全国主要区域主因子比较 **表 4-2**

<table>
<tr><th rowspan="2">序号</th><th colspan="4">2000 年</th><th rowspan="2">2004 年
辽中地区</th></tr>
<tr><th>京津冀地区</th><th>长三角地区</th><th>珠三角地区</th><th>辽中地区</th></tr>
<tr><td>1</td><td>经济密度与高级服务业</td><td>经济强度与高级服务业</td><td>经济强度与高级服务业</td><td>经济活动强度高与高级服务业主导</td><td>经济活动强度高与一般服务业及文化商务主导</td></tr>
<tr><td>2</td><td>服务业与二产</td><td>服务业</td><td>第二产业与服务业</td><td>经济活动强度较高与制造业主导</td><td>经济活动强度高与金融贸易建筑业主导</td></tr>
<tr><td>3</td><td>二产与地质勘查业</td><td>第二产业</td><td>政党团体等其他服务业</td><td>经济活动强度一般与一般服务业主导</td><td>经济活动强度高与信息服务及能源产业主导</td></tr>
<tr><td>4</td><td>采掘业</td><td>采掘业</td><td>电力煤气水的生产及供应业</td><td>经济活动强度较低与采矿业主导</td><td>经济活动强度较高与制造业主导</td></tr>
<tr><td>5</td><td>—</td><td>其他行业</td><td>地质勘查业等</td><td>经济活动强度低与一产主导</td><td>经济活动强度较高与交通运输主导</td></tr>
<tr><td>6</td><td>—</td><td>第一产业</td><td>采掘业</td><td>—</td><td>经济活动强度一般与一产主导</td></tr>
<tr><td>7</td><td>—</td><td>—</td><td>—</td><td>—</td><td>经济活动强度一般与采矿业主导</td></tr>
</table>

资料来源：京津冀、长三角、珠三角资料来源于于涛方的博士后报告《中国“Global-Regions”边界研究》

根据于涛方的判断，长三角的劳动地域分工要高于珠三角，珠三角高于京津冀地区：在长三角中，服务业与第二产业两个主因子被分离开，而珠三角地区的一般服务业和第二产业合并为一个主因子。将 2000 年与 2004 年辽中城市群的主因子与这三个地区对比后，可以通过主因子得分情况及命名初步判定：2000 年辽中城市群的劳动地域分工要远低于三大区域，因为第二产业中制造业和采掘业相当活跃；2004 年辽中城市群的高级服务业相对 2000 年有了长足发展，在主因子荷载中特征显著，二产较为发达，一产的地位相对下降，与长三角、珠三角地区的 2000 年发展水平相近似（见表 4–3a、b、c）。

2000 年京津冀地区主因子荷载 **表 4-3（a）**

	主成分			
	经济密度与高级服务业	服务业与二产	二产与地质勘查业	采掘业
农林牧渔业密度	–0.149	–0.540	0.150	–0.105
采掘业密度	0.180	0.550	0.127	0.800
制造业密度	0.816	0.173	0.386	0.070
电力、煤气及水利管理业密度	0.802	0.185	0.477	0.060
建筑业密度	0.897	0.272	0.217	0.010
地质勘查业密度、水利管理业密度	0.541	0.130	0.715	0.020
交通运输、仓储及邮电通信业密度	0.833	0.238	0.373	0.050
批发和零售贸易、餐饮业密度	0.935	0.254	0.108	–0.010
金融保险业密度	0.927	0.218	0.192	–0.033
房地产业密度	0.938	0.225	–0.115	–0.008
社会服务业密度	0.939	0.250	–0.083	–0.005
卫生体育和社会福利业密度	0.940	0.214	0.187	0.020
教育、文化艺术及广播电影电视业密度	0.942	0.215	0.163	–0.020
科学研究和综合技术服务业密度	0.937	0.240	0.008	–0.048
国家机关政党机关和社会团体业密度	0.920	0.232	0.235	–0.019
其他行业密度	0.852	0.234	0.026	0.007
农林牧渔业比重（%）	–0.358	–0.814	–0.363	–0.211
采掘业比重（%）	–0.119	0.167	0.010	0.894
制造业比重（%）	0.200	0.643	0.464	0.211
电力、煤气及水利管理业比重（%）	0.172	0.535	0.506	0.293
建筑业比重（%）	0.340	0.776	0.170	–0.039
地质勘查业、水利管理业比重（%）	0.000	0.336	0.653	0.060
交通运输、仓储及邮电通信业比重（%）	0.470	0.736	0.374	0.119
批发和零售贸易、餐饮业比重（%）	0.470	0.780	0.262	–0.003
金融保险业比重（%）	0.579	0.584	0.417	–0.017
房地产业比重（%）	0.720	0.589	–0.049	–0.045

续表

	主成分			
	经济密度与高级服务业	服务业与二产	二产与地质勘查业	采掘业
社会服务业比重（%）	0.586	0.761	–0.007	–0.019
卫生体育和社会福利业比重（%）	0.413	0.664	0.311	0.090
教育、文化艺术及广播电影电视业比重（%）	0.600	0.652	0.290	–0.018
科学研究和综合技术服务业比重（%）	0.681	0.505	0.039	–0.092
国家机关政党机关和社会团体业比重（%）	0.336	0.707	0.423	0.020
其他行业比重（%）	0.245	0.543	–0.007	0.020

2000 年珠三角地区主因子荷载 表 4-3（b）

	主因子					
	经济强度与高级服务业	第二产业与服务业	政党团体等其他服务业	电力、煤气水生产和供应业	地质勘查业等	采掘业
农林牧渔业密度	–0.115	0.013	0.012	–0.769	0.253	0.000
采掘业密度	0.163	0.196	0.145	0.049	0.072	0.880
制造业密度	0.658	0.632	–0.071	0.014	–0.083	–0.100
电力、煤气及水利管理业密度	0.824	0.213	0.013	0.167	0.105	0.000
建筑业密度	0.938	0.288	0.013	0.004	0.029	0.010
地质勘查业密度、水利管理业密度	0.759	0.118	0.100	0.011	0.308	0.000
交通运输、仓储及邮电通信业密度	0.935	0.228	0.018	0.080	0.072	0.020
批发和零售贸易、餐饮业密度	0.927	0.241	0.016	0.034	–0.020	0.000
金融保险业密度	0.973	0.124	0.013	0.073	0.048	0.100
房地产业密度	0.955	0.173	0.011	0.048	–0.005	0.000
社会服务业密度	0.974	0.147	0.017	0.060	–0.010	0.020
卫生体育和社会福利业密度	0.974	0.065	0.013	0.061	0.056	0.050
教育、文化艺术及广播电影电视业密度	0.974	0.068	0.109	0.057	0.073	0.050
科学研究和综合技术服务业密度	0.950	–0.040	0.013	0.007	0.042	0.070
国家机关政党机关和社会团体业密度	0.972	0.104	0.014	0.035	0.056	0.040
其他行业密度	0.275	0.330	0.749	0.062	0.110	0.000
农林牧渔业比重（%）	–0.290	–0.890	–0.224	0.094	–0.139	–0.100
采掘业比重（%）	–0.154	–0.090	0.015	0.202	–0.024	0.890
制造业比重（%）	0.051	0.887	–0.090	0.039	–0.111	0.000
电力、煤气及水利管理业比重（%）	0.165	–0.000	0.211	0.760	0.311	0.199
建筑业比重（%）	0.180	0.499	0.191	–0.251	0.295	0.295
地质勘查业、水利管理业比重（%）	0.162	0.067	–0.022	0.024	0.829	0.000
交通运输、仓储及邮电通信业比重（%）	0.224	0.495	0.307	0.308	0.409	0.234

续表

	主因子					
	经济强度与高级服务业	第二产业与服务业	政党团体等其他服务业	电力、煤气水生产和供应业	地质勘查业等	采掘业
批发和零售贸易、餐饮业比重（%）	0.478	0.685	0.362	0.144	0.219	0.040
金融保险业比重（%）	0.590	0.421	0.381	0.308	0.335	0.000
房地产业比重（%）	0.635	0.564	0.238	0.037	0.076	0.000
社会服务业比重（%）	0.634	0.577	0.353	0.150	0.154	0.080
卫生体育和社会福利业比重（%）	0.569	0.219	0.433	0.363	0.398	0.153
教育、文化艺术及广播电影电视业比重（%）	0.472	0.020	0.545	0.357	0.465	0.182
科学研究和综合技术服务业比重（%）	0.830	0.183	0.301	0.055	0.236	0.010
国家机关政党机关和社会团体业比重（%）	0.297	0.165	0.551	0.512	0.299	0.165
其他行业比重（%）	−0.161	0.014	0.823	0.037	−0.141	0.196

2000 年长三角地区主因子荷载 **表 4-3（c）**

	主因子					
	经济强度与高级服务业	服务业	第二产业	采掘业	其他行业	第一产业
农林牧渔业密度	−0.090	0.162	−0.010	0.034	0.000	0.935
采掘业密度	0.104	0.010	0.091	0.893	0.040	0.010
制造业密度	0.880	0.149	0.175	0.038	0.040	0.340
电力、煤气及水利管理业密度	0.850	0.346	0.119	0.109	0.050	0.080
建筑业密度	0.869	0.158	0.166	0.050	0.070	−0.380
地质勘查业密度、水利管理业密度	0.492	0.484	0.067	0.514	0.000	−0.250
交通运输、仓储及邮电通信业密度	0.899	0.225	0.109	0.031	0.040	−0.060
批发和零售贸易、餐饮业密度	0.961	0.175	0.084	0.003	0.020	−0.050
金融保险业密度	0.946	0.245	0.030	−0.001	0.020	0.018
房地产业密度	0.961	0.072	0.023	−0.022	0.030	0.103
社会服务业密度	0.972	0.127	0.043	−0.010	0.030	0.040
卫生体育和社会福利业密度	0.956	0.232	0.026	0.017	0.030	−0.010
教育、文化艺术及广播电影电视业密度	0.940	0.270	0.011	0.000	0.060	−0.070
科学研究和综合技术服务业密度	0.916	−0.201	−0.030	−0.044	0.090	0.163
国家机关政党机关和社会团体业密度	0.914	0.316	0.450	0.028	0.040	−0.120
其他行业密度	0.678	0.178	0.078	0.021	0.610	−0.140
农林牧渔业比重（%）	0.392	0.510	0.706	0.117	0.060	0.106
采掘业比重（%）	−0.071	−0.090	0.036	0.880	0.000	0.117
制造业比重（%）	0.111	0.102	0.878	−0.001	0.191	0.028

续表

	主因子					
	经济强度与高级服务业	服务业	第二产业	采掘业	其他行业	第一产业
电力、煤气及水利管理业比重（%）	0.090	.664	0.301	0.140	0.104	-0.020
建筑业比重（%）	-0.056	0.083	0.708	0.032	0.000	-0.110
地质勘查业、水利管理业比重（%）	-0.091	0.348	-0.060	0.797	0.175	-0.060
交通运输、仓储及邮电通信业比重（%）	0.191	0.587	0.440	0.047	0.020	-0.840
批发和零售贸易、餐饮业比重（%）	0.546	0.581	0.449	0.008	-0.100	0.120
金融保险业比重（%）	0.640	0.445	0.235	0.068	-0.100	0.108
房地产业比重（%）	0.801	0.414	0.174	0.018	0.060	0.184
社会服务业比重（%）	0.665	0.544	0.319	-0.003	0.030	0.181
卫生体育和社会福利业比重（%）	0.059	0.801	0.055	0.108	0.080	0.075
教育、文化艺术及广播电影电视业比重（%）	0.466	0.803	0.000	0.014	0.090	0.055
科学研究和综合技术服务业比重（%）	0.579	0.598	0.064	-0.066	0.258	0.170
国家机关政党机关和社会团体业比重（%）	0.251	0.882	0.058	0.073	0.020	-0.010
其他行业比重（%）	0.020	0.222	0.133	0.056	0.940	0.000

4.2 地域分布结构特征

城市经济结构是反映城市职能特征的重要途径之一。由于不同城市间存在生产水平和技术革新的差异，本文采用国民经济行业的产值结构和比重结构进行分析。

4.2.1 等级类型结构

通过 2000 年、2004 年全省地级市国民经济行业产值聚类后（图 4-1），可以看到辽中城市群城市的能级类型均可以划分为四个等级（见表 4-4）。

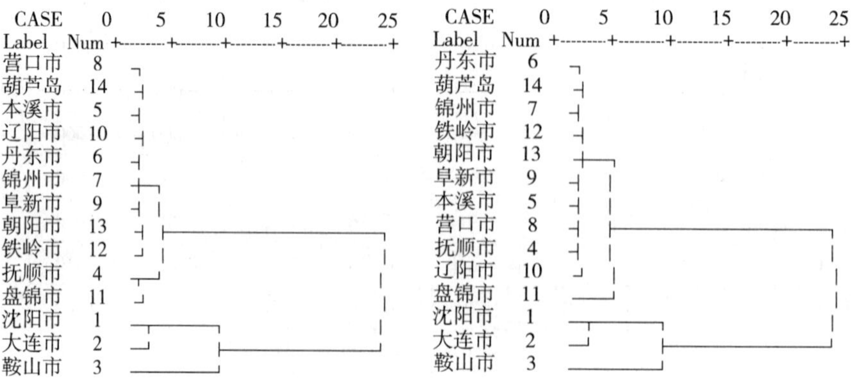

图 4-1　2000 年（左）与 2004 年（右）行业产值聚类

辽中城市群城市等级类型 表 4-4

	2000 年	2005 年
1	沈阳	沈阳
2	鞍山	鞍山
3	盘锦、抚顺	盘锦
4	营口、葫芦岛、本溪、辽阳、锦州、阜新、朝阳、铁岭	抚顺、营口、葫芦岛、本溪、辽阳、锦州、阜新、朝阳、铁岭

图 4–2、图 4–3 所反映的国民经济行业产值数量等级显示，辽中城市群等级的两极特征显著。沈阳、鞍山在辽中城市群中经济实力最强，远高于其他城市的行业产值，是区域的经济核心城市。全省各城市存在着一定程度的经济结构同构现象，除盘锦等采掘业为主的资源型城市外，其他城市的制造业都具有举足轻重的地位，并呈现出持续高速发展的趋势，说明在东北老工业基地振兴政策下，东北地区的制造业功能得到提升，制造业在整个

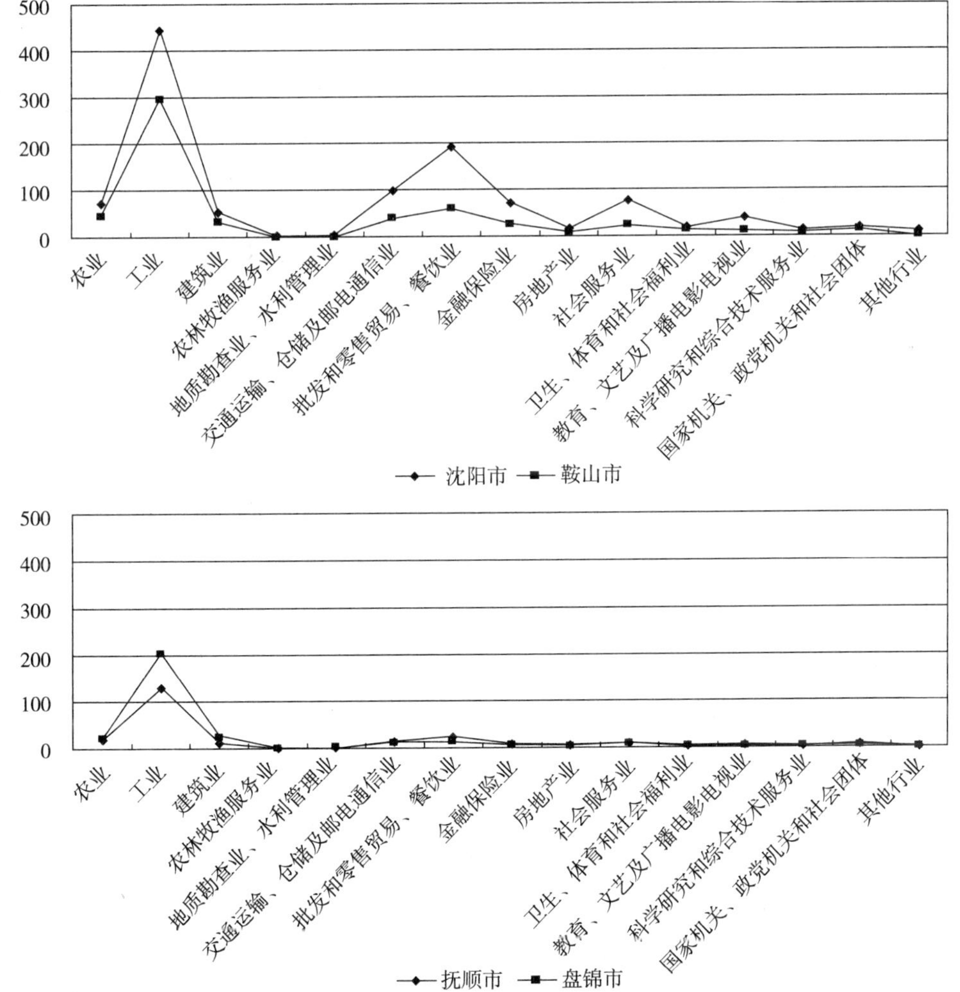

图 4–2 2000 年各城市行业产值等级特征（亿元）(一)

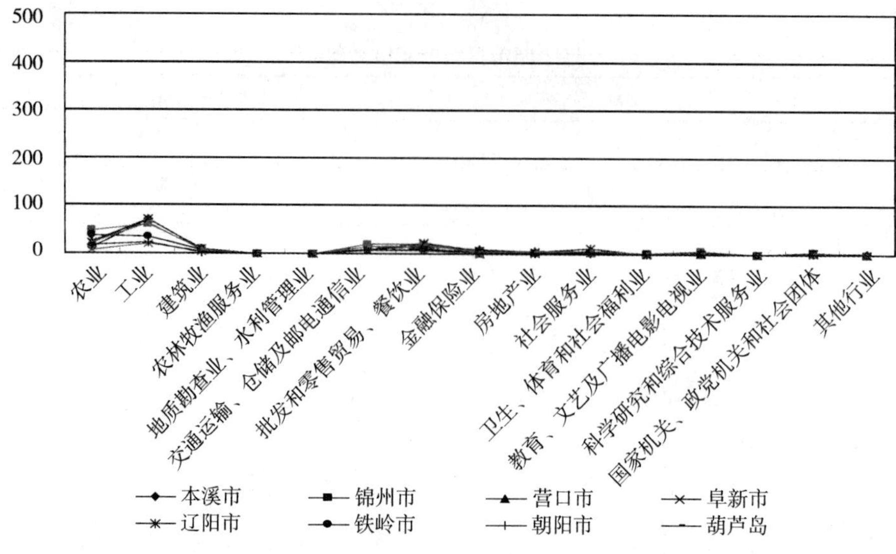

图 4-2　2000 年各城市行业产值等级特征（亿元）(二)

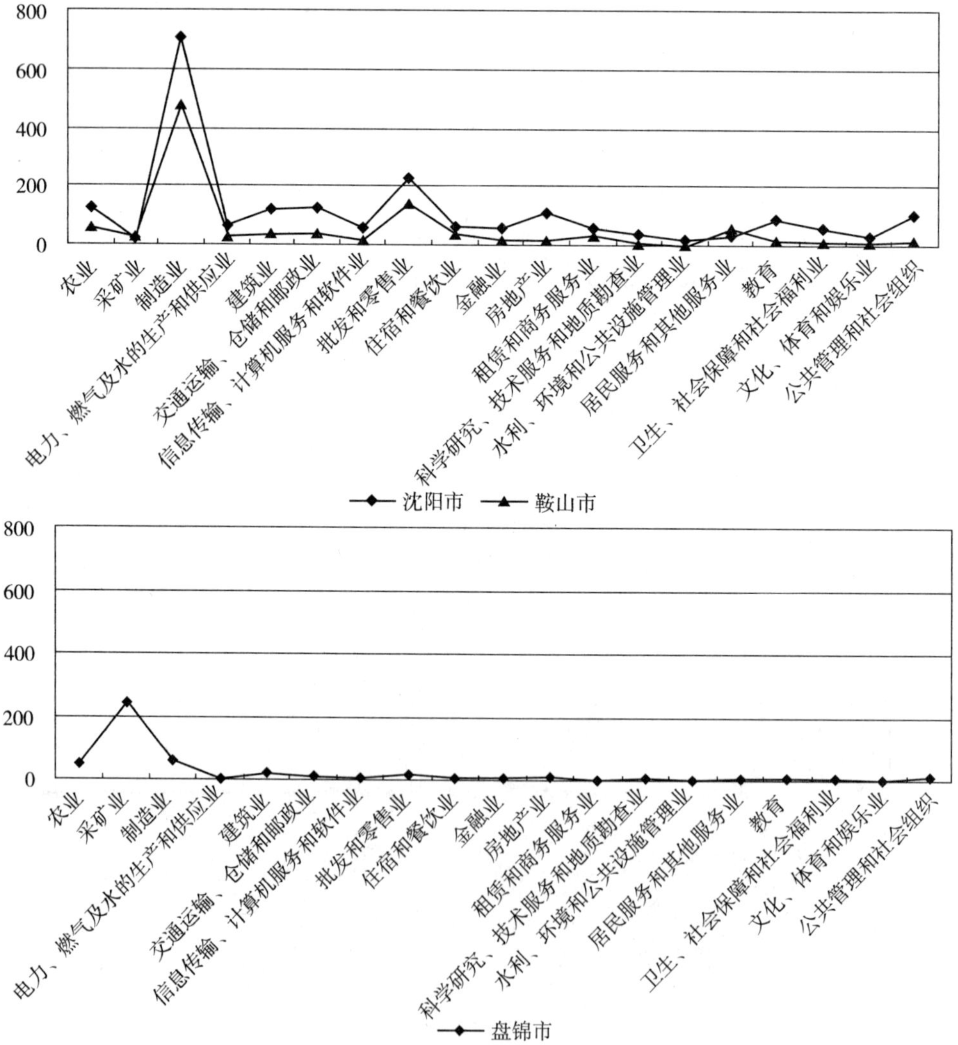

图 4-3　2005 年各城市行业产值等级特征（亿元）(一)

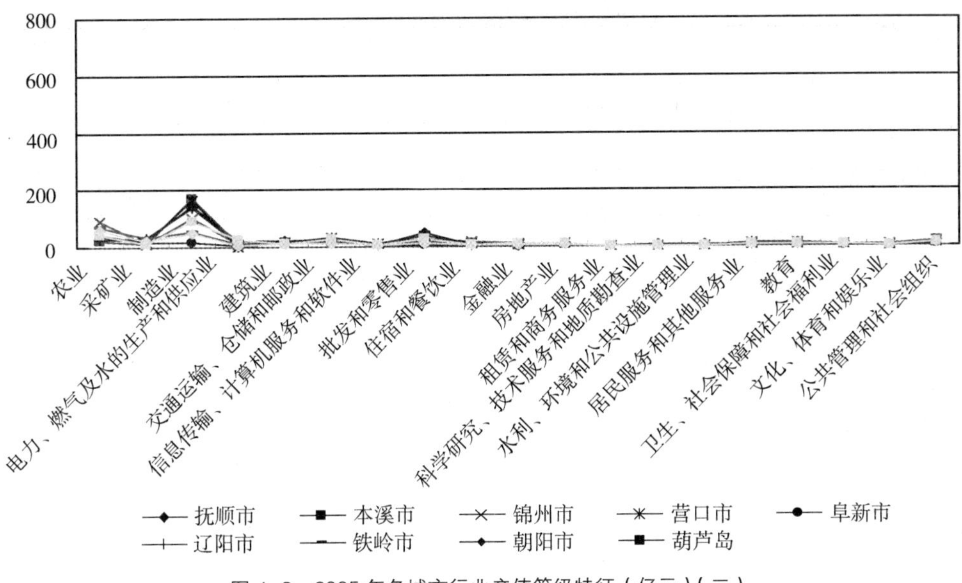

图 4-3　2005 年各城市行业产值等级特征（亿元）（二）

地区呈现出加速发展势头；第三产业仍以批发零售和餐饮业、交通运输服务业等等传统服务业为主，金融保险业、科学研究和综合技术服务业等现代服务业比重较低；锦州、朝阳等城市市区的第一产业就业仍占很大比重。

4.2.2　职能类型结构

从 2000 年、2004 年的国民经济行业比重的聚类结果（图 4-4），将辽中城市群归纳为五种职能类型（表 4-5）

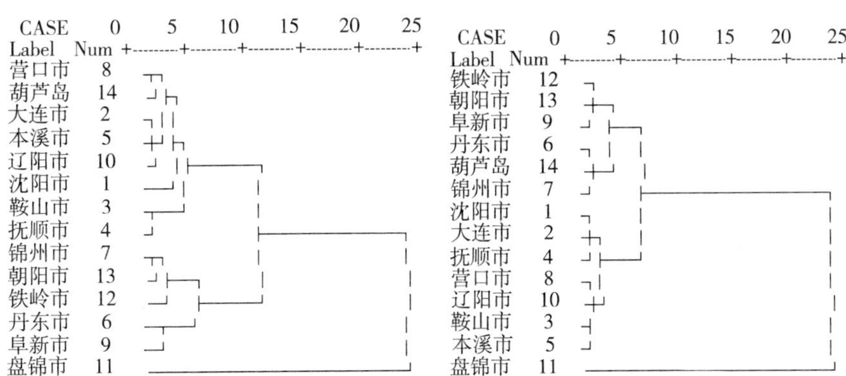

图 4-4　2000 年（左）与 2004 年（右）行业比重聚类

辽中城市群城市职能类型聚类　　**表 4-5**

	2000 年	2005 年
1	沈阳、辽阳、本溪、营口、葫芦岛	沈阳、抚顺
2	鞍山、抚顺	鞍山、营口、辽阳、本溪
3	阜新	葫芦岛、锦州
4	锦州、朝阳、铁岭	铁岭、朝阳、阜新
5	盘锦	盘锦

根据对辽中城市群产值比重历年数据的分析（图 4-5，图 4-6），本文把城市经济结构的变化作为城市职能类型划分的依据，参照吴志强对城市发展的三个阶段的阐述及模型分析变化（吴志强，1998），采用以下五种类型对城市职能进行界定（表 4-6，图 4-7）：

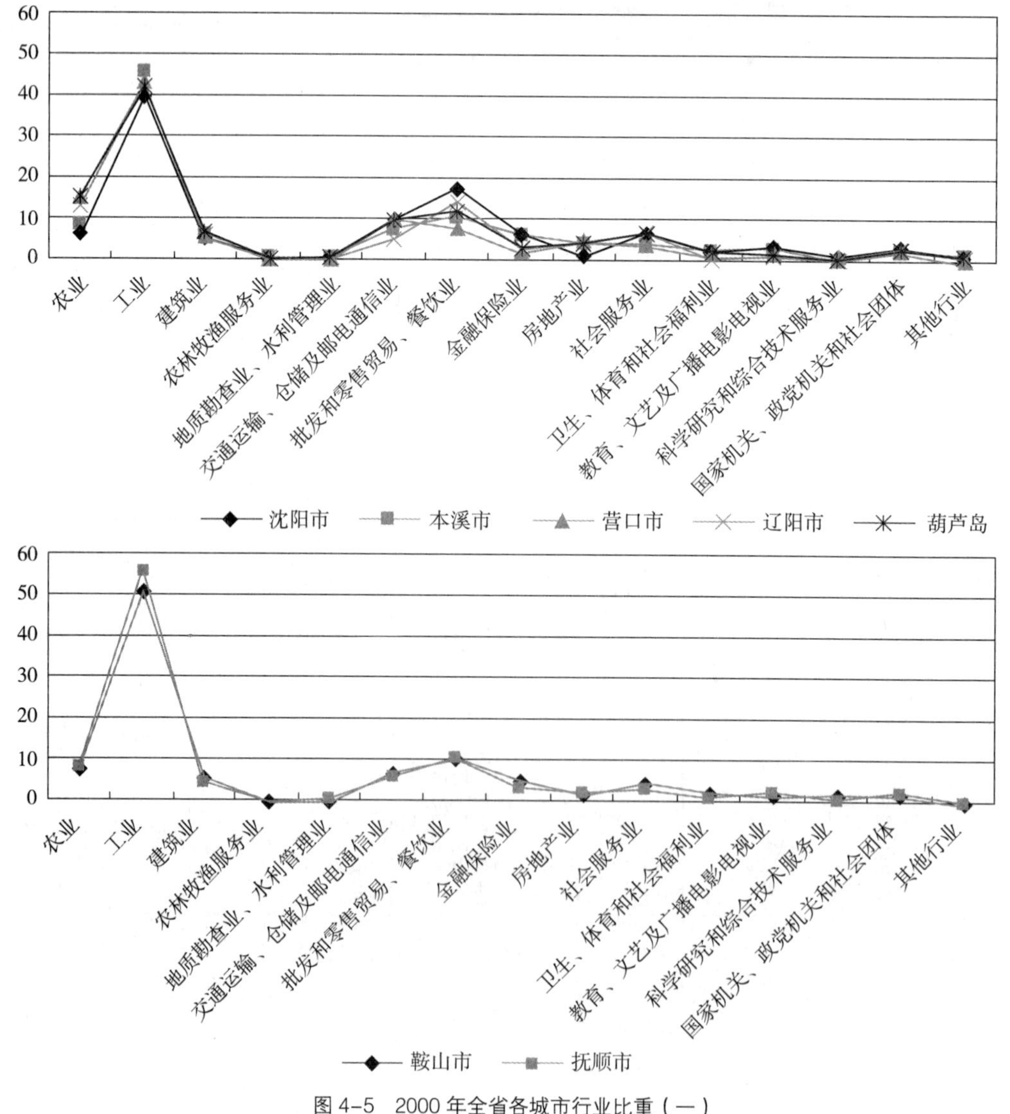

图 4-5　2000 年全省各城市行业比重（一）

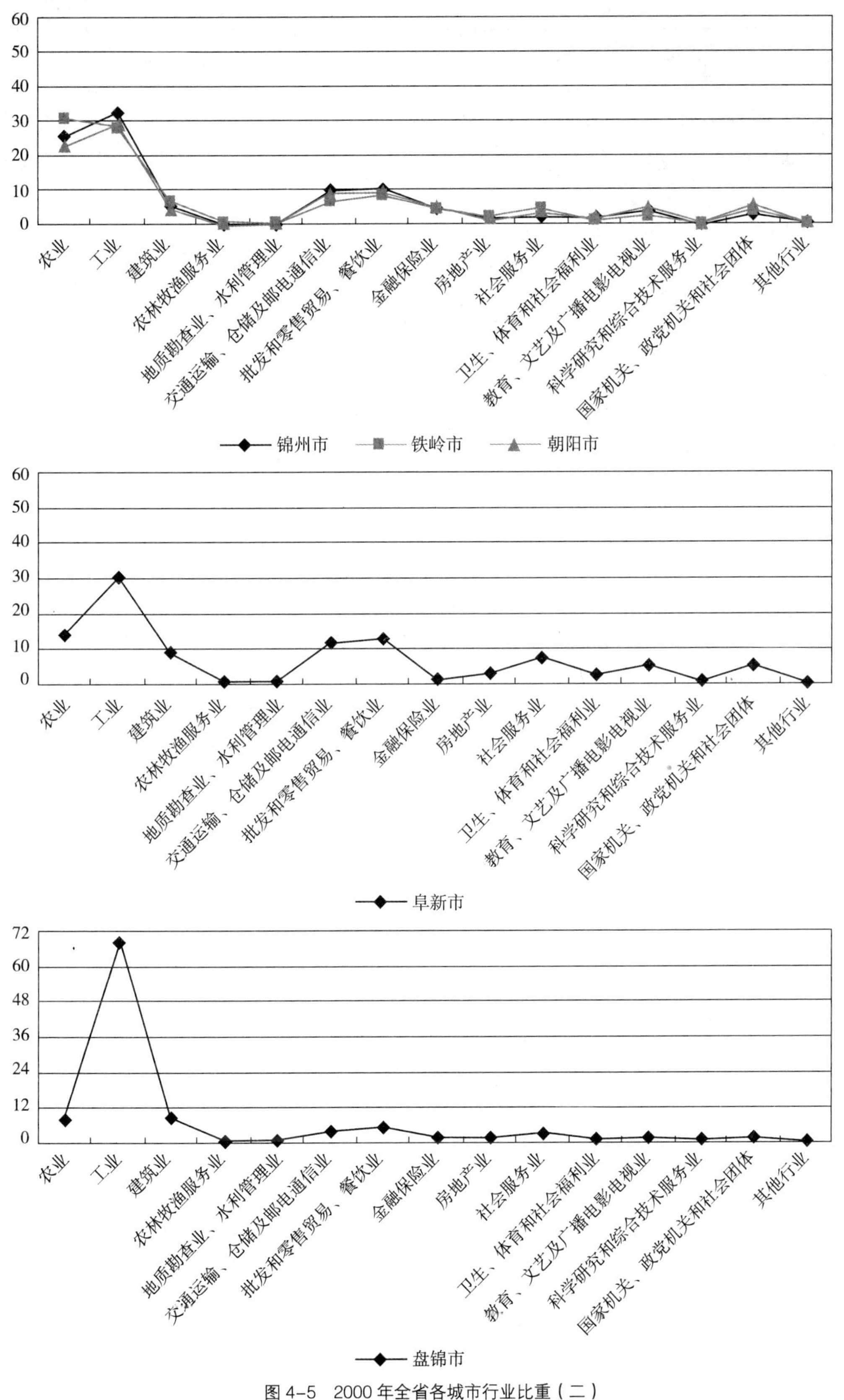

图 4-5　2000 年全省各城市行业比重（二）

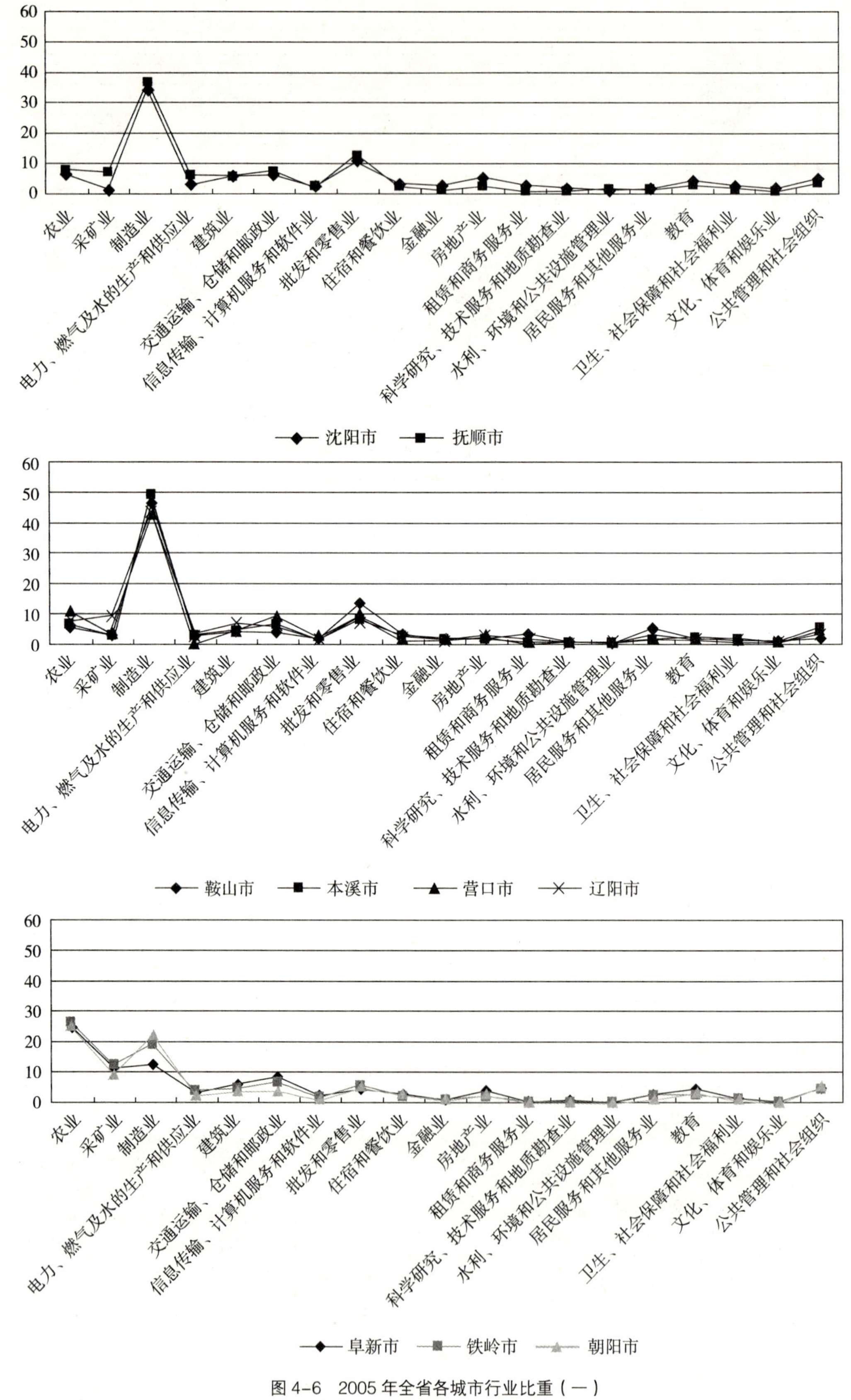

图 4-6　2005 年全省各城市行业比重（一）

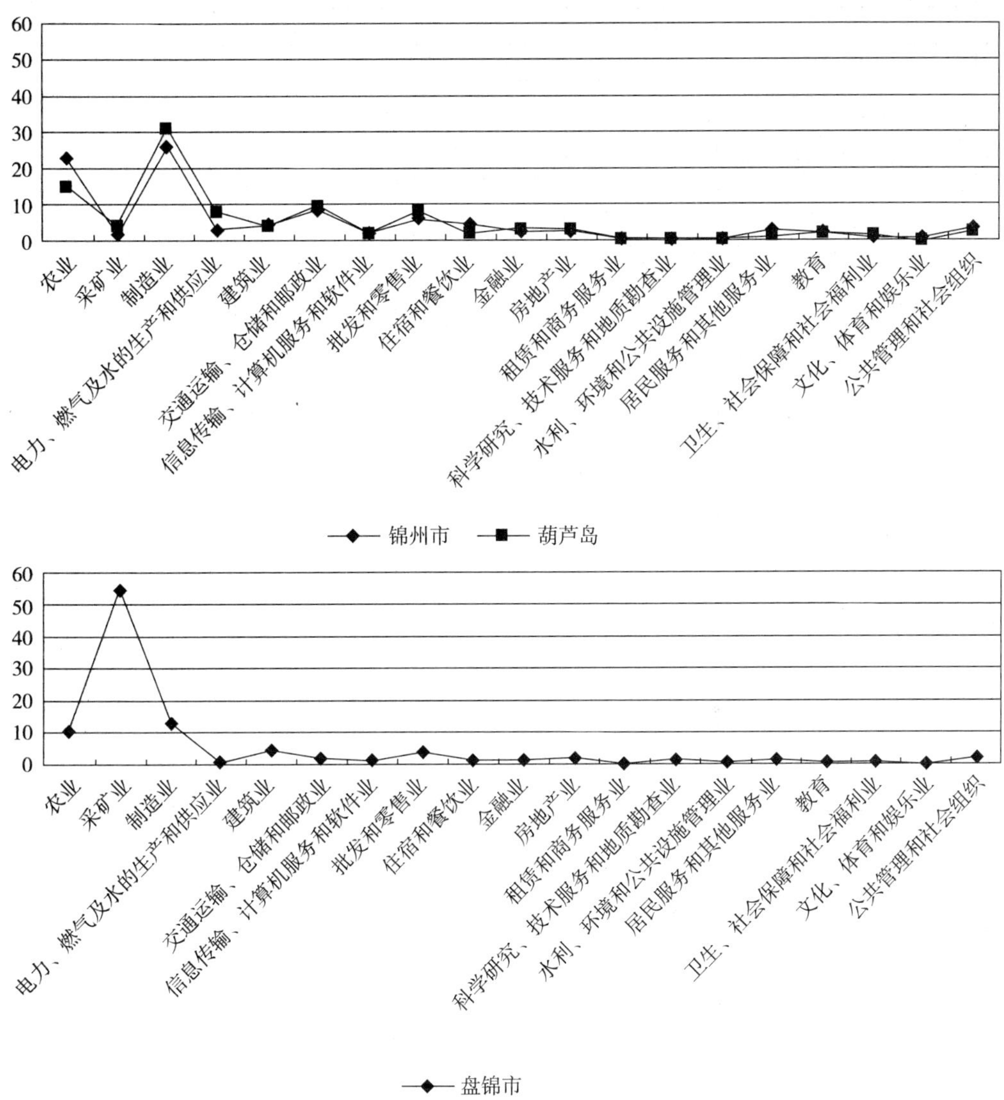

图 4–6　2005 年全省各城市行业比重（二）

城市职能类型界定　　表 4-6

序号	类型	产业比重指标	备注
1	农业主导城市	农业 >24%，工业 <24%，其他 <12%	产业比重指标是指该产业中任一行业数据，如“工业 <24%”表示该产业门类中三项行业指标均小于 24%，“工业 >48%”表示有某一单项行业指标大于 48%
2	工业主导城市	工业 >48%，其他 <12%	
3	工商业主导城市	工业 >36%，第三产业 >12%	
4	服务业主导城市	第三产业 >24%，三产总合 >60%，其他 <12%	
5	行政主导城市	所有行业 <24%	

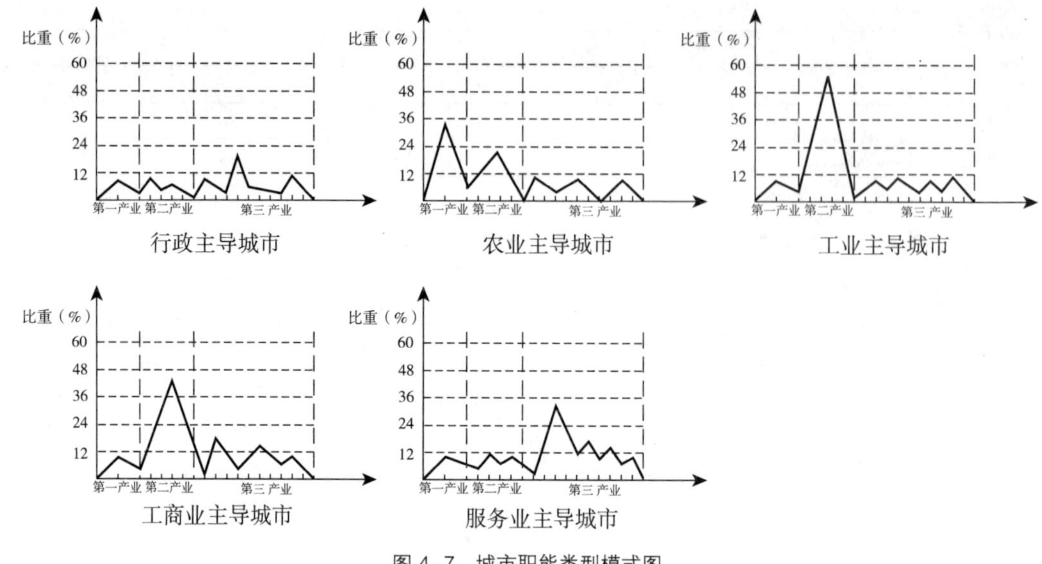

图 4-7　城市职能类型模式图

据此原则，将辽中城市群城市职能表述为表 4-7 所示类型：

辽中城市群城市职能类型　　表 4-7

职能类型		2000 年	2005 年
农业主导城市		锦州、铁岭、朝阳	阜新、铁岭、朝阳
工业主导城市	—	营口、鞍山、抚顺	本溪、营口、辽阳
	采矿业主导	盘锦	盘锦
工商业主导城市		沈阳、本溪、辽阳、葫芦岛	沈阳、抚顺、鞍山
行政主导城市		阜新	锦州、葫芦岛

2004 年国民经济统计口径的调整，对第二、三产业的行业细化、使得城市职能的判断依据更趋合理。由于辽中城市群特定的工业产业基础，在 12 个地级市的职能特征反映了工业化作用于城市社会经济的增长或萎缩结果。

4.2.3　地域分布特征

通过对辽中城市群的都市区组合结构、城市等级梯度和职能类型的实证研究，形成了反映城市群的等级与职能叠加后的地域分布特征图谱（图 4–8）。在都市区中，首位城市与低位城市之间在职能类型上表现为“服务业主导—工商业主导—工业主导”的职能类型序列，以及由高至低的能级梯度；无支柱产业的行政主导城市以及能级较低的农业主导城市不具备城市基本职能，难以对其腹地和周边城市形成集聚或辐射作用，因此，城市职能是区域经济发展的基本条件。

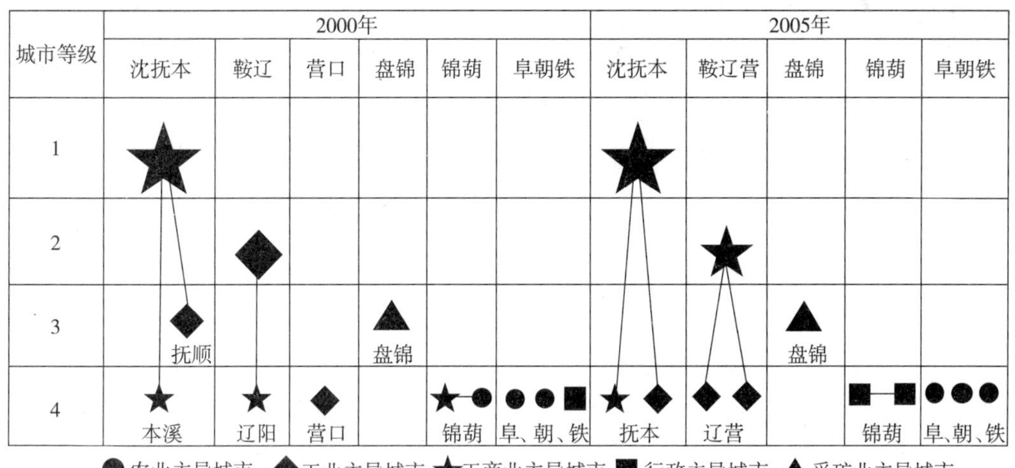

图 4-8　等级梯度与职能类型图谱

4.3　等级分布结构特征

依据城市经济基础理论，城市的基本职能主要为城市以外的地区服务的经济活动，通过产品和劳务的输出为城市带来收入，推动城市经济的增长与扩张，因此城市的基本职能在城市职能体系中处于主导地位，也是形成区域内不同城市之间空间流的重要动力因素。城市职能强度是描述城市职能的主要指标，对于专业化程度高的城市之间，城市职能强度成为城市职能的主要差异因素，城市职能规模起到辅助性作用。总之，界定区域内城市的基本职能强度是研究城市之间空间关系的基础。

4.3.1　职能强度模型

目前，我国学者多采用区位熵的概念来定量城市职能强度，认为区位熵大于 1 的城市存在基本经济活动和外向职能，即存在基本职能。因此，城市的区位熵减去均质区域的区位熵 1。

1. 城市职能强度

区位熵法是城市地理学界定城市职能强度的重要方法，下面是描述某城市 i 的区位熵的数学表达式：

$$L_{q_{ij}} = \frac{G_{ij}/G_i}{G_j/G} \quad (i = 1,2\ldots,n; j = 1,2,\ldots,m)$$

式中，G_{ij} 为 i 城市 j 行业的从业人员数量；G_i 为 i 城市从业人员的数量；G_j 为研究区域内 j 行业从业人员数量；G 为研究区域内总从业人员数量。

2. 城市基本职能强度

在区位熵的概念的基础上进行改进，则 i 城市 j 行业的基本职能强度 E_{ij} 为：

$$E_{ij} = G_{ij} - G_i(G_j/G) \tag{4-1}$$

考虑不同城市和行业的劳动生产率的差异，采用行业的人均 GDP 对基本职能强度 E_{ij}

进行修正：

$$N_{ij}=GDP_{ij}/G_{ij} \tag{4-2}$$

$$F_{ij}=N_{ij}E_{ij} \tag{4-3}$$

最终，在对 F_{ij} 进行“均值—方差”标准化后，可以获得 i 城市的基本职能强度：

$$F_i=\sum_{j=1}^{m}F_{ij} \tag{4-4}$$

4.3.2 基本职能强度

从职能强度数学表达式可以看出，区位商表达的是比率关系，可以反映出城市的基本活动和非基本活动。但是要比较一个城市在区域中所发挥的作用，则必须考虑城市的规模因素，因为区域内小城市个别行业可能比其他大城市的区位商高，但它在区域中的职能强度却微不足道。

本文采用区域主因子特征与职能等级较高的城市主导产业相结合的方式，进行职能强度行业部门选择。区域主因子体现了地区产业的共性趋势特征，规模能级较高的城市主导产业选择保证行业部门选择具有区域作用，也同时反映了区域的产业特征。

通过辽中城市群主因子特征与职能等级前三位的城市（即沈阳、鞍山、盘锦、抚顺）的主导产业相结合，确定采矿业、制造业、交通运输业、批发零售业、金融保险、房地产业、文化体育和娱乐业、科学研究技术和地质勘查业等八个行业部门作为研究对象。

采用沈阳等 12 城市的制造业等 8 行业的就业人口数据计算其基本职能强度，并用行业人均 GDP 数据修正，最终对其进行“均值—方差”标准化，结果见表 4–8、表 4–9。城市基本职能强度等级分布见图 4–9。

2000 年 12 城市分行业及综合职能强度 表 4-8

名称	采掘业	制造业	交通运输	批发和零售	金融保险	房地产	文体	科学研究	综合
沈阳市	–3.53	2.32	3.95	3.34	3.45	1.81	1.64	3.33	16.33
鞍山市	0.08	1.60	1.83	0.59	0.08	0.81	0.46	0.95	6.40
抚顺市	0.19	0.57	1.33	0.08	0.14	0.10	0.22	0.12	2.75
本溪市	0.16	0.42	1.20	–0.09	0.30	0.47	0.18	–0.01	2.64
锦州市	–0.40	–0.62	0.62	–0.16	–0.29	–0.97	0.32	–0.20	-1.71
营口市	–0.19	0.18	0.52	0.05	–0.07	–0.46	0.15	–0.33	–0.15
阜新市	0.04	–0.31	0.32	–0.21	0.01	–0.53	0.14	–0.27	–0.82
辽阳市	0.02	0.19	0.45	0.22	0.11	–0.47	0.10	–0.11	0.50
盘锦市	0.39	–1.22	0.39	0.10	0.17	0.47	0.15	0.21	0.65
铁岭市	–0.01	–1.07	0.62	–0.38	–0.46	–0.83	0.13	–0.40	–2.39
朝阳市	–0.03	–0.45	0.44	–0.45	–0.38	–1.06	0.17	–0.35	–2.11
葫芦岛市	0.03	–0.51	0.30	–0.69	–0.33	–2.19	0.13	–0.19	–3.45

2004 年 12 城市分行业基本职能强度　　表 4-9

名称	采掘业	制造业	交通运输	批发和零售	金融保险	房地产	文体	科学研究	综合
沈阳市	−0.99	2.19	4.20	3.05	3.26	3.32	3.45	3.45	22.21
鞍山市	−0.38	3.28	1.26	−0.93	1.11	−0.11	−0.32	0.68	7.17
抚顺市	0.17	0.23	0.96	0.47	0.22	0.10	0.21	0.21	2.62
本溪市	0.03	0.89	0.77	0.14	0.14	−0.01	−0.08	−0.08	2.11
锦州市	−0.63	−0.58	1.12	−0.07	−0.45	−0.19	−0.20	−0.20	−0.47
营口市	−0.22	0.40	1.17	−0.26	0.09	0.15	−0.17	−0.17	1.38
阜新市	0.18	−0.26	0.44	−0.10	−0.14	−0.19	−0.08	−0.08	−0.05
辽阳市	−0.04	0.33	0.62	−0.71	0.03	−0.23	−0.14	−0.14	−0.01
盘锦市	3.24	−0.27	0.25	0.10	0.15	0.07	0.24	0.24	3.92
铁岭市	0.09	−0.68	0.62	−0.44	−0.24	−0.48	−0.11	−0.11	−1.08
朝阳市	−0.10	−0.79	0.32	−0.70	−0.49	−0.37	−0.37	−0.37	−2.41
葫芦岛市	0.06	−0.47	0.96	−0.56	−1.00	−0.75	−0.21	−0.21	−1.89

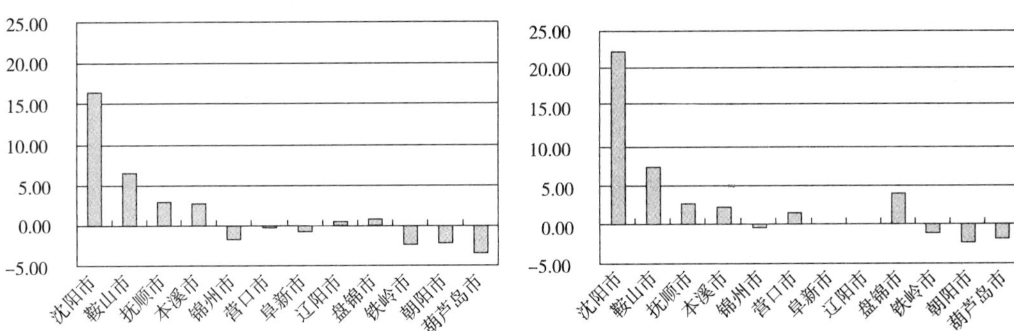

图 4-9　2000 年与 2004 各城市基本职能强度

从城市职能强度的行业部门分布上，第二产业的制造业、采掘业和第三产业的交通运输、批发零售业的外向功能特征明显。由于该地区的良好对外交通条件，交通运输业在所有的城市都表现出较强的区域服务能力。从各城市职能强度特征上，城市基本职能主要集中于第二产业部门和第三产业部门的一般服务业，沈阳服务业的外向功能最强，是区域职能整体提升的重要依托。

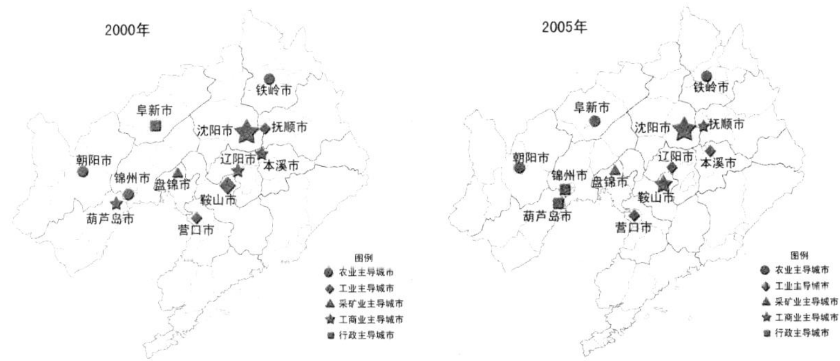

图 4-10　辽中城市群职能空间结构图

4.4 小　结

4.4.1 实证研究小结

（1）从区域的结构特征上看，辽中城市群处于都市区形成和区域发展的初级阶段。主因子特征由单一化向多元化发展的趋势，表明了城市群的各城市已经逐步从单一生产功能的地域单元，向由多种职能构成整合区域综合职能的地域中心的转变，从而在生产与服务、经济管理、文化等诸多领域对腹地区域产生影响，而城市职能的类型和强度是决定区域发展的根本因素。

（2）从城市职能强度的地域分布上看，都市区组合结构中首位城市与低位次之间在职能类型上表现为服务业主导（尚未出现）—工商业主导—工业主导的类型序列，以及由高到低的能级梯度。

（3）从城市职能强度的等级分布上看，辽中城市群城市职能梯级分布特征显著。

4.4.2 理论研究小结

城市经济活动的影响是有空间性的，城市的非基本活动是为城市本身服务的活动，其影响范围为城市的实体地域，包括城市建成区和近郊区；城市的基本活动是为城市以外的地区服务的，即通常所说的专业化部门的影响区域，专业化程度越强影响的空间范围可能越大。

城市基本职能是城市与区域发展的内在机制，一个城市的职能结构支配着城市的发展能力和方向，也影响着城市与区域的关系；城市职能类型决定了城市或区域的空间组织形式，城市职能强度决定着城市或区域影响范围，是都市区边界与区域空间范围界定的基本依据。

第5章

基于城市经济作用的辽中城市群空间结构特征研究

城市体系是有等级层次的，一个城市对它直接影响范围内的城镇和区域依位次产生吸引力和辐射力，同时也受到这个城镇直接吸引范围以外更高位次及更发达区域的吸引和辐射。前者可称为第一引力，后者可称为第二引力。这两个层次的引力的叠加即构成一个城市对外联系由多个方向组成的力场（周一星，1998）。

在一定地域空间范围内，城市之间的劳动地域分工将随着经济、政治、社会、文化联系的增强，将各个单体城市的发展转化为具有紧密关联和相互作用的城市群的区域化发展。城市群内城市引力相互作用强度是区域发展的必要条件。

5.1 地域分布结构特征

本研究选择 GDP、实际利用外资、固定资产投资、工业总产值等四个经济指标，采用引力模型计算辽宁省域的经济作用强度，对全省 14 个地级市市区与各县区之间的作用强度进行分析，为了保持各章节的一致性选用 2000 年和 2005 年数据。

5.1.1 国民生产总值作用强度分析

通过对 2000 年和 2005 年全省 14 个地级城市与各县区的 GDP 作用强度分析后，形成图 5-1。2000 年，辽中城市群的 GDP 作用强度空间特征表现为：高强度区域，以沈阳为核心呈现放射性分布；主要集中在沈大交通轴线上的城市之间；辽西城市之间作用强度相比很弱；县区之间的作用强度相比很弱，主要处于图中第 4、5 级别；从总体形态上看，主要集中在沈阳、抚顺、本溪、辽阳、鞍山、营口、盘锦等城市及所属县区之间。

2005 年，辽中城市群的 GDP 作用强度空间特征表现为：高强度区域，仍然以沈阳为核心呈现放射性分布；鞍山、辽阳、营口、盘锦形成紧密联系次一级地域；辽西城市之间作用强度相比 2000 年有所增强；县区之间的作用强度有所增强，开始出现第 3 级别的经济联系强度；从总体形态上看，作用强度紧密区域范围扩大，主要集中在沈阳、抚顺、本溪、辽阳、鞍山、营口、盘锦、锦州等城市及所属县区之间。

从图 5-1 中可以看出，2005 年相对于 2000 年，整个研究区域内不同城市间的 GDP 作

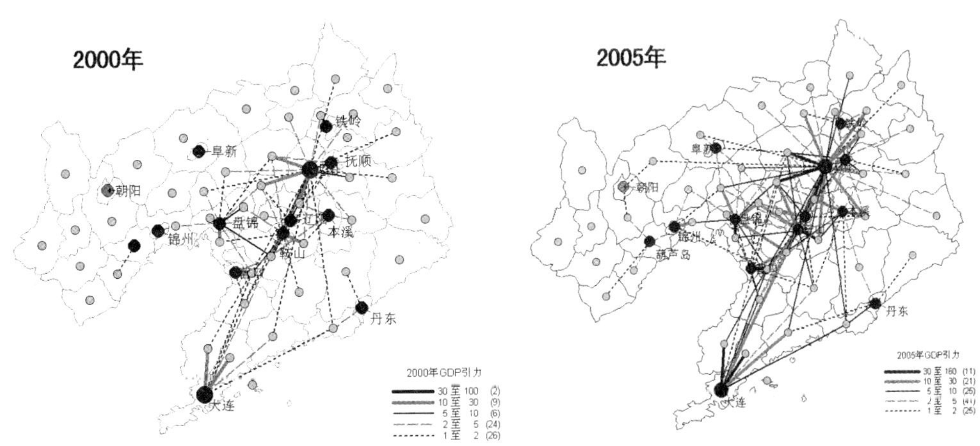

图 5-1　2000 年、2005 年地级市与各县区间 GDP 经济作用强度关系图

用强度明显加强，尤其在沈阳、鞍山、营口和盘锦之间的地带形成了区域经济作用网络化发展趋势。

5.1.2　固定资产投资作用强度分析

通过对2000年和2005年全省14个中心城市与各县区的固定资产投资作用强度分析后，得出图5-2。2000年和2005年，辽中城市群的固投作用强度空间特征与GDP作用强度空间分布特征基本一致。

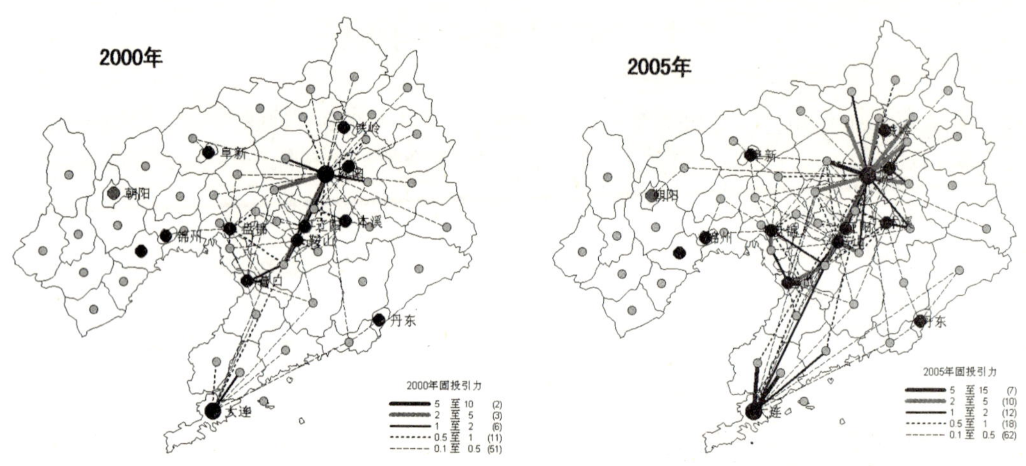

图5-2　2000年、2005年地级市与各县区间固定资产投资经济作用强度关系图

5.1.3　实际利用外资作用强度分析

通过对2000年和2005年全省14个中心城市与各县区的实际利用外资作用强度分析后，得出图5-3。

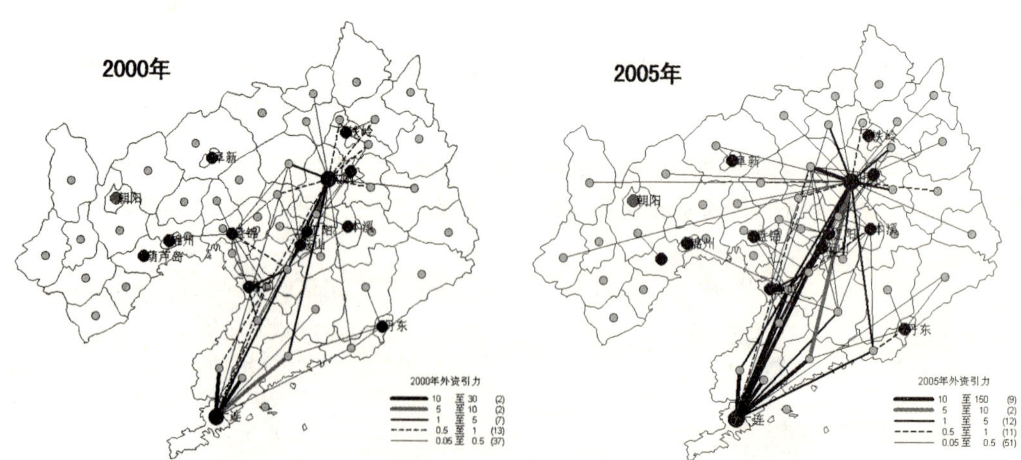

图5-3　2000年、2005年地级市与各县区间实际利用外资经济作用强度关系图

2000 年，辽中城市群的外资作用强度空间特征表现为：主要集中在沈大交通轴线上的城市之间；县区之间的作用强度相比极弱，主要处于图中第 5 级别；从总体形态上看，较高的区域分布在沈阳、鞍山、营口等城市之间。

2005 年，辽中城市群的外资作用强度空间特征基本延续了 2000 年的状况。

从图 5-3 中可以看出，2005 年相对于 2000 年，整个研究区域内不同城市间的利用外资作用强度略显增强，但远远落后于 GDP 和固定资产投资强度增长幅度，空间分布也主要集中在沈阳与营口之间的城镇密集地区，中心城市的空间影响范围增幅较缓慢，说明县区的利用外资额没有明显增长。

5.1.4 工业总产值作用强度分析

通过对 2000 年和 2005 年全省 14 个中心城市与各县区的固定资产投资作用强度分析后，得出图 5-4。

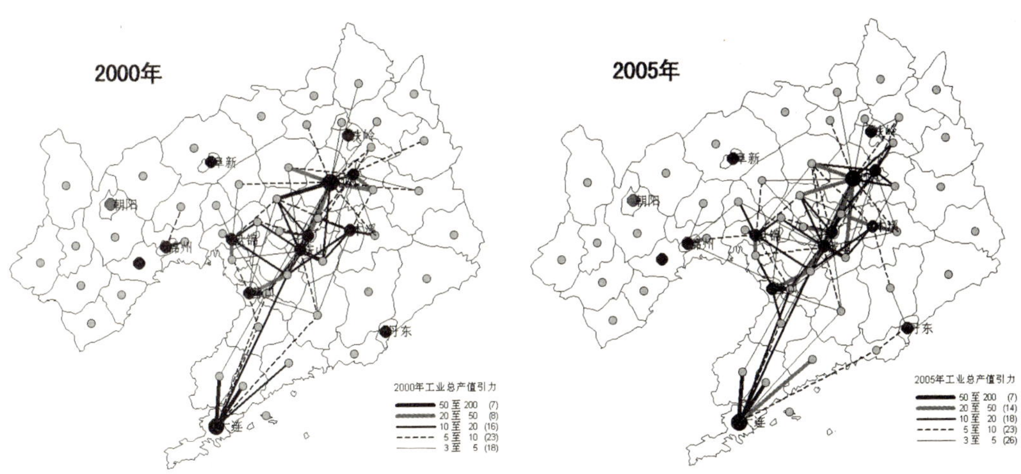

图 5-4　2000 年、2005 年地级市与各县区间工业总产值经济作用强度关系图

2000 年，辽中城市群的工业作用强度空间特征表现为：以沈阳为核心的放射性特征明显；主要集中在沈大轴线上的城市和县区之间；与 GDP、固投、外资相比，县区之间的工业作用强度最高，主要处于图中的第 3 等级，说明工业在县域的分布特征更为明显；从总体形态上看，紧密联系区域存在于沈阳、抚顺、本溪、鞍山、辽阳、营口、盘锦、锦州的城市和县区之间。

2005 年，辽中城市群的工业作用强度空间特征表现为：出现以沈阳为核心的放射性特征；与 2000 年相比，紧密区的空间范围扩展到锦州市；其他特征延续了 2000 年状况。

5.1.5 综合经济作用强度分析

通过对 2000 年和 2005 年 14 个中心城市与各县区综合作用强度的分析（图 5-5），2000 年和 2005 年，以沈阳为核心的放射状区域和沿沈大轴线的带形区域共同构成了辽中城市群的经济联系密集区域，主要覆盖沈阳、鞍山、抚顺、本溪、营口、盘锦、锦州等地；

沈阳周边的放射状辐射区域主要以市区与县区之间的纵向经济联系为主，沈大轴线的城市和县区之间的经济联系为纵向和县区之间的横向经济联系并重，但横向经济联系相比纵向经济联系量级较小，相差 1~3 个量级。

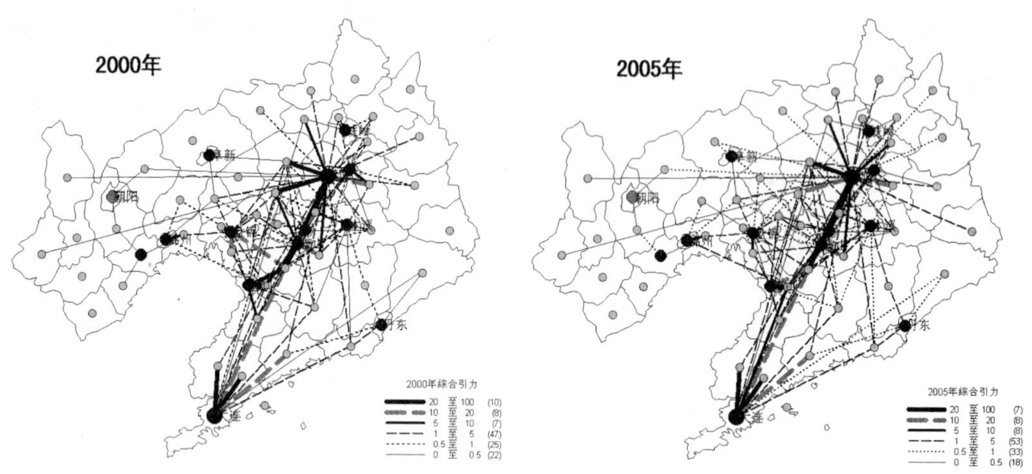

图 5-5　2000 年、2005 年各地级市与各县区间综合经济作用强度分析

综上，辽中城市群的区域经济作用强度空间特征表现为：空间上形成了以沈阳为中心的放射状的紧密区域和以营口、盘锦、鞍山、锦州构成的多中心的次级紧密区域；GDP、固投和工业总产值的空间特征具有一致性，外资的空间分布呈现以经济外向度最高的沈营方向为主体的带形分布；工业在县区的相对高密度分布，说明城市工业布局已经出现边缘化的趋势。

5.2　等级分布结构特征

基于第 3 章研究结果，测定都市区之间的经济联系，结果见表 5-1、表 5-2。

2000 年都市区经济联系分析　　**表 5-1**

	GDP	实际利用外资	固定资产投资	工业总产值	综合引力
沈抚到本溪	30.54	12979.50	2.03	86.38	143.55
沈抚到鞍辽	61.32	93390.91	2.58	161.33	347.32
沈抚到营口	2.27	25301.19	0.22	88.93	51.25
沈抚到盘锦	12.18	28106.29	0.04	16.07	33.34
沈抚到锦州	1.84	6799.96	0.07	7.02	14.03
沈抚到阜新	2.13	769.63	0.14	4.49	8.98
本溪到鞍辽	15.53	2336.65	1.18	36.75	55.74
本溪到营口	0.37	409.56	0.07	13.11	5.31
本溪到盘锦	1.47	334.06	0.01	1.74	2.54

续表

	GDP	实际利用外资	固定资产投资	工业总产值	综合引力
本溪到锦州	0.20	74.25	0.01	0.70	0.98
本溪到阜新	0.16	5.80	0.02	0.31	0.43
鞍辽到营口	3.58	14120.75	0.40	117.31	61.70
鞍辽到盘锦	14.23	11620.21	0.05	15.71	29.73
鞍辽到锦州	1.37	1782.44	0.06	4.35	7.94
鞍辽到阜新	0.95	120.91	0.07	1.67	3.05
营口到盘锦	3.56	21265.25	0.03	58.49	29.64
营口到锦州	0.41	3933.35	0.04	19.53	9.53
营口到阜新	0.12	107.73	0.02	3.02	1.49
盘锦到锦州	2.43	4812.59	0.01	3.89	6.83
盘锦到阜新	1.87	360.91	0.01	1.65	2.90
锦州到阜新	0.31	97.26	0.02	0.80	1.35

说明：综合引力数值为标准化后结果

2005 年都市区经济联系分析 **表 5-2**

都市区之间	GDP	实际利用外资	固定资产投资	工业总产值	综合引力
沈抚本到鞍辽	1122.20	411422.46	97.69	840.71	759.23
沈抚本到营口	37.13	48096.55	9.52	46.98	51.43
沈抚本到盘锦	96.30	10944.38	10.36	59.61	48.87
沈抚本到锦州	21.91	24179.47	1.42	24.02	19.95
沈抚本到阜新	18.52	9165.91	2.71	7.12	13.02
鞍辽到营口	17.25	4760.51	4.98	45.67	20.11
鞍辽到盘锦	36.85	892.03	4.46	47.72	15.74
鞍辽到锦州	5.76	1354.14	0.42	13.21	4.41
鞍辽到阜新	3.53	372.24	0.58	2.84	2.09
营口到盘锦	12.50	1069.37	4.46	27.35	10.93
营口到锦州	2.36	1957.51	0.51	9.13	3.71
营口到阜新	0.58	217.27	0.28	0.79	0.70
盘锦到锦州	7.48	545.37	0.68	14.19	4.31
盘锦到阜新	5.07	165.74	1.03	3.37	2.25
锦州到阜新	1.39	442.06	0.17	1.64	1.11

5.2.1 2000 年经济联系结构

从四个经济指标作用强度的等级特征来看：

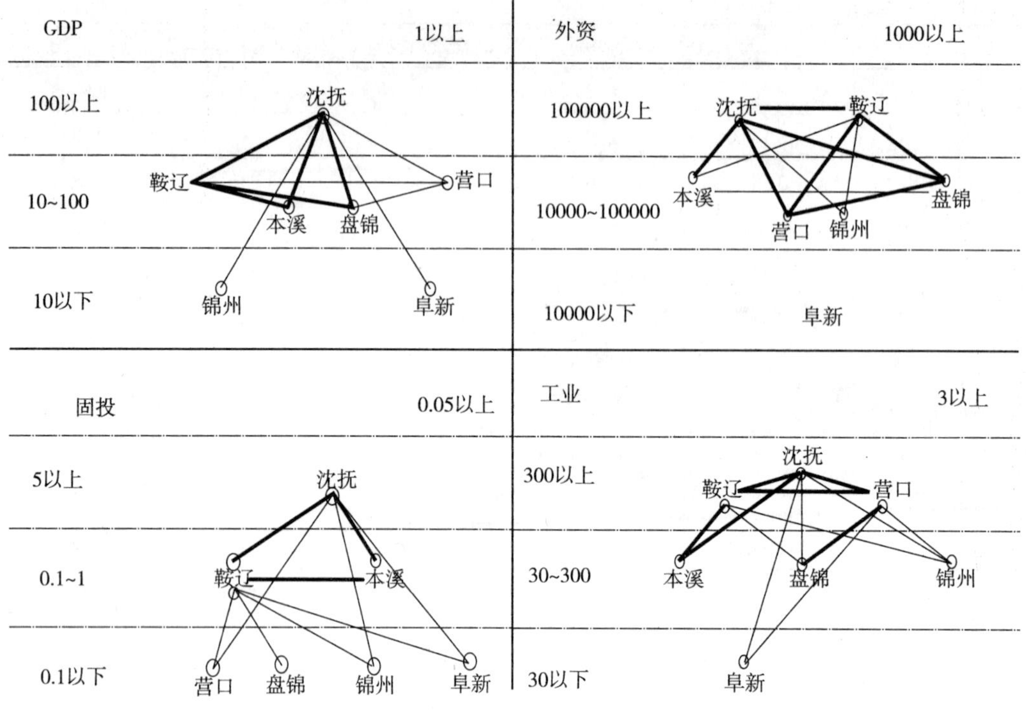

图 5-6　2000 年都市区之间 GDP、外资、固投、工业作用强度关系图

2000 年，都市区之间 GDP 作用强度呈现出单核特征，鞍辽、本溪、盘锦、营口之间横向联系紧密，形成紧密联系区，并共同受到沈抚都市区的辐射；外资作用强度开始出现双核特征，本溪、营口、锦州、盘锦的横向联系不强，其主要联系方向为与沈抚和鞍辽的纵向联系，同时说明外资在沈抚、鞍辽高度集聚；固投作用强度呈现以沈抚为中心的单核特征，固投作用强度以纵向为主；工业作用强度出现沈抚、鞍辽、营口三个核心，三者横向联系紧密，构成三角形地域，与 GDP、固投、外资相比空间分布分散；辽中城市群经济综合作用强度呈现双核特征，主要以纵向联系为主。

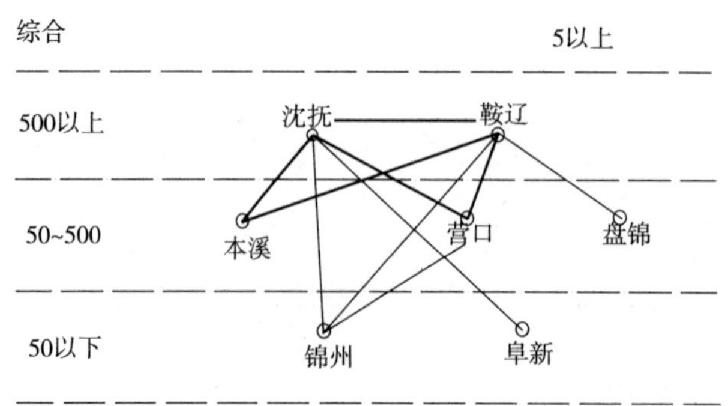

注：线宽分级标准为 50

图 5-7　2000 年都市区之间综合作用强度关系图

5.2.2 2005 年经济联系结构

从图 5-8 可见，2005 年，都市区之间 GDP 作用强度呈现出双核特征，沈抚本、鞍辽、盘锦、营口之间联系紧密，形成紧密联系区，主要以纵向等级结构为主；外资作用强度呈现出双核特征，主要以纵向等级结构为主；固投作用强度呈现出双核特征，沈抚本、鞍辽、营口、盘锦出现紧密联系区；工业作用强度呈现双核特征，沈抚本、鞍辽、营口、盘锦、锦州形成网络化紧密联系区。

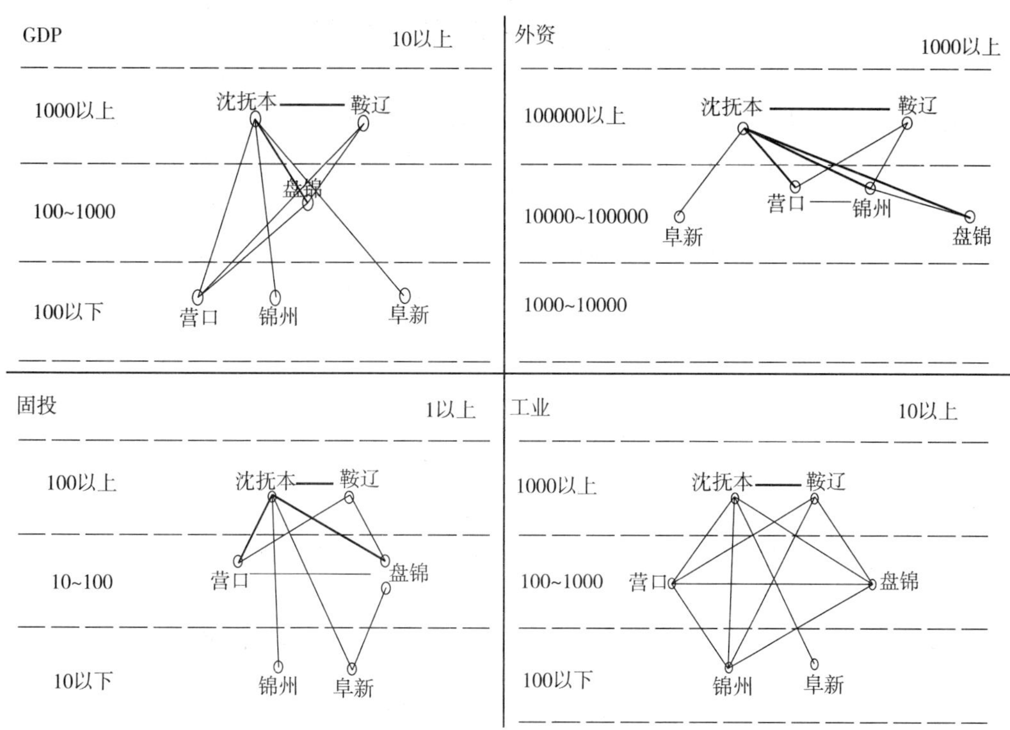

图 5-8 2005 年都市区之间 GDP、外资、固投、工业作用强度关系图

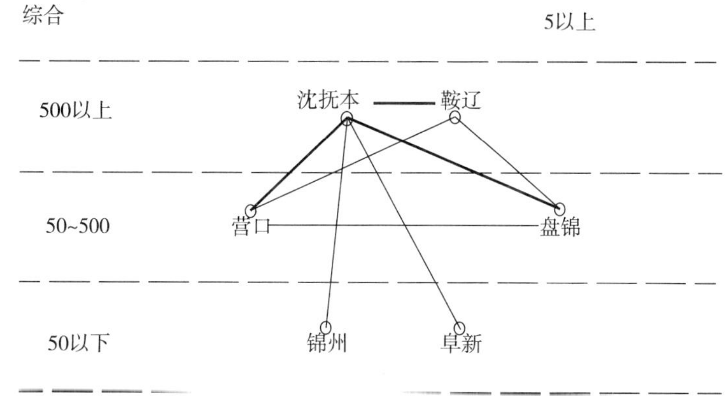

注：线宽分级标准为 50

图 5-9 2005 年都市区之间综合作用强度关系图

将GDP、外资、固投、工业的作用强度的合力作为综合作用强度，图5-9可见，辽中城市群经济作用强度呈现双核特征，沈抚本、鞍辽、营口、盘锦形成网络化紧密联系区域，并呈现扁平化趋势。

2000年和2005年结果对比GDP、外资、固投、工业的作用强度有以下特点：双核特征更为明显；紧密联系区扩大，除外资作用强度以外，基本形成沈抚本、鞍辽、营口、盘锦的紧密联系区；由以纵向等级结构为主转变为纵向和横向联系并存的扁平化结构。

5.3 经济重心偏移分析

将全省视作均质区域，几何中心位于台安县境内。借助"重心"研究方法，假设城市内部为均质区域，将全省各城市的经济特征（GDP、固定资产投资、外资、工业总产值等）视为质量要素，不同规模的城市具有不同的"重量"。全省的重心就是与各城市距离之和最小的那一点（见公式5-1，5-2）。通过全省经济重心与几何中心的比较以及历年来经济重心的空间转移特征分析，可以考察全省不同区域城市的发展速度和水平，并可分析全省不同区域城市实力的消长关系。

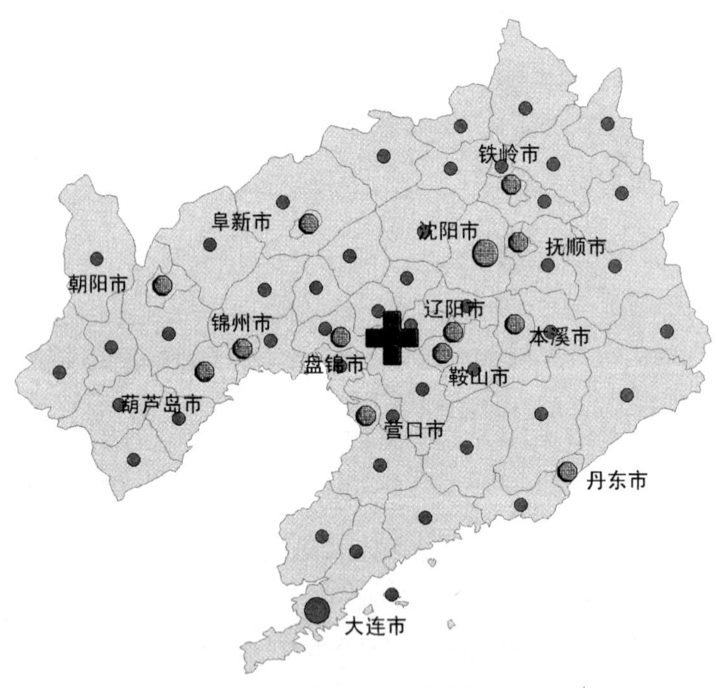

图5-10 辽宁省的几何中心位置图

全省经济重心位置坐标计算公式如下：

$$X_j=\frac{\sum_{i=1}^{i=14}N_{ij}\cdot X_i}{\sum_{i=1}^{i=14}N_{ij}} \quad (5\text{-}1)$$

$$Y_j = \frac{\sum_{i=1}^{i=14} N_{ij} \cdot Y_i}{\sum_{i=1}^{i=14} N_{ij}} \quad (5\text{-}2)$$

式中，X_j、Y_j 分别表示城市群第 j 个“质量”要素重心的经纬度坐标，N_{ij} 表示第 i 个城市第 j 个“质量”要素的质量，X_i，Y_i 分别表示第 i 个城市所在地的经纬度坐标。

5.3.1 国民生产总值的重心偏移分析

对照图 5-10 和图 5-11，辽宁省经济重心位于几何中心之南，并呈现出先向东南、后向西北的发展轨迹，2001 年出现拐点，偏移的步长变大。说明沈阳为中心的经济板块和辽西经济板块的作用力增强。

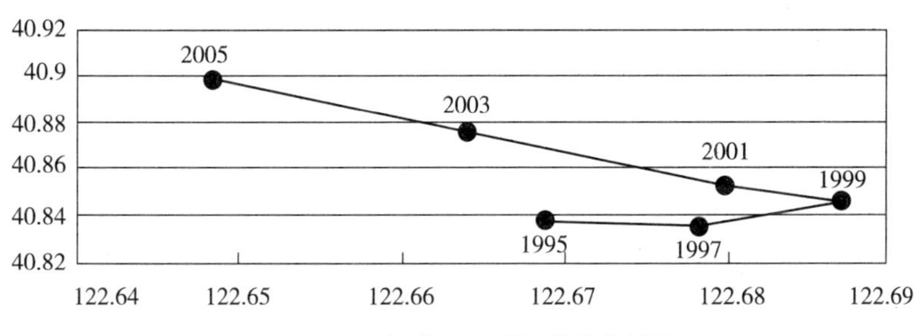

图 5-11 辽宁 GDP 重心偏移分析图

5.3.2 固定资产投资的重心偏移分析

对照图 5-10 和图 5-12，辽宁省固定资产投资的重心也位于几何中心之南，1995~2003 年重心偏移处于紊乱状态，2003 年拐点出现并直接偏向东北方向，说明沈阳市的固定资产投资在 2003 年以后增长强劲，投资重点发生转移。与 GDP 的重心偏移规律对比，其结果反映了固定资产投资产生经济效果的滞后性，以及沈阳未来的城市发展潜力巨大。

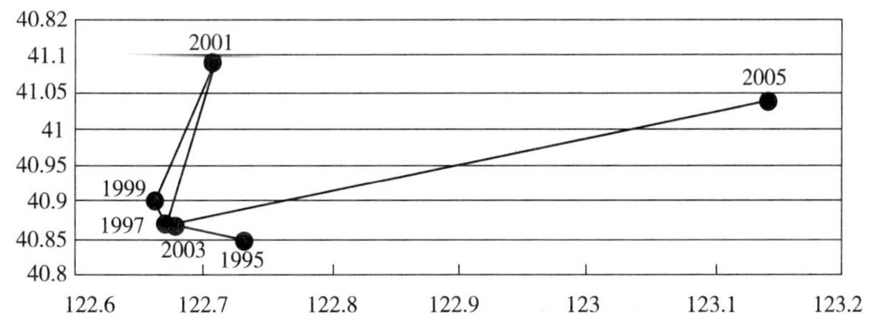

图 5-12 辽宁固定资产投资重心偏移分析图

5.3.3 实际利用外资的重心偏移分析

对照图 5-10 和图 5-13，辽宁省实际利用外资的重心与 GDP、固定资产投资、工业总产值相比明显南偏，说明大连板块的外资比重更高。但 1995~2005 年的偏移轨迹总体趋势指向沈阳方向，偏移的步长也逐渐加大，说明外资的重心位置主要取决于沈阳、大连的博弈，而相比较而言，沈阳市的吸引外资能力在快速加强，振兴东北老工业基地政策的促进作用正在显现。

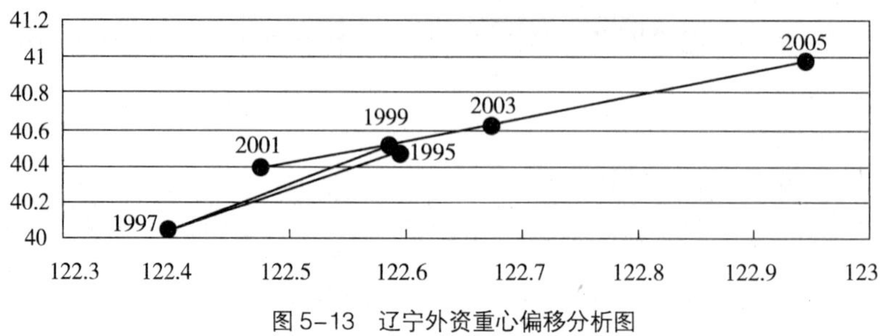

图 5–13　辽宁外资重心偏移分析图

5.3.4　工业总产值的重心偏移分析

对照图 5–10 和图 5–14，辽宁省工业总产值的重心位于几何中心之南，总体趋势是向东北偏移，向沈阳方向偏移 2003 年出现拐点，偏移的步长变大，说明沈阳板块的工业总产值贡献在加大。

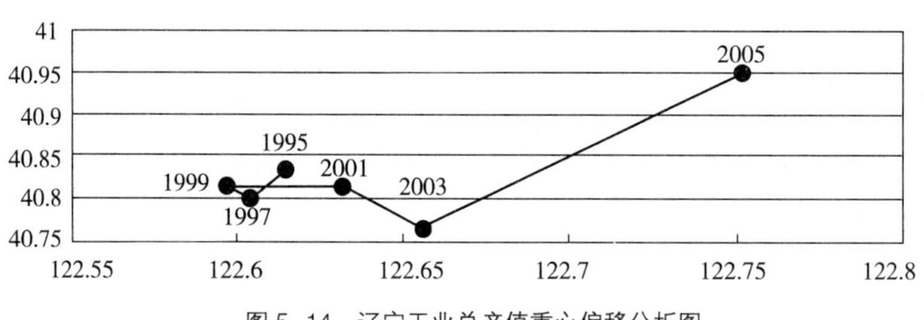

图 5–14　辽宁工业总产值重心偏移分析图

5.3.5　经济重心偏移特征总结

在辽中城市群的重心研究中，对重心偏移影响最大的是沈阳和大连两个城市，其中以沈阳为核心的辽中城市群对重心影响更大，其中有经济强度影响因素，也有空间距离影响因素，重心的偏移主要取决于以沈阳为中心和以大连为中心的两大板块的较力。1995~2005 年全省 GDP、固定资产投资、实际利用外资、工业总产值的重心偏移轨迹及总体趋势均反映出较强的规律性，总体趋势是向东北方向偏移，也就是沈阳在全省的贡献率在持续增强，并且拐点基本在 2001~2003 年之间出现，2003 年后全省各种经济重心加速向沈阳偏移。

2000~2005 年全省各经济要素重心偏移统计　　　表 5-3

	经度变化（度）	纬度变化（度）	偏移方向	偏移趋势	偏移距离（km）
GDP	0.02062	–0.06007	↘ 西北	变缓	5.536
固投	0.41001	0.18417	↗ 东北	加速	48.116
外资	0.35338	0.49483	↗ 东北	加速	57.149
工业总产值	0.13766	0.11694	↗ 东北	加速	18.175

5.4 小　　结

5.4.1 实证研究小结

（1）从经济重心偏移规律上，1995~2005 年全省 GDP、固定资产投资、外资、工业总产值的重心偏移轨迹及总体趋势均反映出较强的规律性，总体趋势是向东北方向偏移，沈阳在全省的贡献率在持续增强，并且拐点基本在 2001~2003 年之间出现，2003 年后全省各种经济重心加速向沈阳偏移。

（2）从地域分布结构特征上，以沈阳为核心的放射状区域和沿沈营轴线的带形区域共同构成了辽中城市群的经济联系密集区域，主要覆盖到沈阳、鞍山、辽阳、抚顺、本溪、营口、盘锦、锦州等地。环沈阳的放射状辐射区域主要以纵向经济联系为主；沈营轴线的城市和县区之间的经济联系为纵向和横向经济联系并重，但横向经济联系相比纵向经济联系量级小。

（3）从等级分布结构特征上，出现双核心（沈抚本、鞍辽）特征，说明沈抚本经济高密度集聚都市区与以鞍辽为增长极的鞍辽—营口—盘锦—锦葫的多中心都市区两大板块的同时出现；由纵向等级结构为主转变为纵向和横向联系并存，反映了区域多中心网络化空间结构的形成。

5.4.2 理论研究小结

城市经济联系是城市群经济发展的客观基础，从城市间经济联系的角度来分析城市群的发展，对洞察城市群内组成的结构格局、功能分异及城市间的组合关系具有重要意义。国内相关研究利用引力模型计算各城市之间经济作用强度的数据，定量地分析城市间经济联系的强弱，这是地理学界研究城市群空间特征的重要手段。本章用经济作用强度数据分析了辽中城市群的地域分布、等级分布和重心偏移规律，从而归纳总结了该区域空间结构的特征规律。

一个具有区域效应的城市，从理论上讲对其周围空间的影响是无限的。但是在现实的地理空间中受交通、通讯技术等客观因素和政治制度、文化背景等社会因素的影响，城市的外部效应呈现空间和等级上的梯度特征，不同城市的外部效应的消长形成了城市群的重心偏移，从而表现为城市之间经济联系强度的地域分布和等级分布特征。城市经济联系强度是城市区域发展的必要条件，也是区域空间界定的依据。

第6章

基于城市流的辽中城市群空间结构特征研究

城市流是指在城市间人流、物流、信息流、资金流等空间流在城市密集区内发生的步骤、双向或多向的流动现象❶，是城市群功能联系的产物和空间表现形式，其本质是城市群区域具有密切经济联系的城市间和产业间的相互作用。因此，城市流强度是界定地域空间联系的必要条件。

区域之间的联系通过人流、物流、资金流、信息流等形式得以实现，它们的流向、流量具有很好的相关性。目前以有形的物流和人流对城市的影响最为直接，资金流、信息流的重要性日益增强，但在一定程度上也要转化为物流和人流❷。因此，对外的交通运输成为城市与外部联系的主要手段，成为实现社会劳动地域分工的重要杠杆。

本章通过交通联系研究城市流强度，分析区域内各城市之间的地域和等级分布特征，从而总结归纳出基于城市流强度的区域空间结构特征规律。本章采用辽宁省 1995 年、2000 年、2005 年的公路交通数据，从辽宁省域范围内的公路交通流量分析着手，涉及全省 14 个地级市的 62 个交通单元。

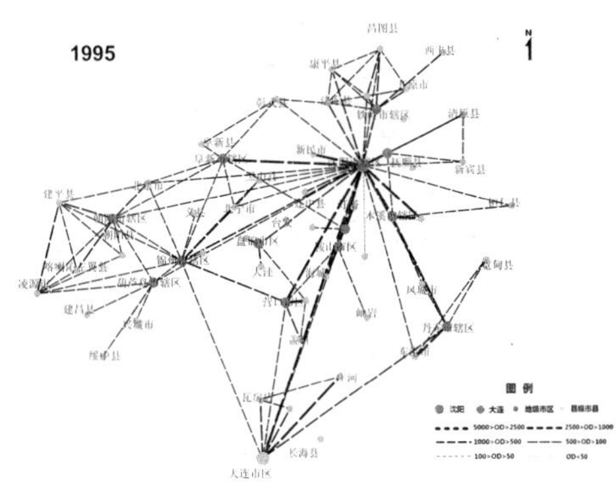

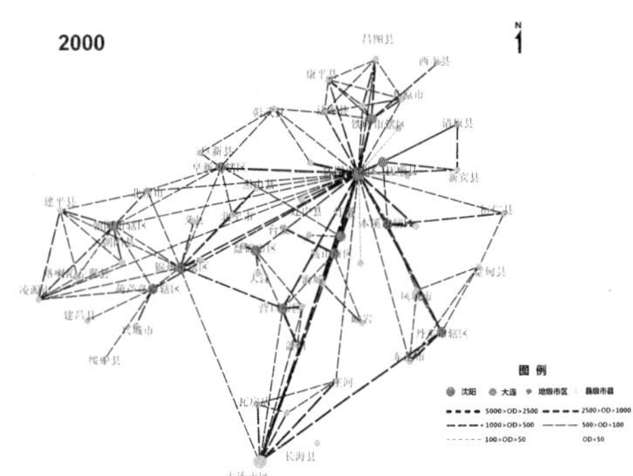

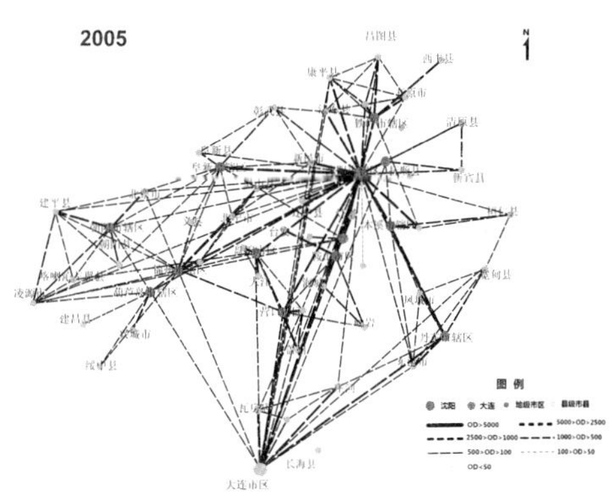

图 6-1　辽宁省交通联系空间分布图

6.1　地域分布结构特征

由于研究中涉及的城市和县数量较多，根据辽宁城市间交通联系量数据的实际情况，本文设定两城市之间交通联系量为大于 100 万辆 / 年以上。全省市区、县的交通分布情况见图 6-1。

全省交通联系强度呈现出典型的空间分异特征。总体上，强的交通联系主要集中在地级市间，沈阳周边地区的交通活动尤为活跃，呈现出以沈阳为中心的放射状的交通联系网络。沈阳在辽宁省交通体系中处于“强核”地位，沈大线和沈山线在区域内的交通地位相对于其他轴线更为突出，三者形成了交通

❶　朱英明 . 城市群经济空间分析 [M]. 北京：科学出版社 . 2004.

❷　周一星，孟延春 . 中国大城市的郊区化趋势 [J]. 城市规划汇刊，1998（3）.

密集的扇形区域。

交通联系紧密区主要可以分为三大区块：①环沈阳地区，主要为沈阳、抚顺、本溪、铁岭、鞍山、辽阳、营口；②辽南地区，沿沈大方向的主要为大连、鞍山、营口；③辽西地区，沿沈山方向的锦州、葫芦岛、朝阳、阜新、盘锦。

从时间序列上看，辽宁省的交通体系成长快速，城市间的交通联系强度都在快速增长。以沈阳为例，沈阳市区出行总量分别为 23728、28776、51707 万辆，年递增率 8.1%。

为了更为准确地分析交通流的地域空间结构，将从地级市的交通影响范围分析、以沈阳为核心的交通联系归簇分析、交通单元的流量级差分析等三个方面进行更为详尽的论证。

6.1.1 交通影响范围分析

选择 2000 年和 2005 年的数据，分析辽中城市群主要城市的交通影响范围，结果见表 6-1、图 6-2。其中，沈阳的交通影响范围已经基本覆盖整个全省区域。

2000 年、2005 年辽中城市群主要城市交通影响范围 表 6-1

城市	2000 年交通影响范围	2005 交通影响范围
沈阳	省域	省域
鞍山	鞍山市域、辽阳市区、营口市区	鞍山市域、辽阳市区、营口市区
抚顺	抚顺市域	抚顺市域
本溪	本溪市域	本溪市域
锦州	锦州市域、阜新市区、朝阳市区、葫芦岛市区	锦州市域、阜新市区、盘锦市区、朝阳市域、葫芦岛市域
营口	营口市域、鞍山市区、盘锦市区	营口市域、鞍山市区、盘锦市区
阜新	阜新市域、锦州市域、朝阳市区	阜新市域、锦州市域、朝阳市区、盘锦市区
辽阳	辽阳市域、鞍山市区	辽阳市域、鞍山市区
盘锦	盘锦市域、营口市区	盘锦市域、营口市域、锦州市区
铁岭	铁岭市域	铁岭市域
朝阳	朝阳市域、锦州市区、阜新市区	朝阳市域、锦州市区、阜新市区
葫芦岛	葫芦岛市域	葫芦岛市域、朝阳市区

从交通分析范围来看，跨行政区联系的地级市有沈阳、鞍山、锦州、营口、阜新、盘锦朝阳和葫芦岛，抚顺和本溪的交通联系反映这两个城市仅与沈阳具有较强的交通联系，其中沈阳与抚顺的交通联系已达到 3235 万辆 / 年，是与沈阳联系最紧密的地级市。

对比 2000 年，2005 年锦州的交通影响范围扩大最为明显，锦州、朝阳、葫芦岛、盘锦之间相互交通影响在增强，相互之间横向交通联系较强，已形成相对完整的交通联系紧

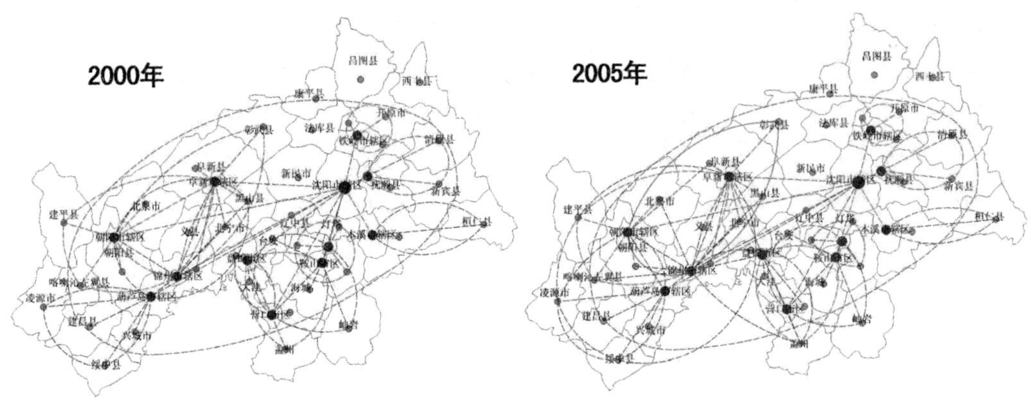

图 6-2　2000 和 2005 年辽中城市群主要城市交通影响范围图

密区；同时，鞍山、营口、盘锦正在形成交通联系紧密区域，并与交通中心沈阳的交通联系日趋紧密，共同构成了辽中城市群交通密集区块。

6.1.2　交通联系归簇分析

为了清晰地审视不同方向上的交通联系的特征和变化规律，本文根据全省各城市的空间位置关系、现状交通联系情况，进行了交通流的归簇分析，将全省从沈阳出发的交通流归纳为 6 个主要方向，其中沈丹方向为本溪、丹东；沈山方向为盘锦、葫芦岛；沈大方向为鞍山、辽阳和营口；沈阜方向为阜新、朝阳。

从表 6-2、图 6-3、图 6-4 的结果来看，沈大轴线始终是辽宁省内最重要的交通轴线，但各轴线出现了在时间序列上的消长关系。对于 1995-2000-2005 年的时间序列：① 沈阳到辽西的锦州、阜新等方向的交通流在逐年增加，年增长率超过 10%，2005 年交通流量二者比重之和已达到 30%，超过了大连方向；沈阳到抚顺交通联系强化明显，年增长率达到 9.8%。② 沈阳到丹东方向的交通联系强度在不断弱化，2005 年丹东方向交通流比重为 19%，呈下降趋势；沈大方向的交通量比重从 26% 降低到 21%。

全省以沈阳为中心的交通流归簇分析表（万辆 / 年）　　表 6-2

	铁岭方向	抚顺方向	丹东方向	大连方向	锦州方向	阜新方向	合计
1995 年	2752	2869	4723	5445	2388	3000	21177
2000 年	3337	3479	5728	6604	4555	5072	28775
2005 年	5060	7276	8686	10014	6907	7690	45633
年递增率 %	6.3	9.8	6.3	6.2	11.2	9.9	8.0

总体而言，以沈阳为核心的交通轴线呈现两大特征：① 沈阳与京津冀地区的交通联系在增强，从而带动了沈阳—辽西城市的交通联系的增强；② 沈大方向仍然是辽宁省内最重要的交通走廊和经济增长带。

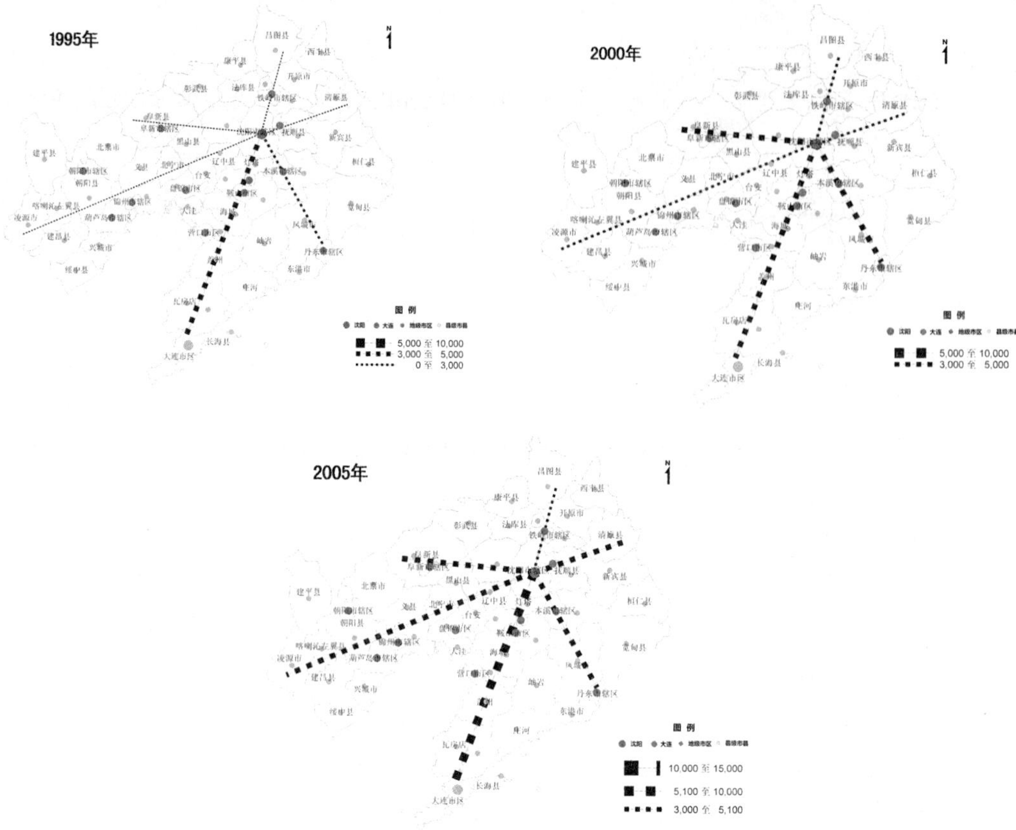

图 6-3 1995 年、2000 年、2005 年辽宁省交通流向的归簇分析图

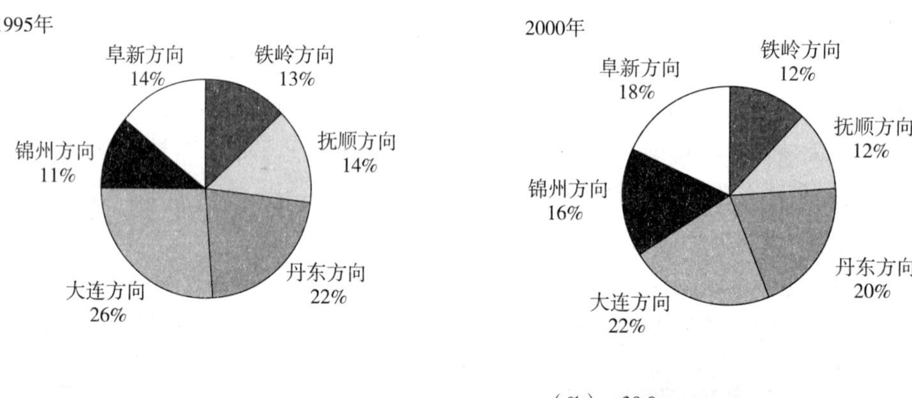

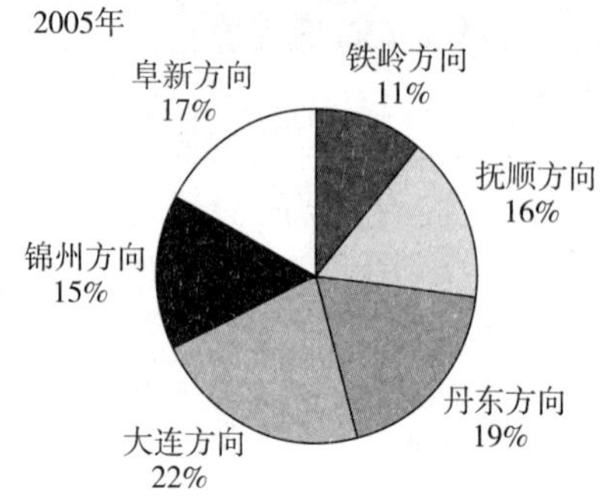

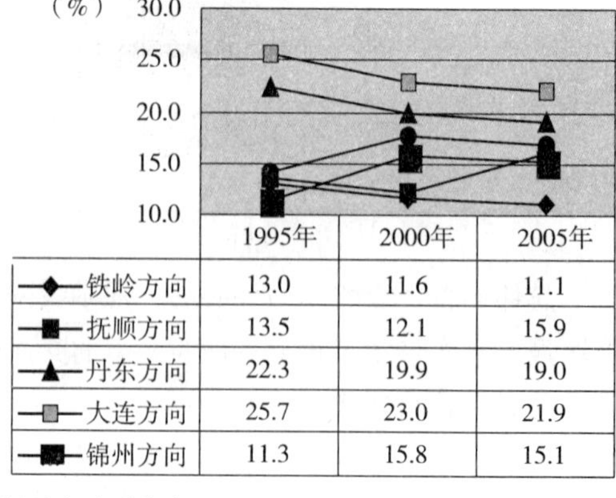

	1995年	2000年	2005年
铁岭方向	13.0	11.6	11.1
抚顺方向	13.5	12.1	15.9
丹东方向	22.3	19.9	19.0
大连方向	25.7	23.0	21.9
锦州方向	11.3	15.8	15.1

图 6-4 全省主要交通流流向比重分布图

6.1.3 交通单元的流量级差

以辽中城市群交通单元为对象，对其 2000 年、2005 年所有的公路交通流进行合并，划分等级，见表 6–3。

交通单元的交通流等级分布（万辆 / 年） **表 6-3**

交通流强度分级	2000 年主要城市市区和县	2005 年主要城市市区和县
9000 以上	沈阳市区	沈阳市区
6000~9000		新民、鞍山市区、抚顺市区、本溪市区、本溪县、锦州市区、营口市区、阜新市区、盘锦市区、铁岭市区、朝阳市区
4000~6000	鞍山市区、抚顺市区、本溪市区、本溪县、锦州市区、营口市区、阜新市区、铁岭市区、朝阳市区	海城、辽阳市区、调兵山、昌图、凌源、建平
2500~4000	新民、海城、辽阳、盘锦、调兵山、昌图、凌源、建平	康平、法库、清原、北宁、黑山、大石桥、盖州、彰武、灯塔、开原、北票、葫芦岛市区
2500 以下	葫芦岛市区及其他县区	其他县区

注：沈阳市区 2000 年为 34000 万辆；2005 年为 52000 万辆

对比 2000 年和 2005 年的辽中城市群的交通流量级差分布结果，可得出以下结论：

交通流强度增幅显著，尤其沈阳市区的交通流的强核特征十分明显，为其他城市市区的 4~6 倍。2000 年交通流量超过 6000 万辆 / 年的只有沈阳市区，到 2005 年超过 6000 万辆 / 年的交通单元包括沈阳市区、新民、鞍山市区、抚顺市区、本溪市区、本溪县、锦州市区、营口市区、阜新市区、盘锦市区、铁岭市区、朝阳市区。其中，2005 年沈阳市区、抚顺市区、本溪市区、本溪县、铁岭市区形成连片的高交通强度地区。沈大轴线上的鞍山、辽阳、营口等城市构成次一级的交通流强区域。辽西地区的交通强度较低，除锦州外基本处于第 4 级，到 2005 年已形成黑山—北宁—锦州—葫芦岛的较强交通走廊。

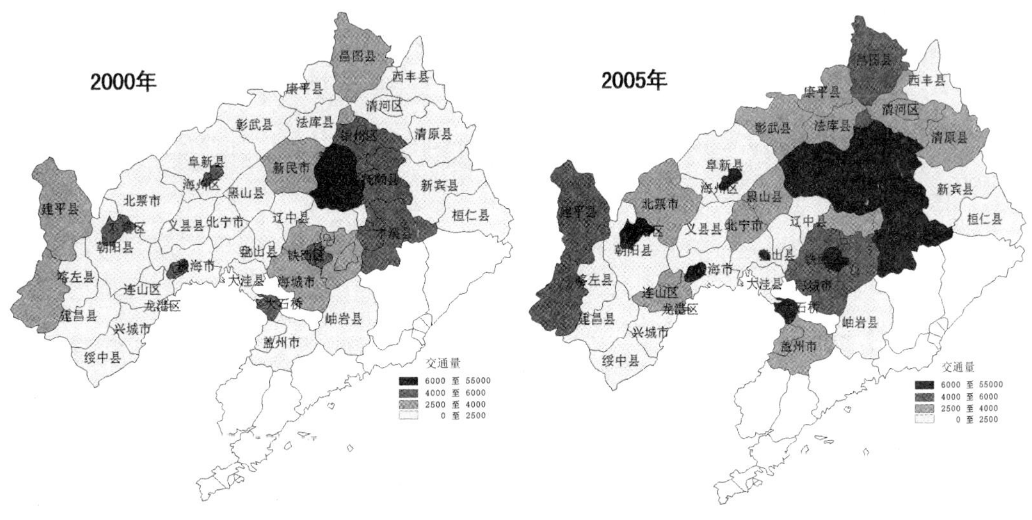

图 6–5 2000 和 2005 年交通流量级差分布图

6.2 等级分布结构特征

6.2.1 核心区之间交通联系

以2000年辽中城市群所有都市核心区（数据以市区交通流量代替）为研究对象进行交通量统计，结果见表6–4、图6–6。

2000年都市区之间的交通流量（万辆／年） 表6-4

2000年	沈抚本	鞍辽	锦葫	营口	盘锦	铁岭	朝阳	阜新
沈抚本	—	1505	783	1481	809	1135	333	1733
鞍辽	1417	—	24	148	43	7	13	7
锦葫	1457	31	—	55	126	21	213	405
营口	1416	148	39	—	651	15	7	6
阜新	1707	7	154	6	84	41	260	—
盘锦	785	43	67	651	—	18	12	84
铁岭	1115	7	20	15	18	—	25	41
朝阳	325	13	196	7	12	25	—	260
合计	10367	1754	1654	2363	1742	1262	863	2536

2000年都市区之间交通联系强度可分为四个等级：① 大于10000万辆／年的为沈抚都市区；②大于2000万辆／年的为营口都市区、锦葫都市区和阜新；③大于1000万辆／年的为鞍辽都市区、盘锦都市区、本溪都市区和铁岭；④ 1000万辆／年以下的为朝阳。

以2005年辽中城市群所有都市核心区为研究对象进行交通量统计，结果见表6–5、图6–6。

2005年都市区之间的交通流量（万辆／年） 表6-5

2005年	沈抚本	鞍辽	锦葫	营口	盘锦	铁岭	朝阳	阜新
沈抚本	—	2234	1179	2235	1225	1691	493	2589
鞍辽	4148	—	36	224	65	11	19	11
锦葫	3944	47	—	83	191	32	323	613
营口	3147	224	59	—	987	22	10	9
盘锦	1191	65	102	987	—	27	18	127
铁岭	1691	11	30	22	27	—	38	62
朝阳	493	19	297	10	18	38	—	394
阜新	2589	11	233	9	127	62	394	—
合计	17467	2610	2498	3570	2640	1883	1295	3805

2005年都市区之间交通联系强度可分为四个等级：① 大于17000万辆／年的为沈抚本都市区；②大于3500万辆／年的为营口都市区、锦葫都市区和阜新；③大于2500万

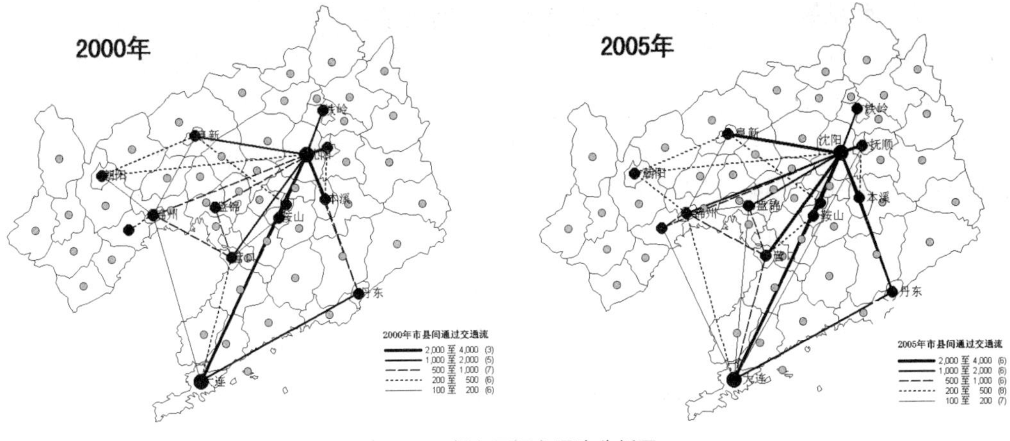

图 6-6　都市区间交通流分析图

辆 / 年的为鞍辽都市区、盘锦都市区；④ 2500 万辆 / 年以下的为铁岭、朝阳。

从交通流的流量比较来看，辽中城市群的经济活力快速增加；沈抚本一直是区域交通联系最强的区域，是区域增长的极核，整个区域交通联系增长速度较快；锦葫和营口都市区的对外交通联系的急速增长显示了这两个区域经济的快速增长和辐射作用的增强。

6.2.2　交通单元间交通联系

2000 年，以大于 100 万辆 / 年的交通流量为标准，各县区交通流大都指向所属的行政中心城市；辽中城市群的局部地区出现县区之间的横向交通联系，但横向的交通流仍然远低于纵向的交通联系，其中横向交通联系的量级大约在 100 万辆 / 年 ~1000 万辆 / 年，而纵向交通联系的量级大约在 500 万辆 / 年 ~2000 万辆 / 年。

2005 年基本持续了 2000 年的总体特征，以大于 100 万辆 / 年的交通流量为标准，主要城市到县区的纵向交通联系的覆盖范围在扩大，量级提高到 1000 万辆 / 年 ~3000 万辆 / 年，横向交通联系的量级大约在 200 万辆 / 年 ~1000 万辆 / 年。

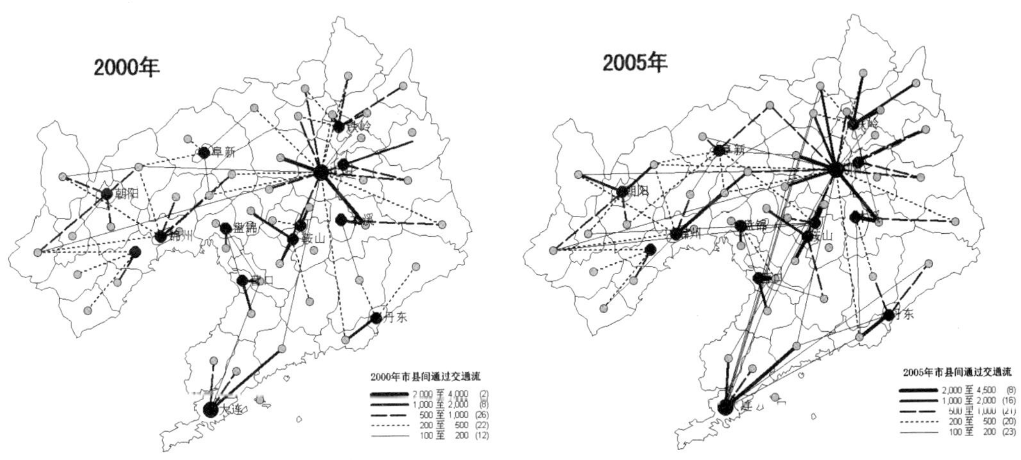

图 6-7　沈阳及其他城市与县区的交通结构图

6.2.3 交通联系等级结构

将都市区之间交通联系与市区、县之间的交通联系进行总结合并，对图 6-5 的总交通流强度进行分级。由于图 6-5 以地级市区和县为对象，因此为了统一内容，此处将都市区分解为地级市进行数据统计，可以清楚地分析辽中城市群的交通结构。以 500 万辆 / 年为最低标准，以 1000 万辆 / 年为线宽分级标准，确定 2000 年和 2005 年的辽中城市群交通联系结构，结果见图 6-8。

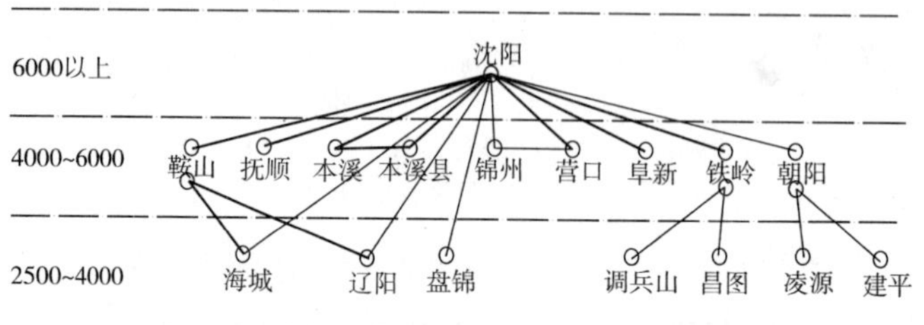

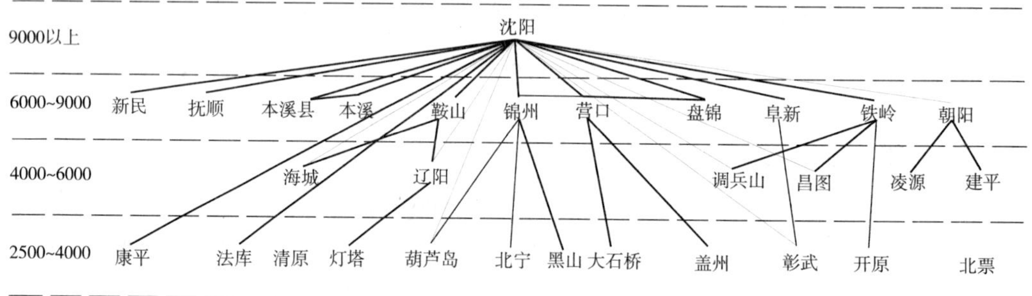

图 6-8 2000、2005 年沈阳及其他城市与县区的交通结构图

都市区之间：2000 年和 2005 年的都市区交通流量对比，对外交通联系的增长率都在 50% 左右，沈抚本都市区内城市和辽西地区各城市之间的交通流量相比增长更快。

2000 年和 2005 年辽中城市群都市区之间的交通流对比 **表 6-6**

	沈抚本	鞍辽	锦葫	营口	阜新	盘锦	铁岭	朝阳
2000 年	12100	1754	4218	2363	1742	1262	863	668
2005 年	17467	2610	6303	3570	2640	1883	1295	1012
增长率	0.446	0.488	0.51	0.511	0.516	0.492	0.501	0.515

注：由前文分析可知，沈抚本都市区内部交通增长很快

县之间：通过对县之间交通流量进行分析（数据量大，文中未给出附表），对比 2000 年交通数据，2005 年县之间的交通流量增长了 66.8%，大于都市区之间的 50%；县之间交通流量大于 100 万辆 / 年的由 22 对增加到 31 对，增长了 41%。

6.3 小　　结

6.3.1 实证研究小结

（1）从辽中城市群区域发展的地域分布结构特征来看，形成了以沈阳为中心覆盖沈阳、本溪、抚顺的交通密集区和西南方向的以沈大、沈山为两翼的扇形次区域；

（2）从辽中城市群区域发展的等级分布结构特征来看，呈现出以沈抚本都市区为极核，锦葫都市区、营口都市区、鞍辽都市区和盘锦都市区为第二层次，以海城、大石桥、铁岭、调兵山、朝阳、阜新为第三层次，以及具有横向联系的县区为基质的扁平化网络联系结构，区域联系趋向一体化发展。

6.3.2 理论研究小结

城市群的一个显著特征是借助于交通运输的通达性，发生与发展着城市间的内在联系，促进区域社会经济达到较高程度，将城市群区域内不同规模、职能各异和空间分离的城市结合成具有一定网络结构的有机体整体。区域发达的综合交通运输网的通达与便捷性，是城市流得以实现的基础与保证。

通过以交通流为基准的城市流研究，其地域和等级分布的结构特征是区域发展的必然结果，从区域发展的充分条件方面提出了区域空间范围的界定依据。

第 7 章

结　语

7.1 理论研究结论

区域边界的界定是城市体系中最综合，最富于变化的部分，城市的地域概念通常有三种形式，即行政区域、景观区域和功能区域。本文所界定的区域边界即指功能区域的边界。功能区域是中心城市与其周围存在密切的商品、服务、资金、信息、通勤等联系的区域，其最主要的特征就是其中存在着密切的经济联系，因而本文将区域之间的经济联系强度作为边界界定的主要依据。

基于区域发展的动态性以及行政范围对应的统计数据单元，本文将各城市的都市区作为区域界定的基本单位，将都市区之间因地域连绵和空间组合而形成的具有密切经济社会联系的城市化地区，包括都市区、大都市区、都市圈和都市连绵区的区域发展阶段的表述，统称为城市区域（Urban Region）。同时，受统计数据的统计口径的影响（见表 7–1）对于区域边界的界定分为两个层面的内容：首先是各个行政统计单元的都市区空间范围即都市区边界的界定；其次是由都市区构成的城市区域边界即区域边界的界定。

相关数据统计单元及来源 **表 7-1**

	统计单元	来源
行业就业人口	区县 84 个，辽中城市群	第五次人口普查、第一次经济普查
经济指标	市区、县级市、县 58 个，辽宁省	辽宁统计年鉴
公路交通数据	市区、县级市、县 62 个，辽宁省	辽宁省交通勘测设计院

本文在辽中城市群实证研究的基础之上，建构了区域边界界定的三元集成理论模型，并基于该模型提出对于都市区边界和区域空间范围的界定方法。

7.1.1 边界界定的三元集成理论模型

都市或区域的边界界定实质上是对城市或区域的功能区域的范围界定，作为社会劳动地域分工结果的区域经济发展过程中，城市地域与非城市地域之间、城市地域与其他城市地域之间的社会经济要素的作用方式和联系强度是边界的界定依据。因此，本文提出边界界定的三个影响因素，即城市职能强度、经济作用强度、城市流强度，通过辽中城市群的实证研究表明，三者间具有线性关系。故将边界界定的三元集成理论模型定义为：

$$B_i = a_1 FC_i + a_2 E_i + a_3 FL_i$$

式中：B_i 为区域的边界；

FC_i 为地域单元的城市职能强度；

E_i 为地域单元的城市经济作用强度；

FL_i 为地域单元的城市流强度；

a_1、a_2、a_3 为影响系数。

（1）城市职能强度，具有区域职能的城市所具备的对城市之外的区域在政治、经济、文化等方面的作用强度，是城市密集区各城市发展的根本动力和基本条件，也是区域形成的内在机制。其计算公式为：$F=N\times E$，详见第4章。

（2）城市经济作用强度，在城市区域之间的地理空间中，各城市的基本职能相互依存、相互作用，构成城市场。经济作用强度表现为随距离衰减的函数，反映了在特定的区域空间内的城市在外部各个方向上外部效应强度，是区域发展的必要条件。本文用经济数据的引力模型来分析城市外部效应，其计算公式为：$T_{i,j}=k\dfrac{N_iN_j}{R_{ij}^{\ 2}}$详见第5章。

（3）城市流强度，反映了在地理空间中城市与外界联系的定量指标，城市流包括人流、物流、技术流、信息流、资本流等，是区域发展的充分条件。当前有形的人流和物流，对城市发展的影响最为直接，城市对外交通是城市与外部联系的主要手段，因此本文用交通联系强度来分析城市区域间的城市流强度，并确定城市影响区，详见第6章。

在第4、5、6章中分别对辽中城市群12个地级市的城市职能强度、经济作用强度和城市流强度进行定量分析，为验证三个因素之间的相互关系，进而确定影响边界界定的主导因素，采用SPSS软件进行相关性分析（表7–2，表7–3）。

2000年和2004年辽中城市群12城市相关数据汇总 **表7-2**

	2000年			2004年		
	职能强度	城市流强度	经济作用强度	职能强度	城市流强度	经济作用强度
沈阳市	16.33	12415	2.20	22.21	18825	2.01
鞍山市	6.40	1917	1.22	7.17	2907	0.79
抚顺市	2.75	2848	1.16	2.62	3809	1.04
本溪市	2.64	1824	0.42	2.11	2765	0.49
锦州市	–1.71	1495	0.11	–0.47	2266	0.07
营口市	–0.15	2418	0.34	1.38	3665	0.13
阜新市	–0.82	2797	0.03	–0.05	4242	0.03
辽阳市	0.50	726	0.61	–0.01	1101	0.40
盘锦市	0.65	1747	0.21	3.92	2648	0.14
铁岭市	–2.39	1413	0.22	–1.08	2143	0.08
朝阳市	–2.11	911	0.18	–2.41	1318	0.01
葫芦岛	–3.45	669	0.08	–1.89	1014	0.05

2000年和2004年三要素强度相关性 **表7-3**

	2000年			2004年		
	职能强度	城市流强度	经济作用强度	职能强度	城市流强度	经济作用强度
职能强度	1.000	0.879	0.947	1.000	0.960	0.891
交通流强度		1.000	0.815		1.000	0.850
经济作用强度			1.000			1.000

分析结果显示本模型选择的三个因素都是高度相关的，而且城市职能强度对于区域边界的影响是首位的。在对辽中城市群多年数据的比较研究中，城市职能强度表现出的相关性与 4–1 节主因子的演变特征相一致：当区域内各城市职能类型相对稳定时，城市职能强度与经济作用强度的相关系数最高，即城市之间的城市场相对稳定；当各城市职能类型出现较大改变时，城市职能强度与城市流强度的相关系数最高，表明城市流强度是城市之间相互作用消长的直接反映。

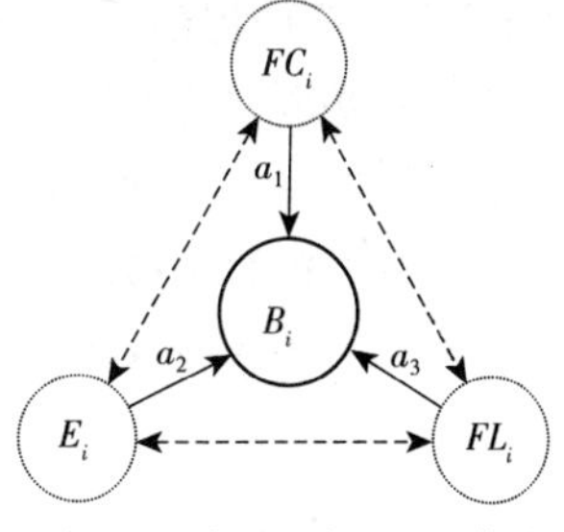

图 7–1 边界界定的三元集成理论模型

从城市职能强度、经济作用强度、城市流强度之间的强相关性可以看出，三者之间数据具有较好的替代性，当数据条件不具备时，可以对理论模型进行适当简化。

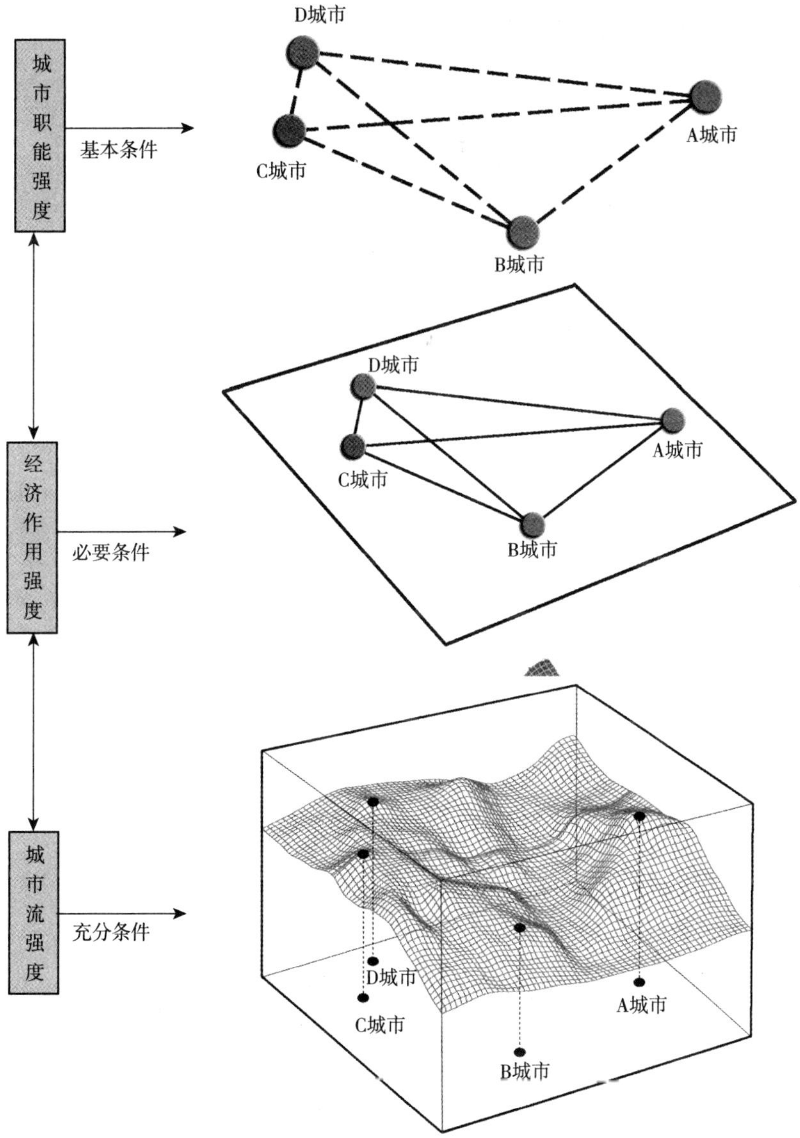

图 7–2 区域边界界定的动态模型

7.1.2 区域边界的界定方法

基于边界界定的三元集成理论模型，采用从均质区域到功能区域的顺序来界定区域空间范围。即通过地域单元的城市职能强度划分出各构成要素相互联系所形成的相对一致的均质区域，即各行政统计单元的都市区边界，并用经济作用强度和城市流强度等横向联系来判定功能区域的空间范围。

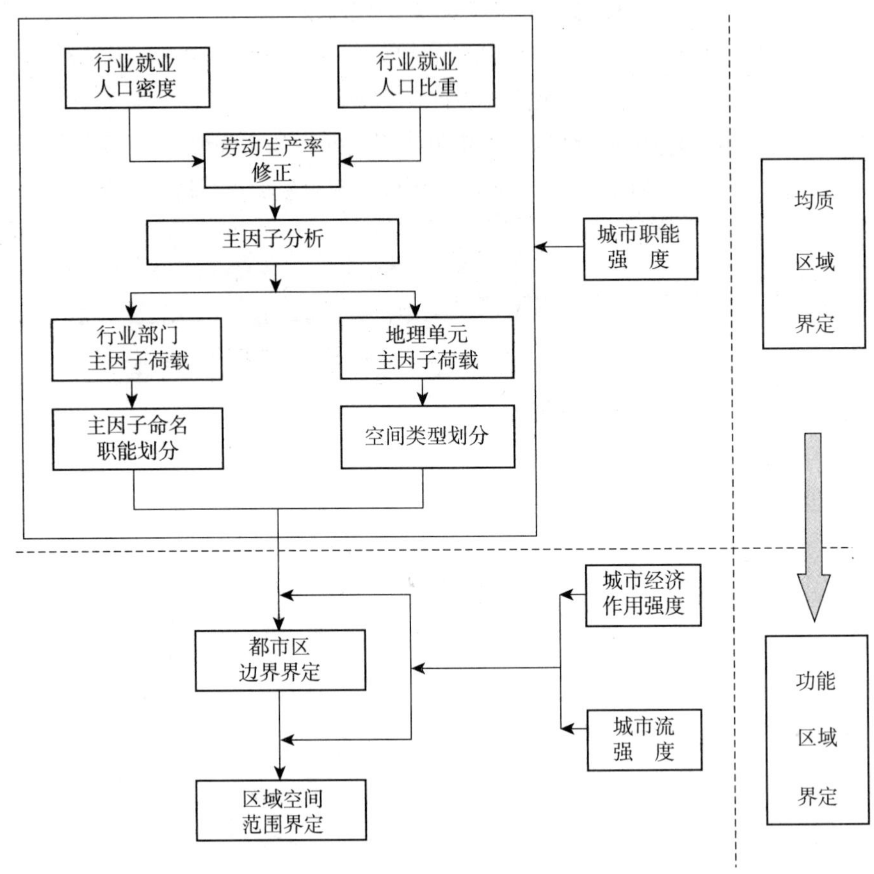

图 7–3 区域边界界定方法框图

7.2 实证研究讨论

（1）辽中城市群是具有相对独立的地理、经济和文化单元的区域板块，在城镇发展的过程中，自上而下的政策导向、禀赋优良的资源区位，先进技术和外来资本的快速集聚以及超前集中的基础设施建设，形成了该地区的重化工业体系的快速崛起以及与之同步形成的以特大城市高密度密集，中等城市布局合理，小城市欠发达的城镇体系。反映出工业化和城市化同步发展的地域特征，是一个完整的重工业生产中心，由各类高度专业化的城市组成的生产网络。

（2）辽中城市群的城镇发展经历了三个主要时期和区域发展阶段：1898~1948 年，城镇发展的起步时期，处于工业化的中期阶段；1948~1978 年，城镇高速发展时期，处于工业化的中期阶段；1978~2003 年，转型衰退期，处于工业化中期阶段；2003 年至今，都市化发展时期，随着产业结构升级的纵深发展，该地区进入都市化和城市化共同推进下的区域一体化发展的工业化中、后期阶段。辽中城市群已经初步具备全球化的外部作用和区域独特的文化特征，是“Globalizing–Region”。

辽中城市群区域发展演变阶段划分　　表 7-4

年代划分	1898 年 ~1948 年	1948 年 ~1978 年	1978 年 ~2003 年	2003 年至今
持续时间	50 年	30 年	25 年	—
城镇建设	起步时期	高速发展时期	转型衰退期	都市化发展时期
区域发展阶段	工业化初期、中期	工业化中期	工业化中期	工业化中、后期
人均 GDP（元）	—	680 以下	680~13030	13030~22000
城市化水平（%）	—	32 以下	32~46.6	46.6~50
全球城市类型	TP → PR → Ri → Ni → Gi	Gi → Ni	Ni → Ri	Ri → Ni

注：1978 年为全省数据，城市化水平为非农人口比例
TP、PR、Ri、Ni、Gi 详见第 2 章表 2–14

（3）从城市职能、城市经济作用强度和城市流强度的地域分布特征上看，通过对区域边界的研究，辽中城市群现状已经出现了都市区连绵发展的状态，形成了综合功能较强的沈抚本高密度集聚都市区和重工业高度分工、相互协作的鞍辽营—盘锦—葫锦网络化组合都市区等两个区域板块。这两大板块呈现以沈抚本都市区为主导的相互融合发展的趋势，从而构成以环沈阳都市区为起点，向沈大、沈山方向展开的扇形一体化发展的都市连绵区。

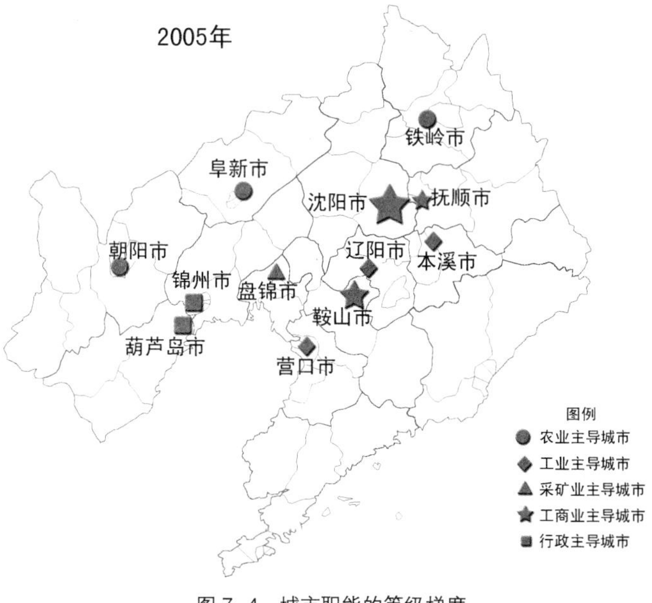

图 7–4　城市职能的等级梯度

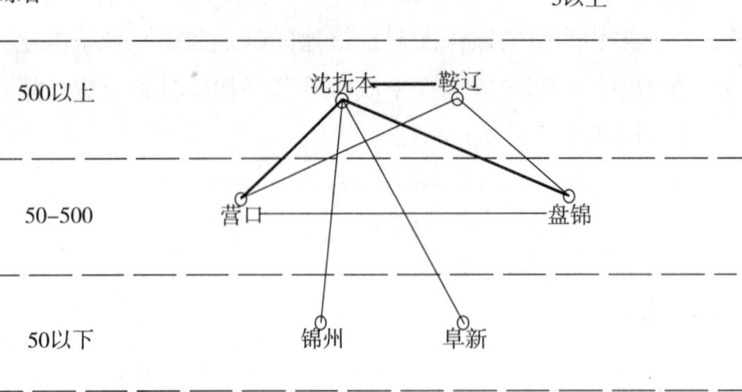

注：线宽分级标准为50

图 7-5　2005 年城市经济作用综合强度的等级梯度

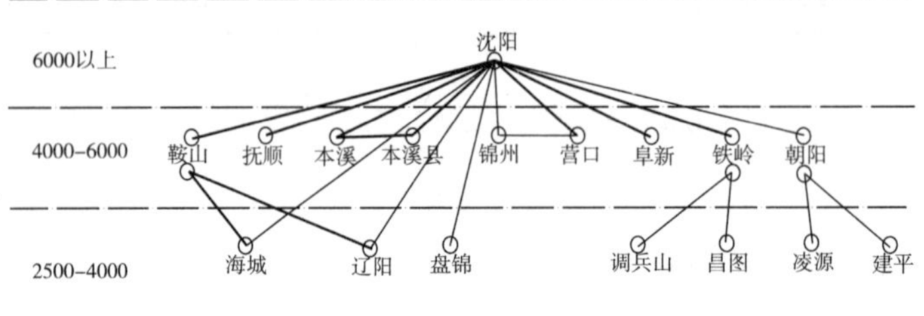

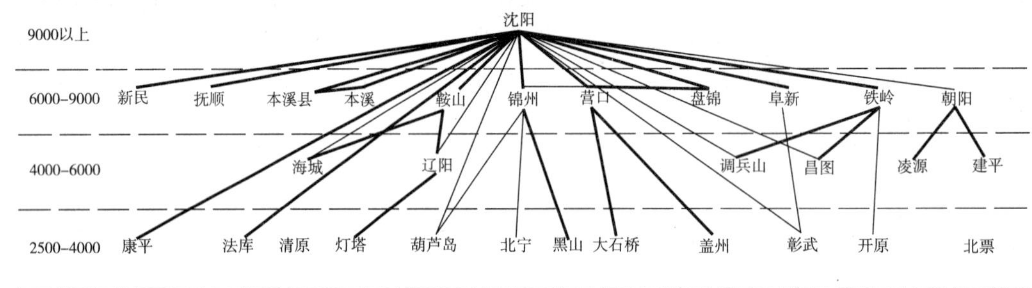

图 7-6　2000 年、2005 年城市流作用强度的等级梯度

（4）基于城市职能强度、城市流强度和经济作用强度研究区域等级分析表明，辽中GR可以分成四个等级：第一层次，沈抚本都市区，是辽中城市群增长的极核；第二层次：鞍辽营—盘锦—葫锦都市区，以鞍辽为增长极；第三层次：海城、大石桥、朝阳、阜新、铁岭、康平、法库、调兵山、彰武等市（县），作为都市区联系紧密的外围区的边缘城市；第四层次：20~30个位于都市区的边缘区内相互关联的县。四个层次的等级分布构成了辽中城市群的多中心网络化空间结构。

（5）沈阳—营口轴线是辽中城市群外资投入最为集中的地区，随着沿海经济带的开发，营口、锦葫、盘锦都市区重大工业项目的建设，沈阳区域中心城市职能的提升，辽中城市群将快速地融入全球城市区域体系之中，承接外来资本和先进技术，实现重化工业的纵深发展和区域中心功能的升级，成为环渤海地区的重要增长极。

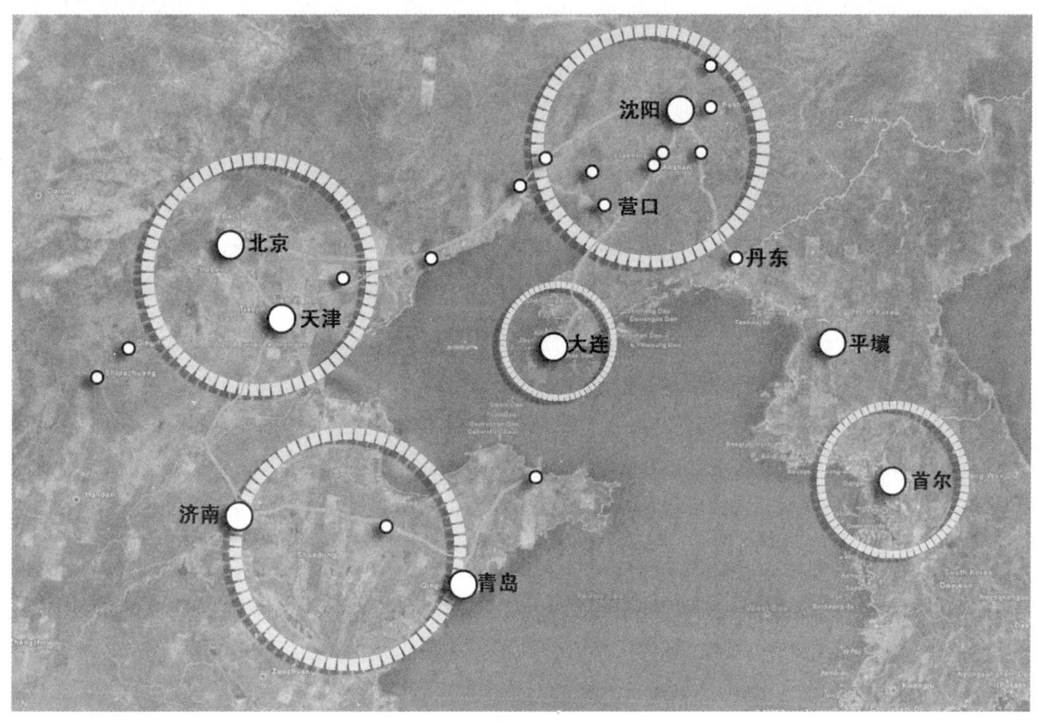

图 7-7　环渤海区域发展关系示意图

7.3　研究创新

7.3.1　理论研究的创新

对区域的空间范围界定是城市规划学界和地理学界研究的热点和重要基础，目前的研究方法可归纳为三个主要方向：相互作用模型法、非农特征法、流测度法等。由于不同的方法的理论出发点的不同且作用机制各异，对于区域的空间范围的界定，尚未有一个比较成熟和公认的方法。本文在前人研究的基础之上，以区域社会经济联系为区域界定的依据，从城市化区域空间的形成机制出发，将界定要素归纳为城市职能强度、城市经济作用强度、城市流强度三个具有高度相关性的递进要素，从而使边界界定的三元集成理论模型以及由此推导出的空间范围界定方法具有系统性和科学性，对区域研究的整体区和结构性的基本问题进行了理论体系层面的探索。

7.3.2　实证研究的创新

在国家老工业基地振兴战略和经济全球化双重推动下的辽中（南）城市群已成为中国经济增长的热点区域。辽宁省政府提出的沈阳经济区和沿海五点一线战略已进入全面实施层面，并将逐步纳入国家的区域发展政策体系。本文的研究从区域发展的机制出发，论述了辽中城市群的经济社会联系的结构构成和空间范围，尤其是对全球化背景下辽中城市群发展趋势的总结将对打破行政区经济、优化资源布局的区域一体化发展政策的制定具有现实意义。

7.4 展望

本文基于城市职能强度、经济作用强度和城市流强度对区域的形成和发展的作用机制，对辽中城市群的都市区边界和城市区域的空间范围界定进行了实证研究，构建了边界界定的动态模型，即边界界定的三元集成理论模型，为相关理论和实证研究提供了理论框架。在都市区边界和区域空间范围的界定过程中，考虑到界定标准的普适性，本文仅根据城市职能强度、经济作用强度和城市流强度的相对强弱提出边界界定的相对标准。对于区域空间范围界定来说，在理论模型的指导下，制定边界界定的客观标准是提高成果实用性的重要工作。

吴志强将其大都市全球理论发展成为 Global-Regions（GR）概念，并在国家科技支撑计划课题和自然基金课题支持下主持了中国全球化进程中快速增长区域的实证研究。该研究目前已相继完成了珠三角、长三角、京津冀地区三大城市群的实证和整合研究，本文对全球化背景下辽宁中部城市群的研究即是本梯队课题研究的组成部分，上述研究成果代表了在相同政治、经济制度下，相同的国家区域发展政策背景下的不同区域发展阶段，这为探索适用范围更为广泛的区域空间范围界定标准的制定提供了基础。

因此，在本文理论模型的指导下，进行典型都市区的比较研究并确定适用的区域空间范围和特征的划分标准，将是今后研究工作的重点。

附　录

近期辽宁中部地区相关政策与重要事件整理　　附表 1

	政策事件
国家层面	● 2003 年 3 月，《政府工作报告》提出了支持东北地区等老工业基地加快调整和改造的思路 ● 2003 年 9 月，温家宝总理主持国务院常务会议讨论并原则同意《关于实施东北地区等老工业基地振兴战略的若干意见》 ● 2003 年 9 月，中共中央政治局讨论通过《关于实施东北地区等老工业基地振兴战略的若干意见》 ● 2003 年 10 月，中共中央、国务院下发《关于实施东北地区等老工业基地振兴战略的若干意见》 ● 2004 年 3 月，关于加快东北地区中央企业调整改造的指导意见 ● 2004 年 4 月，关于免征农业税改革试点有关问题的通知 ● 2004 年 8 月，进一步加强东北地区人才队伍建设的实施意见 ● 2004 年 9 月，关于调整东北老工业基地部分矿山油田企业资源税税额的通知 ● 2004 年 9 月，关于落实振兴东北老工业基地企业所得税优惠政策的通知 ● 2004 年 9 月，税务总局明确东北老工业基地企业所得税优惠范围 ● 2004 年 11 月，发改委批复 18 项振兴东北高技术产业化项目 ● 2004 年 12 月，东北地区电力工业中长期发展规划（2004~2020 年） ● 2004 年 12 月，关于东北地区军品和高新技术产品生产企业实施扩大增值税抵扣范围有关问题的通知 ● 2005 年 2 月，关于东北老工业基地资产折旧与摊销政策执行口径的通知 ● 2005 年 2 月，国家发改委下达 2005 年东北等地国债投资计划 ● 2005 年 3 月，东北地区扩大增值税抵扣范围的有关问题 ● 2005 年 6 月，东北地区老工业基地土地和矿产资源若干政策措施 ● 2005 年 6 月，关于促进东北老工业基地进一步扩大对外开放的实施意见 ● 2005 年 8 月，国务院召开东北资源型城市可持续发展座谈会 ● 2005 年 10 月，关于推进东北地区棚户区改造工作的指导意见 ● 2005 年 10 月，国务院会议研究东北地区厂办大集体改革试点问题 ● 2005 年 11 月，东北地区厂办大集体改革试点工作指导意见 ● 2006 年 3 月，《国民经济和社会发展第十一个五年规划纲要》中的“东北振兴” ● 2006 年 9 月，辽宁省外商投资优势产业目录 ● 2006 年 12 月，财政部、税务总局关于豁免东北企业历史欠税的通知 ● 2007 年 8 月，东北地区振兴规划 ● 2007 年 11 月，温家宝主持国务院常务会议部署资源型城市可持续发展 ● 2008 年 1 月，国务院关于促进资源型城市可持续发展的若干意见
省域层面	● 2002 年 6 月，《辽宁中部城市群总体发展战略与构建大沈阳经济体》提出 ● 2005 年 4 月，辽宁中部城市群（沈阳经济区）合作协议正式签署 ● 2005 年 12 月，辽中城市群 7 城市签订商贸流通合作协议 ● 2006 年 10 月，辽宁中部城市群（大沈阳）建设列入辽宁省“十一五”规划（草案） ● 2007 年 8 月，2007 年辽宁中部城市群（沈阳经济区）书记市长联席会议在沈阳召开 （1）规划研究： 2004 年 10 月，国务院振兴东北办批复了《辽宁省老工业基地振兴规划》 2007 年，沈阳和抚顺共同编制了《沈阳、抚顺两市加强合作共同发展规划》 （2）城际合作： 2006 年 6 月，为加快辽宁老工业基地振兴，推动辽宁中部城市群共同发展，加强沈阳、铁岭两市经济和社会事业的全面合作，本着“整合优势、互利互惠、共同发展、实现双赢”的原则，经两市市长协商，达成沈阳市人民政府和铁岭市人民政府关于全面加强经济合作的协议 2007 年，沈抚同城进入实质性操作阶段。沈抚同城化建设步伐进展较快，将在两市连接地域打造一个“沈抚新城”，进行统一规划，共同定位。在两个城市中间地带将形成两个重要载体，一个是浑河北岸的生态区，一个是浑河南岸的产业区。目前，沈抚立交改建、沈抚大道建设、沈抚客运公共交通等三大交通项目和浑河上游污染源治理工程已全面启动

续表

	政策事件
省域层面	2007年8月，辽宁中部城市群（沈阳经济区）书记市长联席会议在沈阳召开。《沈本一体化建设合作框架协议》和《辽宁中部城市群经济区出海产业大道建设合作框架协议》正式签署 （3）区域基础设施建设项目快速推进： 环经济区本溪—辽阳—辽中—新民高速公路正在加速推进路基土方工程建设 铁岭—法库—新民和抚顺—本溪高速公路前期工作已经全面启动 沈阳—康平高速公路已全面开工建设 丹东—岫岩—海城—营口高速公路项目建议书已获得国家批准 经济区城际轨道交通建设思路已初步确定，并完成了概念性规划方案，全面开展了沈抚城际轨道交通建设项目的规划研究 2007年哈大铁路电气化客运专线、沈西工业走廊出海铁路和开发区铁路专用线开工建设 沈抚立交改建工程和沈抚大道建设工程已全面启动，并在沈抚大道建成后，沈抚高速公路将取消收费站，形成城际间快速通道 沈通线公路改扩建工程也正在快速推进 连接沈铁两市的102线公路已得到全面改造，今年还将沈阳蒲河新城至懿路段进一步改造为双向六车道一级公路 加速改造沈营线，建设成为一级公路 沈西开发大道已建成通车，今年将继续向营口方向推进。力争在2008年年底之前，按照统一车型、统一管理、统一调度的方式，逐步实现城际公路客运的公交化运营 2007年，沈阳与铁岭的公路客运公交化正在试运行，沈阳与抚顺的公路客运公交化运营已全面开通 （4）信息资源项目积极推进： 共同丰富完善了“东北投资网七城市频道”、“辽宁中部城市信息产业网”、“辽宁中部城市群网”开通了“辽宁中部七城市人才工作网”等专业网络平台 （5）资源整合和开发利用项目进展： 跨区域的资源整合利用项目开始启动，大伙房输水二期工程全面进入开工建设，旨在引用优质充沛的辽宁东部山区水源，主要供给抚顺、沈阳、辽阳、鞍山、营口等城市，以解决辽宁中部城市群百年内用水问题 沈阳与抚顺签订了协议书，计划两至三年，通过开发抚顺矿区煤层气资源，缓解沈城燃气紧张的问题。目前已完成了第一口井的探井开采，全部工程分2~3年实施 （6）工业产业整合取得阶段性成果： 沈阳的大型装备制造企业与周边城市正在形成产业链条和良好的集群式空间发展格局；鞍山和本溪的钢铁产业发展迅速，鞍本集团整合步伐也进一步加快，正在全力打造中国的钢铁“航母” 抚顺市加速推进重点企业及产品与其他城市的协作配套，并培育出一批为中部城市群装备制造业配套的民营企业 辽阳与沈阳在汽车及装备制造等相关产业开展了积极有效的项目对接，2006年辽阳市装备制造业为经济区配套实现销售收入10亿元 铁岭市加速推进沈铁工业走廊与沈北新区的产业整合 （7）金融服务业整合步伐加快： 在金融服务领域，沈阳商业银行已与辽阳、营口市签署了参股、入股协议，完成了股金注资工作，与鞍山、抚顺、铁岭等市增资扩股工作正在进行 鞍山商业银行与辽阳、营口等市商业银行也签署了相互参股、入资协议；经济区各市还共同签署了《合作意向书》和《柜面通业务合作意向书》，在银行卡跨行柜面通业务、票据、资金经营和人员培训等领域达成了共识 以沈阳产权交易中心为基础，省、市共同组建的沈阳联合产权交易所已揭牌运营 （8）商贸流通业发展： 七城市签署了商贸流通业合作协议，共同举办了“第四届中国东北连锁经营及特许加盟展览会”等大型商贸活动，促进了经济区商贸流通业的相互融合 （9）旅游产业整合成果显著： 七城市旅游部门正在加速推进不同主题、不同特色的旅游线路建设 联合开展宣传促销，打造经济区旅游品牌 联办和组团参加旅游展会，培育和挖掘共同的客源市场

续表

		政策事件
省域层面		加强旅游信息平台建设，实现信息网络的相互链接 同创意策划举办旅游节庆活动和开发旅游活动产品，实现了节庆旅游资源的共享，拓展了旅游产品内涵 （10）环境治理： 为加强辽河、浑河流域环境整治，恢复生态景观，经济区各城市按照《辽河、浑河流域七城市环境保护与生态建设规划》，已开始启动有关工作，沈阳市全面开展了第一阶段5项污水治理工程，鞍山市对辽河流域水质达标项目作出了计划安排，辽阳市弓长岭污水处理厂建设已经启动，沈、抚两市围绕浑河流域治理已全面展开工作，力争用3年时间，使浑河流域水环境得到明显改善
城市层面	沈阳	●2005年6月沈政办发[2005]26号文公布：沈阳市人民政府关于做好辽宁中部城市群（沈阳经济区）合作协议落实工作的通知、辽宁中部城市群（沈阳经济区）建设工作实施方案 ●2006年2月，沈阳市政府公布了沈阳未来几十年将着力发展的四大发展空间。四大发展空间的总体构想是，确定沈阳市主城区外东、西、南、北四个方向的空间发展战略，即“东优、西进、南拓、北统”。“四大发展空间”的确立，将全面拉开沈阳全方位发展的新格局 （1）规划研究： 2003年同济大学完成沈阳城市空间发展战略研究 《沈阳市老工业基地调整改造振兴规划》 （2）国际会议： 东北亚区域发展与合作论坛 2005年1月，中国沈阳国际冰雪节在棋盘山冰雪大世界拉开帷幕 2005年9月，第十一届中国国际化纤会议在沈阳召开 2005年9月，“2005中欧经贸高层会议”在沈阳举行。本次会议的主题为“合作 · 共赢” 2006年10月，沈阳举办第十四届世界生产力大会 2007年7月，中国 · 沈阳城市创新论坛举行。论坛就“加快城市创新步伐，促进区域经济发展”主题进行讨论 （3）展览经济： 2005年8月，第四届中国国际装备制造业博览会于在沈阳国际会展中心举行 2005年9月，2005中国东北文化产业博览会在辽宁工业展览馆举行 2006年8月，沈阳举办第五届“制博会”暨“十五”国家重大技术装备成果展 2006年沈阳在棋盘山成功举办了世界园艺博览会 2007年9月，东北亚高新技术博览会在沈阳国际会展中心开幕 产业升级： 2005年8月，国内最大的芯片项目在浑南新区开工，占地5.3公顷，建筑面积4.3万平方米，总投资2.6亿元 2006年4月，沈阳近海经济区与营口港务集团就沈阳近海物流港建设项目在辽中县正式签约 2006年6月初，沈阳机床、沈阳鼓风等企业开始向沈阳经济技术开发区内的新厂区搬迁，拉开了沈阳装备制造业升级序幕 2006年6月，辽宁沈阳（张士）出口加工区经过国家海关总署、国家发改委和财政部等九部委联合验收后，正式封关运营。沈阳成为继上海市、苏州市之后，在全国第三个获批拥有两个以上出口加工区的城市 2007年6月，在国家发展改革委、国务院振兴东北办联合授予沈阳市“铁西老工业结构调整改造暨装备制造业发展示范区”称号 2007年8月，由广州奥园集团、澳大利亚麦格理投资银行和香港万宽动漫科技公司共同投资建设的沈阳奥园国际动漫产业城在沈阳市东陵区正式奠基 （4）城市建设： 2003年“金廊”工程启动 2004年被国家环保总局命名为“国家环境保护模范城市” 2005年8月，第二届中国森林城市论坛闭幕式上，沈阳市被授予“国家森林城市” 2005年3月，投资60亿的东北地区最大的物流园项目——光彩大东方物流园在沈阳市大东区开工建设

续表

		政策事件
城市层面	沈阳	2005年11月，地铁一号线一期工程奠基仪式在沈新路站举行。计划于2009年末完工，总投资88亿元，总长度222.2km 2006年9月，细河经济区成立，将形成新的发展空间，引导沈阳市区积蓄的势能向西释放 2006年11月，沈北新区成立，沈北新区由新城子区和沈阳辉山农业高新技术开发区、沈阳虎石台经济技术开发区、沈阳道义国家级星火技术密集区为主体共同组成，区域面积1098平方公里。沈北新区的建设，不仅将拉动沈阳的全面振兴，同时，也将把铁岭、长春等城市连接起来，沈北新区将真正成为推动沈阳建成东北地区中心城市的一个桥头堡 2006年，欧盟经济开发区、满融开发区、航空工业园等特色产业园区建设全面展开。承载未来工业发展的“东汽、西重、南高、北农”格局基本形成 2006年“金廊”项目建设稳步推进，新引进项目19个，卓展购物中心等10家国内外知名企业入驻，都市中央走廊形象初步形成 2007年3月，新民市委、市政府和沈阳胡台新城管委会共同主办的“沈阳胡台新城暨东北包装印刷城开发建设奠基仪式”在胡台新城举行，沈西工业走廊化工园、冶金园2007年首批51个项目正式开工 2007年4月，沈阳近海经济区与营口港务集团就沈阳近海物流港建设项目在辽中县正式签约。该项目总投资6亿元，规划面积600亩，是东北最大的物流港 2007年4月，总投资将达100亿元的沈阳数字识别技术装备产业园建设项目在东陵区南部沈阳满融经济区启动 2007年6月，辽宁沈阳（张士）出口加工区经过国家海关总署、国家发改委和财政部等九部委联合验收后，正式封关运营，沈阳成为继上海市、苏州市之后，在全国第三个获批拥有两个以上出口加工区的城市 2007年8月，德国伍尔特集团投资的伍尔特工业园在沈阳—欧盟经济开发区正式开工建设 2007年铁西新区与细河经济开发区重组让铁西站在新的起点上随时准备跃上又一个新高度 （5）社会事业： 2004年6月，第28届世界遗产大会上，沈阳故宫、清昭陵、清福陵、清永陵申报世界文化遗产项目获得审议通过 2006年，成功举办了“国际旅游节”、“第二届中国清文化节”等大型节会活动 2007年6月，第二届中国 · 辽宁（沈阳）中外大学校长论坛在东北大学汉卿会堂开幕 2007年7月，沈阳奥林匹克体育中心五里河体育场全面竣工，正式启用 （6）基础设施： 沈阳已建成运行仙女河污水处理厂二期工程和西部污水处理厂，并正在推进浑南、化工园区、棋盘山、虎石台和南部的污水处理厂建设
	鞍山	（1）规划研究： 《鞍山市城市发展战略规划》调整优化城市空间布局，实施“东控、南进、西拓、北调、中疏”，拉开城市发展空间 （2）产业发展： 2004年，鞍钢生产经营再创历史新高，综合竞争力跻身世界钢铁企业第八位 鞍钢本钢战略重组 （3）社会事业： 2005年5月，被国家公安部、建设部评为2004年国家“畅通工程”模范管理城市。这是鞍山市继2002年获得“畅通工程”模范管理城市称号以来，连续第三年获此殊荣 成功举办了“2006中国森林旅游博览会暨第六届中国鞍山 · 千山国际旅游节” （4）城市建设： 2007年1月，鞍山市投资31.58亿元，在千山区宁远镇建设辽宁国际农业城，该项目将成为连接东北、华北地区的农产品物流枢纽和集散地 启动汤岗子组团建设，实现城市重心南移。形成以鞍山市区为核心，以汤岗子组团、千山组团、腾鳌组团为支撑的“一城三组团”式布局结构 （5）基础设施： 鞍山加强了工业污染治理项目建设，实施了流域内工业污染企业安装在线监测系统工程，并进一步加强河流整治和生态恢复

续表

<table>
<tr><th colspan="2"></th><th>政策事件</th></tr>
<tr><td rowspan="7">城市层面</td><td>鞍山</td><td>（6）规划研究：
《鞍山市老工业基地调整改造振兴规划》
《城市空间发展布局规划》
《腾达工业走廊规划》等九项专题规划</td></tr>
<tr><td>抚顺</td><td>（1）社会事业：
2005 年，“满族秧歌”被列为首批省级非物质文化遗产保护名录第一位
（2）基础设施：
抚顺市制定了区域环境综合整治方案，计划建设后安镇、红透山镇等六座生活污水处理厂
（3）规划研究：
《抚顺市老工业基地调整改造振兴规划》</td></tr>
<tr><td>铁岭</td><td>（1）城市建设：
沈铁工业走廊呈现崭新形象。到 2006 年末，102 线和铁三线双向八车道拓宽改造工程竣工通车。17 个重点工业园区建设取得了突破性进展，40 平方公里起步区实现了“六通一平”。园区对外吸引力大大增强，当年入驻企业 273 家，固定资产投资 80 亿元。沈铁工业走廊正朝着“工业集中、产业集聚、土地集约、功能完善、管理科学、环境优美、生态良好”的新型工业基地方向发展，被写入省第十次党代会报告
（2）基础设施：
铁岭市也全面加强调兵山城市污水处理厂、铁岭市生活垃圾处理场、铁岭市医疗垃圾集中处理中心等环保项目建设
（3）规划研究：
《铁岭市老工业基地调整改造振兴规划》</td></tr>
<tr><td>辽阳</td><td>（1）产业发展：
2006 年，国内唯一一套单输单炼年加工 550 万吨俄罗斯原油常减压装置已建成投产，年产 120 万吨加氢精制装置
（2）基础设施：
辽阳市在加强城市中心区污水处理厂二期工程和弓长岭区城市污水处理厂等建设的同时，实施了重点污染源治理工程
（3）规划研究：
《辽阳市老工业基地调整改造振兴规划》</td></tr>
<tr><td>本溪</td><td>（1）城市建设：
至 2006 年年底，基本完成城市 5 万平方米以上集中连片棚户区改造任务
（2）社会事业：
2006 年，成功申报 3 处国家级文物保护单位和 4 个省级以上非物质文化遗产。桓仁满族自治县被列为省级文化名城
（3）基础设施：
本溪市加速推进桓仁污水处理厂建设和本钢南芬选矿厂、歪头山矿选矿水、北钢选矿水等中水回用项目建设
2007 年 11 月，本溪完成太子河治理主体工程，总投资近 2.4 亿元
（4）规划研究：
《本溪市老工业基地调整改造振兴规划》</td></tr>
<tr><td>营口</td><td>（1）城市建设：
2005 年，辽宁（营口）沿海产业基地列入省政府“十一五”规划，一期 40 平方公里土地整理工程已全面展开
（2）基础设施：
营口市加强辽河营口段的水质污染状况监测与监管，开展重点污染源治理项目
（3）规划研究：
《营口市老工业基地调整改造振兴规划》</td></tr>
</table>

参考文献

[1] Allen J.Scott, John Agnew, Edward W.Soja, Michael Storper.Global City-Regions——Trends, Theory, Policy [M].New York: Oxford University Press Inc, 2004.

[2] Asato Saito & A.Thornley, 张雯译.城市规划对全球经济变化的回应：以东欧为例[J].国外城市规划，2001 (6).

[3] Green.H.L.Hinterland Boundaries of New York and Boston in Southern New England [J].Economic Geography, 1995.

[4] John Friedmann，周珂译.中国的新型城市区域：城市间网络[J].城市规划学刊，2007 (1).

[5] Luwis Mumford，宋俊岭等译.城市发展史：起源演变和前景[M].北京：中国建筑工业出版社，2004.

[6] Peter Hall.Global City—Regions in the Twenty—first Century [C].New York: Oxford University Press Inc.

[7] Richard stern.Local Governance and Social Diversity in the Developing World [M].New York: Oxford University Press Inc.

[8] Saskia Sassen，周振华译.全球城市：纽约、伦敦、东京[M].上海：上海社会科学院出版社，2005.

[9] Taaffe.E.J, Gauthier.H.L.Transportation Geography and Geographic Thought in the United States: An Overview.Journal of Transport Geography, 1994, (3).

[10] Zhou Yixing.The Metropolitan Interlocking Region in China: A Preliminary Hypothesis, in The Extended Metropolis: Settlement Transition in Asia, edited by N.Ginsburg et al., Honolulu: University of Hawaii Press, 1991.

[11] 巴特·兰布雷特著，陈熳莎译.多中心化对提升大都市区竞争力的利与弊——以荷兰兰斯塔德地区为例[J].国际城市规划，2008 (1).

[12] 彼得·霍尔，考蒂·佩因著，罗震东等译.从大都市到多中心城市[J].国际城市规划，2008 (1).

[13] 彼得·霍尔著，陈闽齐译.城市的未来[J].国外城市规划，2004 (4).

[14] 彼得·霍尔著，陈闽齐译.全球城市[J].国外城市规划，2004 (4).

[15] 彼得·霍尔著，陈闽齐译.塑造后工业化城市[J].国外城市规划，2004 (4).

[16] 彼得·霍尔著，王红扬译.规划：新千年的回顾与展望[J].国外城市规划，2004 (4).

[17] 彼得·霍尔著，王士兰等译.长江范例[J].城市规划，2002 (12).

[18] 蔡建明，薛风旋.界定世界城市的形成——以上海为例[J].国外城市规划，2002 (5).

[19] 陈凡，胡涓.中外城市群与辽宁带状城市群的城市化[J].自然辩证法研究，1997 (10).

[20] 陈立人，王海斌．长江三角洲地区准都市连绵区刍议［J］．城市规划汇刊，1997（3）．

[21] 陈田．我国城市经济区影响区域系统的初步分析［J］．地理学报，1987（4）．

[22] 陈志刚等．长三角城市群重心移动及其驱动因素研究［J］．地理科学，2007（8）．

[23] 朱传耿等．地域主体功能区划理论与方法的初步研究［J］．地理科学，2007（4）．

[24] 董黎明，刘红星．辽中城市群的发展与规划构思［J］．城市规划，1991（5）．

[25] 樊杰，盛科荣．辽宁中部城市群发展的经济基础分析［J］．城市规划，2004（1）．

[26] 范朝礼等．略论都市圈发展的几个问题［J］．江苏省三大都市圈发展研讨会论文，2001（11）．

[27] 方创琳，宋吉涛，张蔷等．中国城市群结构体系的组成与空间分异格局［J］．地理学报，2005，60（5）．

[28] 顾朝林．城市经济区理论与应用［M］．长春：吉林科学技术出版社，1991.

[29] 顾朝林，于涛方，陈金永．大都市伸展区：全球化时代中国大都市地区发展新特征［J］．规划师，2002（2）．

[30] 顾朝林．中国城镇体系——历史 · 现状 · 展望［M］．商务印书馆，1996.

[31] 顾朝林等．中国大城市边缘区研究［M］．科学出版社，1995.

[32] 郭大顺．辽宁史前考古与辽河文明探源［M］．内蒙古教育出版社，2004.

[33] 郭大顺．苏秉琦的学术遗产与辽河文明的研究．中国文物报，2006-5-19（7）．

[34] 国家计委经济研究所课题组．中国区域经济发展战略研究．管理世界，1996（4）．

[35] 洪世键，黄晓芬．大都市区概念机器界定问题探讨［J］．国际城市规划，2007（5）．

[36] 胡力骏．“世界城市”的发展和规划策略及其演进：以伦敦和香港为例［D］．上海：同济大学硕士学位论文，2004.

[37] 胡序威，周一星，顾朝林等．中国沿海城镇密集地区空间集聚于扩散研究［M］．北京：科学出版社，2000.

[38] 胡序威．沿海城镇密集地区空间集聚与扩散研究［J］．城市规划，1998（6）．

[39] 华晨．兰斯塔德的城市发展和规划［J］．城市规划汇刊，1996（11）．

[40] 加藤晃［日］．都市计划概论［M］．共立出版社，1990.

[41] 考蒂 · 佩因著，董轶群译．全球化巨型城市区域中功能性多中心的政策挑战：以英格兰东南部为例［J］．国际城市规划，2008（1）．

[42] 克劳兹 · 昆斯曼著，唐燕译．多中心与空间规划［J］．国际城市规划，2008（1）．

[43] 郐艳丽．东北地区城市空间形态研究［M］．中国建筑工业出版社，2006.

[44] 李国才．中国 · 沈阳都市的演变与发展［J］. 沈阳国际会议资料集——东北亚历史环境会议，1999.

[45] 李王鸣，陈秋平，陈秋晓．浙江沿海都市连绵区分析［J］．经济地理，1996（3）．

[46] 李孝聪．中国区域历史地理［M］．北京：北京大学出版社，2005（2）．

[47] 李雨潼，王咏．唐朝至清朝东北地区迁移［J］．人口学刊，2004（2）．

[48] 辽河中国水利水电出版社网站 http：//www.waterpub.com.cn.

[49] 辽宁省城乡建设规划设计院．辽宁中部城市群专题规划［Z］，1996.

[50] 辽宁省中部城市群发展规划编制组．辽宁省中部城市群发展规划［Z］，2007.

[51] 辽宁统计局．辽宁工业百年史［M］，2003 年．
[52] 辽宁中部地区区域规划调查组．辽宁中部地区城镇的分布特点和发展方向问题［J］．计划经济通讯，1980（10）．
[53] 刘贵清．辽中南城市群产业空间结构形成机理与调控研究［D］．东北：东北师范大学博士论文，2006.
[54] 刘厚生．长白山考——关于长白山地区历史上的归属问题研究．中国人民大学清史研究所网站 http：//www.iqh.net.cn.
[55] 刘继生，陈彦光．东北地区城市体系分形结构的地理空间图式：对东北地区城市体系空间结构分形的再探讨［J］．人文地理，2000，15（6）．
[56] 刘荣增．城镇密集区发展演化机制与整合［M］．北京：经济科学出版社，2003.
[57] 卢多维克 · 阿尔贝，高璟. 从未实现的多中心城市区域：巴黎聚集区、巴黎盆地和法国的空间规划战略［J］．国际城市规划，2008（1）．
[58] 陆大道，刘毅，樊杰．我国区域政策实施效果与区域发展的基本态势［J］．地理学报，1999（6）．
[59] 陆大道．中国区域发展的理论与实践［M］．科学出版社，2006.
[60] 罗海明，张媛明．美国大都市区划分指标体系的百年演变［J］．国际城市规划，2007（4）．
[61] 罗震东，朱查松．解读多中心：形态、功能与治理［J］．国际城市规划，2008（1）．
[62] 尼尔 · 布伦纳，徐江译．全球化与再地域化：欧盟城市管治的尺度重组［J］．国际城市规划，2008（1）．
[63] 宁越敏，施倩，查志强．长江三角洲都市连绵区形成机制与跨区域规划研究［J］．城市规划，1998（1）．
[64] 牛慧恩，孟庆民，胡其昌．甘肃榆毗邻省区区域经济联系研究［J］．经济地理，1998（3）．
[65] 浅野光行［日］，余碧波等译．特大城市区域发展计划编制的作用和极限——东京大都市区的教训［J］．城市规划，2002（12）．
[66] 秦文军，余英，张雪松．沈阳经济区发展战略研究［J］．城市规划，2004（1）．
[67] 任美锷．中国自然地理纲要（修订第三版）［M］．商务印书馆，2004.
[68] 盛科荣，张平宇，李飞．辽中城市群规模结构演变分析［J］．中国科学院研究生院学报，2004（4）．
[69] 宋吉涛，方创琳，宋敦江．中国城市群空间结构的稳定性分析［J］．地理学报，2006（12）．
[70] 宋小冬，廖雄赳．基于 GIS 的空间相互作用模型在城镇发展研究中的应用［J］．城市规划汇刊，2003（3）．
[71] 孙娟．都市圈空间界定方法研究［J］．城市规划汇刊，2003（10）．
[72] 孙胤社．大都市区的形成机制及其定界——以北京为例［J］．地理学报，1992，47（6）．
[73] 孙章等．长江三角洲城际轨道交通网络规划［M］，2003（5）．
[74] 谭其骧．简明中国历史地图集［M］．中国地图出版社，1991（10）．
[75] 谭纵波．东京超大城市圈的形成、问题与对策——对北京的启示［J］．国外城市规划，2000（2）．
[76] 汤士安．东北城市规划史．辽宁大学出版社［M］，1995（3）．
[77] 王德，刘锴．上海市一日交流圈的空间特征和动态变化研究［J］，2003（3）．

[78] [日]国土厅.日本第四次全国综合性开发计划，1987.

[79] 王德.城镇势力圈划分计算机系统的开发研究与应用——兼论势力圈的空间结构特征[J].城市规划，2000(12).

[80] 王德.时距概念在城镇体系规划中的应用——以浙江省上虞市为例[J].城市规划，2001(7).

[81] 王德.沪宁杭地区城市影响腹地的划分及其动态变化研究[J].城市规划汇刊，2003(6).

[82] 王德.沪宁杭三市一日交流圈的空间特征及其比较[J].城市规划汇刊，2004(5).

[83] 王德，刘锴，郭洁.沪宁杭三市一日交流圈的空间特征及其比较[J].城市规划汇刊，2004(3).

[84] 王德等.沪宁杭地区城市一日交流圈的划分与研究[J].城市规划汇刊，2001(5).

[85] 王东，游志鸿.浅议辽中南城市群的中部崛起—辽中南城市群的双三角空间发展模式[J].现代经济探讨，2006(5).

[86] 王鸿宾.沈阳史话.上海人民出版社[M]，1982.9.

[87] 王建伟等.都市圈圈层界定方法[J].建筑科学与工程学报，2004(3).

[88] 王晓光，王恩德，都基众，贾伟光.东北地区水文地质环境地质调查未来工作方向探讨[J].地质与资源，2004(3).

[89] 王新生.Voronoi图用于确定城市经济影响区域的空间组织[J].华中师范大学学报(自然科学版)，2003(6).

[90] 王兴平.都市区化：中国城市化的新阶段[J].城市规划汇刊，2002(4).

[91] 文晖.走向竞合—珠三角与长三角经济发展比较[M].北京：清华大学出版社，2003.

[92] 沃尔夫冈·纳普，彼得·施米特，雷纳·丹尼斯基著，曾悦译.莱茵鲁尔：走向兼容?——针对特定多元城市形态的空间规划战略[J].国际城市规划，2008(1).

[93] 吴缚龙，李志刚，何深静.打造城市的黄金时代——彼得·霍尔的城市世界[J].国外城市规划，2004(4).

[94] 吴良镛 城市地区理论与中国沿海城市密集地区发展[J].城市规划，2003，27(2).

[95] 吴晓松.东北移民垦殖与近代城市发展[J].城市规划汇刊，1995(2).

[96] 吴志强，王伟，李红卫，于涛方，王雷.长三角整合及其未来趋势——20年长三角地区边界重心与结构的变化[J].城市规划学刊，2008(2).

[97] 吴志强.Global Region：An Alternative Strategy for Canton[J].广州都市区发展国际研讨会论文集，2002.

[98] 吴志强."扩展模型"：全球化理论的城市发展模型[J].城市规划汇刊，1998(5).

[99] 吴志强."全球化理论"提出的背景及其理论框架[J].城市规划汇刊，1998(2).

[100] 武廷海.纽约大都市地区规划的历史与现状——纽约区域规划协会的探索[J].国外城市规划，2000(2).

[101] 徐江.多中心城市：POLYNET引发的思考[J].国际城市规划，2008(1).

[102] 徐江.香港与珠江三角洲空间关系得转变[J].国际城市规划，2008(1).

[103] 徐永健，许学强，阎小培.中国典型都市连绵区形成机制初探——以珠江三角洲和长江三角洲为例[J].人文地理，2000，15(2).

[104] 许浩.日本三大都市圈规划及其对我国区域规划的借鉴意义[J].城市规划汇刊，2004(5).

[105] 许学强，周一星，宁越敏．城市地理学［M］．北京：高等教育出版社，1996.
[106] 许学强，周春山．论珠江三角洲大都会区的形成［J］．城市问题，1994（3）.
[107] 薛凤旋．都会经济区：香港与广东共同发展的基础［J］．经济地理，2000，20（1）.
[108] 阎小陪，郭建国，胡宇冰．穗港澳都市连绵区的形成机制研究［J］．地理研究，1997（6）.
[109] 杨春．多中心跨境城市——区域的多层级管治［J］．国际城市规划，2008（1）.
[110] 杨建荣．论中国崛起世界级大城市的条件与构想［J］．财经研究，1995（6）.
[111] 杨学义．图说沈阳［M］．吉林文史出版社，2005（5）.
[112] 姚士谋，J.Nipper. 沪宁杭城市群区发展趋势探讨［J］．人文地理，1995，10（4）.
[113] 姚士谋．我国城市群的特征、类型与空间布局［J］．城市问题，1992（1）.
[114] 姚士谋，朱英明，陈振光等．中国城市群［M］．合肥：中国科学技术大学出版社，2001.
[115] 姚士谋等．上海与香港大都市定位发展的比较研究［J］．城市规划汇刊，2003（2）.
[116] 于涛方，吴志强．"Global Region"结构与重构研究［J］．城市规划学刊，2006（2）.
[117] 于涛方，吴志强．长江三角洲都市连绵区边界界定研究［J］．长江流域资源与环境，2005（7）.
[118] 衣保中．清末东北地区商埠的开辟与区域经济的近代化［J］．北方文物（哈尔滨），2007（2）.
[119] 洪银兴，刘志彪．长三角地区经济发展的模式和机制［M］．北京：清华大学出版社，2003.
[120] 赵永革，周一星．辽宁都市区和都市连绵区的现状与发展研究［J］．地理学与国土研究，1997（1）.
[121] 越迟明．中国东北都市计划史［M］．［日］大佳出版社，2003.
[122] 张京祥，刘荣增．美国大都市区的发展及管理［J］．国外城市规划，2001（5）.
[123] 张京祥，罗小龙，殷洁著．长江三角洲多中心城市区域与多层次管治［J］．国际城市规划，2008（1）.
[124] 张京祥，邹军，吴启焰，陈小卉．论都市圈地域空间的组织［J］．城市规划，2001（5）.
[125] 张尚武．长江三角洲城镇密集地区形成及发展的历史特征［J］．城市规划汇刊，1999（1）.
[126] 张庭伟.1990年代中国城市空间结构的变化及其动力机制［J］．城市规划，2001（7）.
[127] 赵启重．东北地区早期铁路概述［J］．龙江社会科学，1995（2）.
[128] 郑伯红．现代世界城市网络化模式研究［D］．上海：华东师范大学博士学位论文，2003.
[129] 甄峰．信息时代的区域空间结构［M］．商务印书馆，2004.
[130] 周一星，孟延春．中国大城市的郊区化趋势［J］．城市规划汇刊，1998（3）.
[131] 周一星，杨焕彩．山东半岛城市群发展战略研究［M］．中国建筑工业出版社，2004.
[132] 周一星．城市地理学［M］．北京：商务印书馆，1995.
[133] 朱英明．城市群经济空间分析［M］．科学出版社，2004.
[134] 朱英明，姚士谋．我国城市群发展方针研究［M］．科学出版社，1999.
[135] 朱英明，于念文．沪宁杭城市密集区城市流研究［J］．城市规划汇刊，2002（1）.
[136] 朱英明．我国城市群地域结构特征及发展趋势研究［J］．城市规划汇刊，2001（4）.
[137] 邹军等．城镇体系空间规划再认识——以江苏为例［J］．城市规划，2001（1）.
[138] 邹逸麟．中国历史地理概论［M］．福建人民出版社，2004.

后　　记

2009 年 2 月在博士论文答辩完成之后，工作的重心落在沈阳城市总体规划（2010 年—2020 年）的修编上了。随着东北老工业基地振兴战略进入实施阶段，沈阳经济区建设新型工业化综合配套改革试验区上升为国家战略，沈抚同城化和沈阳经济区城际连接带建设的全面推进，区域协调发展成为本轮沈阳城市总规修编和创新的重点。沈阳都市区作为高度工业化的城镇密集区，在转型和创新的基础之上要重构区域城镇体系，发挥核心城市的辐射与带动作用。工作之中真切地感悟到论文研究对实践工作的支撑，也萌发了出版专著的愿望。

论文的思考与写作准备始于 2005 年初，2006 年 6 月女儿顺顺出生了，用了两年的时间走过了初为人母的人生阶段，重新开始写作已是 2007 年的下半年，10 月在哈尔滨规划年会期间确定了论文的选题，从资料的准备到论文盲审通过历时一年，其间论文的构想与框架也在研究的过程中经历了较大的调整过程。从辽中城市群区域发展的研究进而到区域边界界定理论模型的探索，既有笔者长期从事城市规划实践工作的关注与职责所致，也是希望通过博士论文的写作充实自己学习经历的心愿。

面对这样一个庞大的体系和研究中所蕴含的复杂的概念体系和相互关系，常常令我倍感困惑。值得庆幸的是，论文的研究过程自始至终都得到了导师的悉心指点。从论文的选题、研究大纲的拟定，到资料的收集、研究方向的调整和全部文稿的审阅，无一不凝聚着导师的心血。论文的构建基于对辽中城市群的经验研究，在区域形成与发展成因机制的前提假设与判断的基础之上逐步完善并建构了区域界定三元集成理论模型的解释框架。然而，就所涉及的研究领域而言，本论文的研究工作仅是在基础层面上的初步探讨，还有更多的工作有待于我今后的不断努力探索。

在此衷心感谢导师吴志强教授。有幸从师五年，导师的悉心教诲，使我无论是在为学、从业还是在待人方面都获益匪浅。吴老师敏锐而深邃的洞察力和谦逊而宽容的待人之道，广博的知识和严谨的治学之道，忘我的工作态度和周密的协调组织能力，令人敬佩并终身受益。

感谢陶松龄教授、宁越敏教授、顾朝林教授、孙施文教授、宋小冬教授、王德教授在论文的选题和写作中给予我的指导和帮助。

还要特别感谢沈阳市规划设计院已故的石凤德院长，感谢石院长给我创造的学习环境和坚定的支持，论文的完成是对故人的慰藉；感谢严文复副局长、赵辉院长、吕正华副院长、梁成文副院长、赵英魁副院长、苗栓明处长在攻读博士过程中给予的关心和支持；感谢规划研究所谭许伟、王东明、张年国、刘治国、刘忠刚、殷健、董志勇、李晓宇、李晓等各位同事们在论文撰写中提供的大量帮助。感谢辽宁省交通设计院曲向进院长、辽宁省建设厅谢宇处长在论文调研过程中提供的支持。

感谢于涛方、于泓、史舸、干靓、姜南、李红卫、王伟、王建军、邓雪媛、田丹等师门诸位兄弟姐妹们的帮助及共同带来的愉快时光，除了交流获得的启示，同学的友谊更是这些年的珍贵收获。

在博士论文即将付梓之际，特别希望能够与家人共同分享喜悦的心情，正是他们多年来的关爱、鼓励和支持，使得我能够最终安心完成论文的研究与写作。

张晓云

2011 年 9 月 8 日